项目资助

西安财经大学学术著作出版资助

陕西省社会科学基金项目"陕西省教育养老的制度设计及其实现路径研究"（立项号：2017G016）资助

理念、制度与路径：
教育养老研究

吴燕 / 著

中国社会科学出版社

图书在版编目（CIP）数据

理念、制度与路径：教育养老研究／吴燕著．—北京：
中国社会科学出版社，2020.11

ISBN 978－7－5203－6677－9

Ⅰ.①理… Ⅱ.①吴… Ⅲ.①老年教育—研究—中国
Ⅳ.①G777

中国版本图书馆 CIP 数据核字（2020）第 103422 号

出 版 人	赵剑英	
责任编辑	赵 丽	
责任校对	沈丁晨	
责任印制	王 超	

出 版	中国社会科学出版社	
社 址	北京鼓楼西大街甲 158 号	
邮 编	100720	
网 址	http://www.csspw.cn	
发 行 部	010－84083685	
门 市 部	010－84029450	
经 销	新华书店及其他书店	

印 刷	北京明恒达印务有限公司
装 订	廊坊市广阳区广增装订厂
版 次	2020 年 11 月第 1 版
印 次	2020 年 11 月第 1 次印刷

开 本	710×1000 1/16
印 张	16.5
插 页	2
字 数	216 千字
定 价	96.00 元

目　录

第一章

绪　　论

中国是一个有着悠久尊老传统的国家，而今处在激烈社会变迁中的中国又是一个老年人的至尊地位在被不情愿地弱化、老年人在被逐步边缘化的社会。老年人的社会地位、作用及其文化和社会意义以及由此引发的社会问题正日益引起社会的广泛关注。学界以往关注老年人，常常将视角重点放在老龄化社会的问题上，即将老年人看作负担，认为他们造成国家预算吃紧、卫生保健体系负荷过重并增加年轻人的压力。事实上，无论发达国家还是发展中国家，随着生活水平的提高和医疗条件的改善，多数 60 岁以上的老年人仍然健康。随着中国经济的快速发展和养老政策、社会福利政策的完善，中国老年人的健康经济等状况也普遍得到改善。未来社会，我们可以预期老年人寿命更长、身体更加健康、拥有更高的教育水平，享受更高质量的养老生活。2002 年，在第二次世界老龄问题大会上，"积极老龄化"理念被提出，老年人的角色发生了根本的转变，老年人被认为是家庭、社区和国家的积极贡献者。本书在"积极老龄化"理念中重新审视中国的养老问题，通过研究发现老年教育的发展具有促进老年人的身心健康与全面发展，改善老年人养老生活质量的重要价值和功能，进而思考如何将老年教育与养老保障有机融合，提出"教育养老"概念，认为教育养老是一种全新的养老理念与养老方式，它通过政府鼓励、支持和引导老年人参与各种不同层次、内容与形式的教育文化活动的途径，实现老年人养老生活的愉悦与整体素质的提升，促进老年人养老质量的全面提高。教育养老的研究是老年教育研究的新内容，它赋予了老年教育全新的价值和使命；教育养老的研究，为破解中国日益加剧的养老精神生活困境提供了一条全新的路径；教育养老的实施将推动社会养老保障事业进入一个全新的时代。

第一节　研究缘起与意义

一　研究缘起

中国自 1999 年起已进入老龄化社会。截至 2017 年年底，中国 60 岁及以上老年人口有 2.41 亿人，占总人口的 17.3%。从 1999 年进入人口老龄化社会到 2017 年，中国老年人口净增 1.1 亿，其中 2017 年新增老年人囗首次超过 1000 万，预计到 2050 年前后，中国老年人口数将达到峰值 4.87 亿，占总人口的 34.9%。[①] 与此同时，从世界人口分析，预计至 2050 年年底，除非洲以外的大多数国家 65 岁以上人口将占全球人口的 20% 以上，60 岁以上的人口总数将超过 15 岁以下的人口总数。[②] 2002 年，第二次世界老龄问题大会提出了应对人口老龄化的"积极老龄化"理念。"积极老龄化"理念认为老年人的基本权利应该得到尊重，老年人以独立、参与、尊严、照料和自我实现为基本原则，积极融入社会，参与社会活动的行为应该得到鼓励和支持。积极老龄化理念认为即便老年人从工作岗位上退下来，他们仍然可以为家庭、社区以及国家做出积极的贡献。因此，"积极老龄

---

① 数据来源于 2018 年 2 月中国人口老龄化国情教育新闻发布会。
② 梅陈玉婵、南希·莫罗—豪厄尔、杜鹏主编：《"老有所为"在全球的发展——实证、实践与实策》，北京大学出版社 2012 年版，第 1—3 页。

化"理念倡导全社会努力创造条件让老年人回归社会，重返包括社会、经济、文化、精神和公益事业在内的各个实践领域。"积极老龄化"理念的贡献在于对老年人的重新认识和定位。事实上，随着工业化的发展，老年人掌握着丰富的知识和技能，拥有巨大的潜力。老年人积极参与和贡献社会不但有助于老年人自身养老生活条件的改善，更是促进社会发展的重要力量。"积极老龄化"理念的提出，意味着"老年人是资源"的认识在国际社会达成了广泛的共识。①

世纪之交，中国的经济、社会、文化等都发生了深刻的变革。社会转型期，如何应对老龄化，发挥老年人的价值，提升老年人的养老生活质量，是当前政府亟须破解的重要命题。"积极老龄化"的理念给我们最重要的启发在于：全社会应重新认识老年人口在社会发展中的地位和价值，是政府应转变"消极养老"的思想，在政策设计中树立"积极养老"的思想，努力探索实现"积极养老"的制度实践模式与途径，从而全面实现"老有所养、老有所医、老有所为、老有所教、老有所学、老有所乐"的政府老龄工作目标。

在"积极老龄化"理念下，本书认为教育养老，其区别于传统养老，首先，它是具有更高追求的养老理想，它通过促进老年人的全面发展而实现提升老年人养老生活质量的目标。其次，教育养老也是一种全新的养老方式，它通过老年人参与各种老年教育与养老文化等活动，而实现影响老年人的生活习惯、丰富老年人的生活内容的教育养老理想。教育养老的实现，需要教育养老理论的构建，更需要教育养老制度的设计与实施路径的研究。教育养老理论的全面诠释和教育养老制度如何设计与实施将是本书的核心内容。

---

① 梅陈玉婵、南希·莫罗—豪厄尔、杜鹏主编：《"老有所为"在全球的发展——实证、实践与实策》，北京大学出版社 2012 年版，第24—25 页。

二 研究意义

（一）理论意义

第一，研究教育养老，能够进一步发挥教育的功能，实现教育的价值。促进人的全面发展是教育的本质和功能。教育的对象应包括社会全体成员。老年人是社会人口的重要组成部分，老年教育是教育体系中重要的组成部分。教育养老的实施，有助于促进老年人智力、能力、兴趣、品格等的全面发展，从而树立老年人积极养老的信心，并让他们养成健康养老的生活习惯，丰富老年人的养老生活。教育养老是教育本体功能和具体功能实现的重要载体。教育养老通过制度的设计与实施，促进了老年人的发展，实现了老年人养老生活身心的彻底愉悦与满足，满足了老年人养老精神层面更高层次的需求。教育养老彰显了教育的个体价值和社会价值，教育养老不仅受益于老年人，而且积极促进养老保障事业向前发展。

第二，研究教育养老，为老年教育的跨学科研究提供了全新的视角。当前，教育学者研究教育养老问题既是学界的主流，也是学者研究使命所在。老年人作为社会人口的重要组成部分，既是老年教育的研究对象，更是养老保障的研究对象。老年教育和养老保障有着共同的目标，教育养老试图探索将两者有效融合，从而促进老年教育的发展，推动养老保障进入一个全新的时代。教育养老，从关注养老精神生活困境问题出发，但研究思路另辟蹊径，试图从老年教育政策的研究与设计中破解如何解决养老问题。研究教育养老，依据老年教育理论解决社会问题，体现了老年教育的跨学科研究思路，是当前教育学界理论研究中一个涉足较少的新领域。教育养老的研究不仅为学界研究老年教育、养老问题提供了新的研究视角和方法，而且教育养老的研究结论，无论对于教育研究者，还是社会及人口领域学者的后续研究，都提供了理论借鉴。

第三，研究教育养老，赋予了老年教育研究新的目标和内容。老年教育是教育体系重要的组成部分，教育养老的研究思路从老年教育中来，研究内容又回到老年教育中去。教育养老研究为老年教育研究开阔了新视野，赋予了老年教育发展更高的目标和价值追求。教育养老研究有助于引导老年教育发展回到应有的轨道，有助于对老年人的重新评价和认知，教育养老研究为老年教育的发展提供了新路径，教育养老研究应成为人口老龄化不断加剧背景下中国老年教育一项全新的重要研究内容。

第四，研究教育养老，将推动社会养老保障事业进入一个全新的时代。教育养老理念的产生是社会经济文化发展到一定程度的产物，是中国全面实现小康社会进程中养老保障的新内容。人们对养老生活的需求，不仅仅满足于物质经济生活的保障，更追求精神的愉悦与享受。中国是一个有着悠久历史的文化大国，尊老敬老的文化传统源远流长。随着国民受教育水平的不断提高，教育养老立足于满足老年人更高质量养老生活目标的实现，为中国社会养老保障事业发展描绘了全新的蓝图，并为其赋予了更艰巨而伟大的使命。

（二）现实意义

第一，研究教育养老，有助于通过促进老年人的全面发展而提升养老生活质量。教育养老以提升养老生活质量为目标，通过制度设计促进老年人的身心健康和全面发展，促进老年人树立积极养老的乐观信念，鼓励老年人积极参与社会、奉献社会，实现自身价值。教育养老的研究将有助于启发老年人自我养老，通过对老年人内在潜力和养老意愿的激发，帮助老年人养成健康的养老生活习惯，培养更多的养老生活乐趣，从而促进养老生活质量的全面提升。

第二，研究教育养老，有助于促进家庭成员间的代际支持和家庭生活质量的改善。随着老龄化程度的加剧，中国"421家庭"也将越来越多。教育养老通过促进老年个体养老质量的提升而实现家庭成员间有效的代际支持,进而促进家庭生活质量的改善。教育养老遵循"健康养老、快乐养老"的思想,鼓励老年人在家庭和社会中老有所为。通过实施教育养老,提升了老年人的整体素质,使老年人在家庭中的作用得到了更大的发挥,家庭成员间代际支持增强,家庭成员间更加信任与和谐,老年人的家庭地位得以巩固,尊老敬老的文化传统通过家庭得以传承和发展。

第三,研究教育养老,有利于增强社会成员对社会秩序与制度的信心和对未来生活意义的期待。老年人是国家宝贵的社会财富,是社会文化的继承者与传承者。教育养老是培养造就一代身心健康、与时俱进的老年群体的有效途径。教育养老能够提升老年人的整体素质,促进他们发挥余热,从"老有所学"到"老有所为",激发老年人的潜能和活力,利用他们丰富的知识技术经验,为社会各行各业提供智力支持或社会服务。这些或"公益性"、或"象征性地获得经济补偿"的工作,对社会的发展起到了积极的促进作用;同时,教育养老制度设计本身,对社会成员起着积极的示范效应,增强了社会成员对社会秩序与养老制度的信心,提升了对养老生活意义的期待,间接地调动了全社会成员的劳动积极性,增强了社会成员间的理解和信任,对中国和谐社会的构建起着积极的示范作用。

第二节　国内外研究述评

一　国内相关研究现状与述评

搜索中国学术期刊全文数据库文献,截至 2013 年年底,"教育养老"仅有两位学者在两篇论文中明确提出,笔者在完成本书稿前,也于 2014 年发表了一篇关于教育养老的学术论文。但对于如何解决养老问题的学术探讨，国内研究成果颇为丰富，其中越来越多的学者开始关注老年人的精神生活，通过中国学术期刊全文数据库中检索关于如何破解养老精神需求的文献，发现一些学者提出了颇具建设性和启发性的观点，如"精神养老"、"文化养老"等提法在一些学术论文中有所发现。值得一提的是，在文献搜集与整理中发现，在大量老年教育研究的文献中，对老年人精神生活关注颇多。因此，在学界关于"教育养老"鲜有研究的背景下，关于教育养老的国内研究主要从教育养老、精神养老、文化养老展开梳理。

（一）国内关于"教育养老"的研究现状与述评

分别以关键词、篇名和主题在中国学术期刊全文数据库中搜索关于"教育养老"的所有文献，从 1995 年 1 月至 2015 年 12 月底仅有 3 篇学术论文中提到教育养老，按发表时间先后顺序，依次为：2011 年赵慧声在《北京宣武红旗业余大学学报》上发表的《"教育养老"与构建和谐社会主义社会》；2011 年杨方龙在《老年教育（老年大学）》上发表的《老年大学与教育养老的思考》；2014 年笔者在《兰州学刊》上发表的《教育养老：一条提升农村老年人精神生活质量的新路径》。

赵慧声认为，现代社会老年群体对精神文化生活质量的提高有着强烈的需求。相当一部分老年人在退休后逐渐陷入一种"精神饥渴"状态，探索通过教育来给予老年群体更多的关爱与帮助是一个新课题。"教育养老"是构建和谐社会的要求，是社会文明进步的体现，是乐龄人口享受幸福的途径，是成人继续教育发展的新领域。"教育养老"是培养造就一代身心健康、与时俱进的老年群体的有效载体。广大成人继续教育工作者要牢固树立"教育养老"的新理念，不断拓宽"教育养老"的渠道与载体，努力探索"教育养老"的新途径、新方法，最大限度地满足老年人教育文化需求，以此激发老年人的潜能和活力，为建设和谐社会发挥余热①。杨方龙认为，中国自古就有"养国老于上庠，养庶老于下庠"之说。这里讲的上庠（大学）、下庠（小学），都是教育养老的专门学府。重视和发展老年教育，老年大学的务实之举就是要从文化赡养、精神赡养、幸福赡养上加强教育养老的社会服务功能。通过将老年大学办成文化赡养的休闲学府，精神赡养的温馨港湾，幸福赡养的和谐乐园等，彰显老年大学教育养老社会服务功能的完善②。笔者认为，在中国进入老龄化社会之际，农村老年人对于精神文化生活有着强烈的需求和渴望。教育养老是更高层次的养老方式，对于满足农村老年人的养老需求，完善社会养老保障制度提供了新思路和新路径。实施教育养老，政府应发挥主导作用，依托于农村社区建设开展老年教育活动，在有条件的农村地区建立老年学校。教育养老的施受主体应是农村老年人、家庭和社会三位一体，制度设计先行以及社会文化资源向农村倾斜，是开展教育养老的基本保障③。

综上研究，教育养老作为提高养老精神生活质量，发展老年教育的新途径已明确提出。三篇文献从老年大学如何发展、教育养老的社会意义，教育养老如何解决养老问题等不同视角对教育养老进行了研究，其中，除笔者外，其余两位学者只提到教育养老，而对教育养老的内涵如何解释，只有笔者有明确表述，认为教育养老，是以政府为主导，老年人为主体，老年个体、社区、家庭以及其他社会组织为主要参与者，通过教育与养老政策的整体性制度设计与实施，积极引导老年群体参与各种不同层次、内容与形式的教育文化活动，实现老年群体整体素质的提升和养老生活的身心愉悦，从

---

① 赵慧声：《"教育养老"与构建和谐社会主义社会》，《北京宣武红旗业余大学学报》2011 年第 2 期。

② 杨方龙：《老年大学与教育养老的思考》，《老年教育（老年大学）》2011 年第 6 期。

③ 吴燕：《教育养老：一条提升农村老年人精神生活质量的新路径》，《兰州学刊》2014 年第 4 期。

而改善养老质量的一种全新养老方式。教育养老本质上仍是一种养老方式，以满足老年人口的精神需求为目标，是全面提升养老质量的更高层次的养老方式。传统养老方式以实现"老有所养"为目标，侧重物质养老，教育养老则追求"老有所教、老有所乐"，侧重精神养老。教育养老通过向老年人提供公共教育服务，体现政府和社会对老年人的关爱和帮助，是一种全新的养老服务方式。教育养老通过老年人参加多种形式的教育文化活动，丰富老年人的精神生活，重塑自信，实现老年人养老生活身心的彻底愉悦与满足。因此满足老年人精神上的快乐需求既是教育养老的核心目标，也是教育养老内容设计的依据①。

梳理国内关于教育养老的文献发现，研究老年人养老物质生活满足的同时，开始不断有更多的学者将注意力聚焦于老年人养老精神生活满足层面。国内仅有两位学者在两篇文章中明确提出"教育养老"。他们仅侧重于教育养老的诠释及其重要性及意义的研究，如何开展教育养老，制度路径设计的深层次研究尚未涉及。值得关注的是，学界研究教育和养老的学者均未涉及教育养老领域。尽管明确提出"教育养老"的学者仅有两位，但已有学者开始尝试用"精神养老""文化养老"等不同思路破解精神养老的难题。虽然不同学者表述不同，但都朦朦胧胧涵盖着教育养老的思想和智慧，为教育养老的继续研究不仅坚定了信心，而且提供了宝贵的理论借鉴。

（二）国内关于"精神养老"的研究现状与述评

在中国学术期刊全文数据库中检索篇名包含"精神养老"的所有文献，1995—2015 年，共检索到 83 篇文献。在硕博论文中，有 8 篇硕士论文篇名提到"精神养老"，博士论文没有一篇在题名中

① 吴燕：《教育养老：一条提升农村老年人精神生活质量的新路径》，《兰州学刊》2014 年第 4 期。

提到。剩余75篇文献中，发表在报纸类期刊的文章有30篇，发表在学术期刊类的论文有39篇，发表在国内外会议上的文章有6篇。学者张越在1995年福建省首届老龄问题学术研讨会上发表的《浅谈"精神养老"》是最早提及精神养老的学术文献。除此关于"精神养老"的文章皆在2000年后发表，2000—2005年共有6篇，2006—2010年共有20篇，2011年8篇、2012年10篇、2013年13篇、2014年12篇、2015年13篇。这说明，精神养老的研究紧随着社会经济的发展，只有在基本养老物质生活有所保障的情况下，才会有更多的学者开始关注老年人的精神生活需求。

2004年穆光宗就开始关注"精神养老"问题，他提出了"精神养老"的三个维度，即人格尊重、成就安心和情感慰藉，强调全方位的精神养老必须同时满足老年人的自尊需求、期待需求和亲情需求①。熊汉富在穆光宗研究的基础上，又进一步针对满足老年人精神赡养需求，从加强道德教化、健全法律法规等维度提出对策建议②。

关于"精神养老"的概念，目前学界还没有一个统一完整的概念，但精神养老思想在中国古代就已经涉及。追溯中国古代历史发展，从先秦孝文化开始，就注重对老年人的精神赡养。《礼记》曾经记载："孝子之养也，乐其心，不违其志"，其中"乐其心，不违其志"就是让父母、长辈心情愉悦，不违背他们的意愿，重在顺从。《论语》中记载："今之孝者，是谓能养。至于犬马，皆能有养；不敬，何以别乎？""敬"就是指尊敬、孝敬，孔子认为没有"敬"就没有"养"，重在敬。

值得一提的是，社会学家、心理学家也对老年人的精神养老问

①　穆光宗：《老龄人口的精神赡养问题》，《中国人民大学学报》2004年第4期。
②　熊汉富：《独生子女家庭老人精神赡养问题与对策》，《郑州航空工业管理学院学报》2008年第6期。

题颇为关注。穆光宗认为，渴望自尊、渴望亲情等应成为精神养老的内涵①。周绍斌则概括了老年人精神需求的六个方面，包括"情感需求、文娱需求、人际交往需求、教育需求、政治需求、自我实现需求"②。老年人到了一定的年纪，对于社会的适应程度也会降低，就会产生精神方面的需求，这种需求可以使主观的心态恢复平衡，是维持自己的尊严所表现出来的一种精神饥渴。在他看来，养老所需要的最基本的需求中，精神需求和物质需求都不可或缺，要想使精神需求得到满足，必须要有物质作为基础，即使物质需求得到了满足，也不能代表精神需求同样得到了满足，精神需求其也是有规律可循的。张艳国认为，有三个因素能够影响到个体养老的精神需求，即个体的自我养老能力、所处的社会地位以及特定的社会制度。精神需求分为三个层面，分别是满足、购买和愉快，并由低到高进行递进，这也是特定时期的社会环境、资源条件和文化的综合反映。老年人养老精神方面的需求不仅需要整个社会的关注和参与，还需要科学的方法进行指导，如果正向的精神需求不能得到很好满足，这种需求就会处于杂乱无序或陷入死循环状态，这时就会有负向的因素乘虚而入，给社会带来不必要的危害，从而影响整个社会和谐和良好社会风气的形成。③ 东北师范大学穆军在其硕士论文《我国人口老龄化背景下精神养老体系的构建》中，谈到"何谓精神养老？"，简而言之，就是老年人安心养老的过程，社会以及国家给予老年人的关爱和慰藉，能促使老年人的精神需求得到满足④。

关于精神养老为何缺失，学界的原因分析主要有：第一，中国多数家庭往往只重视老年人的物质生活保障，从而忽视了精神

① 穆光宗：《老龄人口的精神赡养问题》，《中国人民大学学报》2004 年第 4 期。

② 周绍斌：《老年人的精神需求及其社会政策意义》，《市场与人口分析》2005 年第 6 期。

③ 张艳国：《论精神需求》，《天津社会科学》2000 年第 5 期。

④ 穆军：《我国人口老龄化背景下精神养老体系的构建》，硕士学位论文，东北师范大学，2012 年，第 5 页。

需求，这是一种根深蒂固的养老观念；第二，随着生活节奏的加快，独生子女家庭对于老年人的关注度随之下降，更无暇顾及其精神需求；第三，政府缺乏完整的精神养老服务体系，养老精神服务的硬件设施匮乏；第四，政府的绩效考核指标体系不完整，缺乏精神养老的指标设计，势必影响对精神养老的投入。

关于是在社区还是家庭及机构实施精神养老，学者们有不同的看法。支持通过家庭实现精神养老的学者们往往认为这种途径可以拉近家庭成员之间的距离，保证老年人有更多的时间与后代维系感情，这也是传统孝道文化的体现。以张剑伟[1]为代表，反对家庭精神养老的学者们则认为，当今社会的家庭结构逐渐趋于小型化，只有少部分人还能坚持大家庭的生活方式，当家庭中子女越来越少，家庭成员交往随之减少，成员间的感情渐渐淡化时，家庭精神养老也无法保障。虽然家庭精神养老趋于困难，但对于社区养老，学界普遍看好。以樊改娟[2]为代表支持社区养老的学者们认为，社区在老年人养老生活中起到了关键性的作用。老年人应积极参加社区活动，从而降低对家人的过度依赖。关注机构养老的学者则认为，养老机构的养老设施、养老条件亟待改善，养老机构工作人员的素质并不能满足老年人对高质量养老生活的要求。综上所述，越来越多的学者已开始探索如何实现精神养老的可行之路。

关于老年人精神养老的特征，张晓璇[3]在与物质养老进行比较得出结论：精神养老是高层次的、不确定的，区别于物质赡养其相

---

[1]　张剑伟：《现阶段我国城市社区养老模式研究》，硕士学位论文，燕山大学，2009年，第70页。

[2]　樊改娟：《老年人的精神保障问题研究》，《山西青年管理干部学院学报》2006年第4期。

[3]　张晓璇：《中国城市老年人精神赡养问题研究》，硕士学位论文，河北大学，2010年，第9页。

对独立；精神养老具有不可替代性，精神养老的主体具有多元性。丁志宏①调查发现，中国城市老人的精神需求更加丰富、层次更高，不仅包括健康、情感和文化娱乐等基本精神需求，更有人际交往、尊重、教育学习、自我实现等高层次的精神需求。

关于精神养老的内容设计、原则及影响因素研究，赵素梅②认为，养老机构作为养老服务的重要力量之一，不仅要提供日常养老服务，还应承担精神养老责任。养老机构精神养老内容设计应坚持针对性、合理性与可操作性原则。养老精神服务的选择既要注重老年人的基本需求，如保障老年人的生理、心理健康，又要注重更高层次的选择性需求，如提升老年人幸福度和生活品质。关于精神养老的影响因素，穆军认为，就家庭养老模式而言，老人的精神慰藉应主要来自家庭成员，传统孝道文化、家庭环境因素、老年人自身的文化教育程度等都会影响老年人的精神养老。

2012—2016年，国内共有8篇硕士学位论文深入研究精神养老。梳理这些硕士论文，不同作者针对精神养老研究的不同视角和研究结论对本研究也颇有启发。以穆军为代表的学者运用心理学以及社会学的基本理论开始关注精神养老问题。穆军认为政府应承担起精神养老的立法职责，应明晰政府、机构、社区及家庭的精神养老责任与义务③。洪增瑾④通过对无锡市勤新社区老年人精神养老服务需求的问卷调查发现，老年人家庭结构、经济和生理心理健康

① 丁志宏：《城市退休老人精神需求现状及社区支持》，《南京人口管理干部学院学报》2012年第3期。
② 赵素梅：《养老机构中精神养老服务内容研究》，《山西高等学校社会科学学报》2015年第5期。
③ 穆军：《我国人口老龄化背景下精神养老体系的构建》，硕士学位论文，东北师范大学，2012年。
④ 洪增瑾：《城市社区老年人精神养老需求与服务现状的调查研究》，硕士学位论文，南京理工大学，2015年，第8页。

等因素均会影响到老年人的精神生活质量。老年人经济和身体健康影响其安全需求；老年人性别和性格因素影响其情感与人际交往及文化娱乐需求；老年人年龄及受教育程度影响其自我实现需求。洪增瑾认为社区作为老年人的聚集地，是老年人活动的主要场所，社区应发挥自身优势，为老年人精神养老搭建服务平台。

许福量[①]从老年人养老服务需求入手，采用认知工作分析等方法对城市社区空巢老人的精神养老服务系统进行设计，提出了养老服务系统的服务质量评价方法和服务过程变量优化模型。朱榆璇[②]针对老年人精神需求分析结果，设计出基于信息技术的个性化精神养老服务系统。陆进玲[③]采用定性研究与定量研究相结合的方法分析了农村留守空巢老人的精神养老社会支持状况，发现农村留守空巢老人的夫妻互助较子女、家属及邻里支持更能满足其精神养老需求。农村社区的养老设施和服务十分匮乏，政府所提供的公共养老服务难以满足老年人的精神养老需求。

关于"精神养老"的研究，国内目前研究成果比较全面，其内容包括：涉及思考"为何精神养老问题会凸显出来？哪些因素影响着老年人的精神养老？老年人的精神养老需求有什么？"等问题的研究。研究存在的不足之处体现在：第一，研究视角的局限性，多从社会学、人口学视角研究精神养老，鲜有从老年教育视角分析精神养老的研究。第二，研究的范围过于宽泛，多从宏观层面谈老龄人口精神赡养问题，没有针对不同的老年人、养老

---

① 许福量：《城市社区空巢老年人精神养老服务系统的设计与研究》，硕士学位论文，浙江大学，2015年，第65页。

② 朱榆璇：《基于信息技术的个性化精神养老服务系统的研究》，硕士学位论文，浙江大学，2013年，第19页。

③ 陆进玲：《农村空巢老人精神养老问题研究》，硕士学位论文，湖南大学，2012年，第30页。

模式等精神养老实现方式的微观研究。第三，研究的内容比较单一，多是实证性精神养老现状的研究，精神养老实现路径的研究缺乏系统性和整体性。

（三）国内关于"文化养老"的研究现状与述评

在中国学术期刊全文数据库中检索篇名包含"文化养老"的所有文献，除去硕士论文外，1995—2015 年共检索到 295 篇学术论文，其中发表在报纸等媒介上的文章有 102 篇，说明文化养老在社会实践领域已得到普遍关注。发表在学术期刊上的论文有 186 篇，发表在国内外会议上的文章有 7 篇。2006 年辛晓梅的硕士论文《和谐养老 千古同心——中国社区文化养老的背景和前景》可以被看作较早研究"文化养老"的学术成果。2006—2010 年题名包含"文化养老"的研究共有 32 篇，2011 年 18 篇、2012 年 33 篇、2013 年 51 篇、2014 年 73 篇、2015 年 88 篇。综上所述，文化相对于教育作为一个更为宽泛的概念，关于文化养老的研究成果是关于教育养老和精神养老的研究成果之和的 3 倍之多，而聚焦如何实现文化养老，将文化养老与教育养老、精神养老相联系的综合性研究成果则不够丰富，仍有很大的学术研究空间。

通过中国学术期刊全文数据库中检索关于"文化养老"的所有硕博论文，1995—2015 年共检索到 28 篇硕士论文。其中篇名含"文化养老"的硕士论文仅有 5 篇，关键词中含"文化养老"的硕士论文则有 8 篇，主题中含"文化养老"的硕士论文则有 28 篇。而博士论文中没有一篇涉及文化养老的研究。赵娜针对山西省农村空巢老人养老问题，通过科学选择样本和综合设计问卷，以问卷法为主，辅以一定的访谈法，形成"山西省农村空巢老人文化养老现状"调查报告。从经济收入和文化程度的制约、家庭文化养老支持功能弱化、农村文化事业发展滞后等方面，探寻了山西省农村"空巢老人"文化养老现存问题的原因，她认为山西省农村空巢老人文化养老通过社区支持较为合理，提出从自我娱乐式文化养老需求、社交满足式文化养老需求、价值创造式文化养老需求等方面进行相应的路径设计[①]。杨盼盼认为，社会工作者在不同养老资源供给主体间的有效介入，必将促使中国社会化养老模式逐步走向成熟和完善[②]。辛晓梅认为，相比较家庭养老和社会养老，社区则是同时适用于两种养老方式的最佳载体，因此社区养老应当加强并且不断发展。社区养老的优势在于：其一，社区养老使得老年人对家庭以及家人的依赖心理得到满足，使家庭尊老爱老的风俗得以保存。其二，社区相比较养老机构，离家较近，社区养老使老年人对陌生环境的抗拒得到缓解，可以更好地参与社区活动，促进交流。其三，社区养老的实施，对于家庭负担的减轻也有一定的帮助，家庭子女的压力从社区养老中得以缓解。其四，社区养老有助于孝文化传统的传承和发展。辛晓梅认为，老年人积极有为融入社会，自身养老的物质和精神准备对于其养老质量也至关重要，要充分发挥老年人的潜能，提升老年人养老生活的自信和满意度。她认为，中国自古以来就尊崇百善孝为先，未来的中国应努力探索一条新的适合老年人精神养老的特色道路。[③] 张开翼[④]认为，所谓的"文化养老"其实就是一种养老方式，是能够将人文关怀所体现出来的一种养老方式。首先要保障老年人的基本生活，其次要促使老年人的精神需求得到满足，最后文化养老应注重老年人思想的交流以及情感的沟通，

---

① 赵娜：《山西省农村"空巢老人"文化养老的社区支持及路径研究》，硕士学位论文，西北大学，2015年，第43页。

② 杨盼盼：《社会工作视阈下对校园文化养老模的思考——以齐齐哈尔工程学院百草家园老年公寓为例》，硕士学位论文，吉林大学，2012年，第30页。

③ 辛晓梅：《和谐养老　千古同心——中国社区文化养老的背景和前景》，硕士学位论文，中央民族大学，2006年。

④ 张开翼：《新时期农村文化养老体制研究》，硕士学位论文，华东师范大学，2014年，第21页。

至于养老的方式则是对个性的张扬以及对快乐的享受，文化养老的养老方式具有互动性、共享性和群体性等特点。

关于文化养老内涵的研究，学者们从不同角度进行了阐述。韦庆辛认为，文化养老的前提就是老年人基本物质生活上的需求得到满足，精神方面的需求得到满足则是文化养老的基础①。唐晓英②认为，文化养老的推行可以使老年人树立积极的养老理念，促进老年人很好地融入社会，通过文化养老，老年人的心境会更加开阔，精神生活更加丰富，更好安享晚年。杨盼盼③认为，文化养老是一种高层次、高追求的养老方式。当老年人在基本物质养老方面得到满足后，自然就会对更高的精神生活质量有所期盼。赵艳认为，文化养老将老年人的身心健康放在首位，以传统文化的传承为基础，在此基础上尽量满足老年人的物质需求④。

关于文化养老问题与对策的研究，穆光宗认为，政府是社会养老的第一责任主体，政府如何以日间照料为中心，社区活动室为平台，将文化养老和社区医护相结合，是需要解决的养老难题⑤。韦庆辛认为，文化养老作为一种全新的养老方式，主要存在认识不到位、宣传引导不够、学习活动阵地不足、长效机制不够健全、发展不平衡等问题⑥。王从清认为文化养老应成为每位老年人的基本福利，老年人有权追求更高的精神生活，思考养老问题，不能仅仅把目光局限在现在，在养老的实践中也应适

---

① 韦庆辛：《"文化养老"初探》，《黑河学刊》2012 年第 9 期。

② 唐晓英：《传统文化视阈下我国社区文化养老方式探究》，《西北工业大学学报》（社会科学版）2011 年第 2 期。

③ 杨盼盼：《社会工作视阈下对校园文化养老模的思考——以齐齐哈尔工程学院百草家园老年公寓为例》，硕士学位论文，吉林大学，2012 年，第 4 页。

④ 赵艳：《浅议高校"文化养老"》，《科技创业》2015 年第 23 期。

⑤ 穆光宗：《论社区文化养老》，《人口与计划生育》2015 年第 10 期。

⑥ 韦庆辛：《"文化养老"初探》，《黑河学刊》2012 年第 9 期。

当地加入一些快乐养老的因素①。徐晓阳在调查绍兴市养老模式中发现,至少在绍兴,老年人文化阵地"僧多粥少"、活动场所严重不足,老年文化社团发展相对滞后等问题普遍存在②。王靓认为,当前文化养老面临着发展失衡、供求失衡的困境③。蔡恩泽则认为,通过构建养老服务人员"员工心灵工程"来促进养老工作是十分必要的④。

文化养老观念在中国大陆不断发展,少数涉及老年人的政府部门正在对文化养老模式进行探索,一些媒体对文化养老也进行了报道。但总的来看,学者们的研究,还存在三个方面的不足:一是研究水平还有待提高,只有少部分涉及老年人的部门工作人员和地方实践者对文化养老进行了研究,还鲜有理论研究的学者对文化养老进行专门研究;二是对农村老年人文化养老关注度还不够,学者和实践者们主要关注的是企事业单位和城市社区老年人的文化养老问题,鲜有人关注农村老年人的文化养老问题;三是对文化养老制度的研究还不足,学者们主要集中研究文化养老的概念、问题及对策等,真正从制度层面研究文化养老制度,特别是农村文化养老制度的研究还十分薄弱。

将文化养老、教育养老和精神养老研究相比较,发现三者从研究时间起点先后排序,依次是文化养老、精神养老、教育养老。从研究成果数量多少排序,依次是文化养老成果最多,其次是精神养老,最后是教育养老。这说明,文化养老应是最早讨论养老精神生活保障问题的主要研究命题。之后,在文化养老的拓展研究中,学者们提出了精神养老、教育养老等不同核心概念并据此展开进一步的深入研究。这些研究命题的共同点在于研究的问题均聚焦于养老

① 王从清:《让"文化养老"成为每位老人的基本福利》,《浙江老年报》2009 年 5 月 20 日。
② 徐晓阳:《"文化养老"理念需引起重视》,《绍兴日报》2013 年 9 月 22 日第 3 版。
③ 王靓:《搭建"文化养老"平台实现"文化养老"目标》,《河北企业》2013 年第 4 期。
④ 蔡恩泽:《搭建员工心灵工程》,《现代企业文化》2011 年第 16 期。

精神生活质量的改善。说明随着国民文化素质的普遍提高，物质生活条件的不断改善，对养老高质量的精神生活追求也越来越迫切。文化养老的研究成果对于教育养老研究奠定了坚实的理论基础，但文化养老具体如何实现，学界尚未有清晰明确的认识。教育养老的研究正是在文化养老研究的基础上，将文化养老的内容聚焦在老年教育中，提出教育养老概念，为破解养老精神生活困境提供了一条全新的路径。

二　国外相关研究现状与述评

各国受多种因素的影响，对老年人的概念和认识各不相同。西方福利理论认为，老年教育是老年人的养老福利。本书认为，教育养老是提升老年人精神生活质量的重要养老方式，老年教育是教育养老实现的重要途径。鉴于此，首先，国外研究述评首先梳理了国际上对老年人界定的不同依据和标准；其次，从精神养老、老年教育和养老保障三个方面对国外相关研究现状展开述评。

（一）"老年人"界定的研究述评

国外就如何划分老年人受多种因素影响各有不同。国际上通常是以 60 岁或 65 岁作为老年人的划分标准。1956 年，联合国出版的《人口老龄化及其社会经济影响》一书中首次将 65 岁作为老年人的划分标准，将 7% 的老年人比重作为老龄化社会的标准。西方国家老年人的标准在此基础上又各不相同，例如，美国、加拿大、德国、英国、意大利、日本等国家将 65 岁以上的人口划定为老年人。而以 60 岁作为老年人划分标准的国家有法国和俄罗斯等国家。老年人的年龄标准通常也是法定的退休年龄标准，即达到老年人年龄标准的人口通常被认为是处于退休状态的人。中国是以 60 岁为标准划分老年人。中国《老年人权益保障法》规定的老年人，是指60 岁及以上的公民，但是中国的统计年鉴所认定的老年人则为 65

岁及以上的公民，即只有 65 岁及以上的人口在中国才作为老龄人口进行统计。

拉斯列特·彼得①把一个人的生命阶段分为四个年龄：第一年龄、第二年龄、第三年龄、第四年龄。第一年龄是一个人从出生到开始工作的时期，第二年龄是一个人从开始工作一直到退休的时期，第三年龄便是从退休开始，一直到一个人的身体机能逐渐衰退的时期，而第四年龄则是人从身体机能衰退直至死亡的时期，这个时期是生命最脆弱，最需要人照顾的时候。拉斯列特·彼得认为，如果用生理年龄来划分这四个阶段，一般来讲 60—80 岁为第三年龄，80 岁以后为第四年龄，所以在法国、英国、澳大利亚、新西兰等国家也将老年大学称为"第三年龄大学"。

21 世纪初，世界卫生组织将人的年龄阶段划分为新的五个阶段，即青年期（18—44 岁）、中年期（45—59 岁）、老年前期（60—74 岁）、老年期（75—89 岁）和长寿老年期（90 岁以上）。何谓退休年龄？简而言之，就是到达了某个年龄就已经失去了继续从事本职工作的能力。工业革命早期，可能到 60 岁，就没有继续工作的能力了，但在信息社会，对体力的要求没有工业社会那么严格，人们为社会所做的贡献也不再是以体力为标准，只要有技能，愿意奉献，即使达到退休年龄也一样可以为社会做贡献。随着社会生活条件不断改善、医疗水平等不断提高，未来可以预期人口的寿命逐渐延长，老年人的年龄划分也将逐渐提高。因此，对于"老年人"的界定，应与一个国家的社会经济发展相适合，并随着社会的不断发展而随之调整。

（二）"精神养老"的研究述评

西方社会人口老龄化开始较早，因此西方国家对精神养老的研

---

① Laslett Peter, *A fresh map of life：The emergence of the Third Age*, London：Weidenfeld and Nidiolson, 1989.

究相比中国也起步较早。20 世纪 70 年代，一些能够对老年人的身心健康产生影响的因素就已经被关注并开始研究。无论是在老年人的感情方面，还是社会活动的参与方面，西方学者的研究视角都有所涉及。西方学者们认为，老年人的精神照顾和物质赡养是一个跨学科的大命题，因此，仅凭一己之力几乎不可能完成，需要政府、社会以及家庭的三方之力共同参与。雅典以及丹麦等进入老龄化社会较早的国家其养老经验也比较丰富。这些国家普遍反对养老中的唯设施主义，认为对于老年人的赡养不仅要满足他们物质方面的需求，对于其精神方面的需求也要满足。丁志宏发现[①]，西方学者运用定性定量分析，总结出了各种反映老年人精神生活状况及影响因素的测量表，如 1975 年杜克中心创立的美国老年人多功能评价问卷、纽芬兰纪念大学的幸福度量表、总体幸福感量表等。巴里·卡兰德的用于 65 岁以上老年人健康评价量表中也包括了精神健康方面的内容。

不同国家对于破解老年人精神困境问题有着不同的认识。以英国为例，其进行了一项名为英国老龄化应对策略研究的国家级项目，旨在研究如何为老年人提供无障碍、专业成熟的服务。他们对老年人精神赡养的重视不仅体现在对老年人精神健康、主观幸福、精神慰藉等问题的深入研究，而且还体现在对养老方式进行的制度创新研究，如在社区养老中研究如何关心老年人的精神生活健康。英国的社区照顾服务人员主要包括经理人、主要工作人员和照顾人员三部分。经理人全权负责社区的各项事务，社区经费管理、人员管理、社区日常事务管理制度制定，管理流程设计，管理监督等都是经理人的主要职责。社区工作人员的职责比起经理人更加具体，他们需要对社区老人的日常生活有所了解，负责社区老年人养老金

---

① 丁志宏：《城市退休老人精神需求现状及社区支持》，《南京人口管理干部学院学报》2012 年第 3 期。

的发放，了解社区老年人日常养老生活中遇到的困难障碍等，负责一些紧急事务的处理，并负责对社区照顾人员进行管理。社区照顾人员直接面向社区老年人，为老年人提供各种养老服务，包括满足老年人养老精神生活的各项需求等。社区照顾人员的组成来源，大多数是一些志愿者以及老年人的邻居等。在美国，格诺德·兰德斯伯格①介绍了一种适合75岁以上老年人居住的老年公寓，公寓首先要求入住老年人有自理生活能力，不需要安排人员24小时照顾，取而代之的则是上门的养老服务方式。老年公寓的存在能够弥补一些社区养老服务的不足。

国外精神养老的研究起步较早，关于精神养老的研究成果较为丰富。随着全球人口老龄化不断加剧，西方国家关于精神养老的研究成果对中国人口老龄化养老精神困境的破解起到一定的借鉴作用。但中西方国家老龄化背景不同，中国社会未富先老的老龄化特征，以及养儿防老家庭养老文化的根深蒂固，使中国养老的精神生活困境与西方国家相比，既有共性，又有特殊性。因此，有选择地借鉴以及结合自身国情的养老精神保障的研究显得尤为重要。

（三）"老年教育"的研究述评

1. 老年教育的发展脉络

直到19世纪上半叶前，世界上没有一个国家60岁以上的人口占总人口比例超过10%。19世纪50—60年代，法国率先成为老龄化国家。接着瑞典在19世纪80年代也成为老龄化国家。一战后，德国和英国成为老龄化国家。二战后，越来越多的国家随着人口增长减速而先后迈入老龄化国家行列。不仅出现大量老龄化国家，许多大洲由于人口比例达到了老龄化的标准而成为老龄化的大洲。按世界现有人口年龄结构测算，到21世纪中叶，全世界都将成为老

----

① 格诺德·兰德斯伯格：《纽约市老年人社区服务问题》，中国经济出版社1998年版，第86—88页。

龄化世界。

人口老龄化的加剧促使欧洲、北美洲等西方国家较早开展老年教育。20 世纪 70 年代，第一个踏入老龄化国家的法国建立了第一所第三年龄大学。创办者是皮埃尔·维勒斯。这所老年大学招生对象覆盖各行各业。此后，老年大学数量在法国不断增加。20 世纪 70 年代以来，大洋洲、欧洲老年大学的创办力度不断加大，老年人的教育需求得到不断满足。西方老年教育经历了 40 多年的发展历程，尽管老年教育的模式、课程设置、资金来源、管理方式各有不同，但各国大都形成了符合自身国情富有特色的老年教育模式。

2. 老年教育的理论基础

权利理论。第二次世界大战之后，随着人权运动的蓬勃开展，对于老年教育的关注也随之增多。在老年教育方面，更多的适合老年人的活动在西方国家被推广，对老年人的权利保障也更加完善。自 1980 年后，西方国家对老年人的基本权利保障关注度越来越大，强调了解放以及赋权的作用。以吉布森①为代表，其认为教育的核心就是解放，老年人能够自主掌控自己的生活。

福利理论。当今，西方国家对老年教育的高关注度体现在将促进老年教育发展的战略写进经济发展战略。老年教育由于被认为是养老福利而得到各国政府的高度重视。如英国政府对于与老年人有关的社会活动开展抱有积极的支持态度，甚至对此还有一定的补助政策。

自我完善理论。自我完善理论认为教育可以促进老年人自我保护能力的提高，使老年人时刻保持一个乐观的精神情绪。与此同时，教育对于促进老年人社会适应能力起到促进作用，教育使健康老龄化的目标得以实现。"以人为本"是自我完善理论最为

---

① Gibson，S.，*Critical Theory and Education*，London：Hodder and Stoughton，1986.

核心的内容,"以人为本"要求老年教育要充分尊重老年人自身的意愿。在学习方式和学习内容上,引导老年人结合自身爱好兴趣去自主选择。"以人为本"认为老年人自身的意识和觉悟最为关键,其他的社会力量对于老年人的发展只是起到辅助性的作用,"以人为本"强调老年教育中个体的积极主动参与。

3. 老年教育研究的理论成果

随着老龄化国家数量越来越多,世界范围内掀起了老年教育研究的热潮。西奥多·舒尔茨在《人力资本投资——教育和研究的作用》中指出,教育不是一种消费活动,教育投资是一种生产性投资,是人力资本投资的关键,它不仅影响教育者个人的收入,还影响一国的国民收入。玛格丽特·米德指出,社会发展产生代际的冲突,老年人若不想落伍,就只能努力向年轻人学习。老年人想要有意义的养老生活就需要借助年青一代的知识和智慧。马克·贝磊[1]认为,终身学习不仅只是"赚钱"的技巧,而且可以提高老年人的生活质量,从终身教育发展角度而言,教育和训练的过程并不随着青少年时期的学校学习结束而终止,而应贯穿于人的一生。海姆斯特拉[2]认为,不同老年人对教育有不同的需求,他将满足老年人基本读写能力作为较低层次的生存需求,而将服务他人,发挥政治智慧和担当社会重任等作为较高层次的发展需求。他认为,老年人对教育的需求不只停留在满足生活层面,而是追求对社会的影响力和创造力,对于教育实践的指导则应根据老年人需求的不同而变化。桑代克所著的《成人的学习》中强调了老年教育在教育史研究中的重要价值。书中提到,即使是老年人,对于学习的权利也是不可剥夺的,因此就有了老年教育的出现。保罗·朗格

---

① 马克·贝磊:《比较教育学——传统、挑战和新范式》,华东师范大学出版社 2007 年版。

② Hiemstra R. , "The contributions of Howard Yale Mc Clusky to an evolving discipline of educational gerontology", *Du Gerontol*, 1981 (6) .

朗在其文章《终身教育引论》及《学会生存——教育世界的今天和明天》中提到，每个人都有接受教育的权利，并且在某种程度上教育应当是伴随着人的一生，由此可知，老年教育所占的地位非常重要。拉斯里特·彼得在《生命新图——第三龄大学》一书中指出老年人的价值如何再次体现，最好的方法就是学习。

国外老年教育的理论基础涉及政治学、社会学、教育学等多个学科，研究视角宽泛，理论基础深厚。国外学者从管理学、教育学等多角度阐述了老年教育对老年人的作用及影响，分析了老年教育的目的与定位，对于促进西方国家老年教育事业的发展起着积极的推动作用。全球人口老龄化的加快，国外老年教育的研究成果，对于国内学者研究中国老龄化问题，破解如何提升老年人精神生活质量命题无疑具有重要的启发和借鉴意义。

（四）"养老保障"的研究述评

梳理国外"养老保障"的研究，基于本书应用型的研究目的，将重点关注各国养老保障政策的具体内容和实施办法等，研究选取英、美、日三国进行分析。

1. 英国老年人的保障措施

日间照顾。日间照顾的主要对象是空巢老人，社区工作者和雇佣者白天为老人提供如生活照料、食品供应等多种服务。晚上老人回到自己家居住。这种模式的好处在于既避免了空巢老人的精神孤单，又保障了空巢老人的生活照料。

社区照顾。就被照顾的对象而言，这些老年人一般情况下都是居住在自己家中，而且有基本的自理能力，但是外出活动需要有人照顾负责。在饮食、卫生医疗服务等方面，提供帮助的是志愿者或政府公务员。因此这类照顾所收取的费用较低，仅是象征性的收费。

院居服务。老年公寓、敬老院以及暂托所等都是院舍服务的主要模式。老年公寓一般情况下都由政府出钱资助,面向鳏寡孤独的老年人和具备自理能力的老年人。或为其提供免费服务;或通过房租补贴的方式适当收取较少的费用,并向这些老年人提供养老的相关服务。敬老院选址在社区内部,一般规模都不大,目的是方便那些卧病在床生活无法自理又无家属照顾的老年人。有的老年人因为家人的短暂外出而无人照顾,暂托所的职责就是临时照顾这些老年人。①

社会医疗救助。英国国家层面的卫生服务体系包括为老年人提供上门护理与家庭保健等各项医疗救助服务。在英国,一些地方还积极建立了"日诊医院",每天早晨用救护车将患病的老年人接到医院来接受治疗,到晚上再送回家,可以按照老年人自身的实际情况每天去医院就诊,或者隔日或定期前往医院就诊,这样使老年人的健康问题能够根据各自的健康状况和家庭状况而有效地得到解决。

2. 美国老年人的保障措施

美国政府会专门为老年人养老划分养老生活社区。社区的规模和类型可以分为"退休新城""退休村""退休分区""集合住宅"和"持续护理退休社区"等模式。大部分的养老模式都是针对55岁以上"年轻"老年人。主要为老年人提供休闲娱乐活动,并且为老年人配备了锻炼身体的健身设施。美国政府对养老设施要求非常规范和严格,考虑到高龄老年人的身体状况在社区为他们开设了专门医疗场所供他们急需时使用,并在社区环境和设施方面尽最大的努力让他们得到方便。

美国政府针对老年人医疗护理的方式较多,形式多样。其中,根据看护程度划分为独立生活型养老方式、辅助生活型养老方式、

---

① 丁潇:《英国老年人社会保障制度研究》,硕士学位论文,山东大学,2012年,第28—35页。

专业护理型养老方式和持续护理退休社区型养老方式。老年人可以根据自己的健康状况、养老需求、经济条件等在众多养老模式中选择最适合自己的方式。

为了能够让老年人的个人权益得到合法保障，在美国，老人局以老年人的养老保障工作为中心，主要为大多数空巢老人和没有劳动力或者养老金不足的老年人提供保障。老人局严厉打击不尊重、不爱护老年人的行为，并对其进行深入调查。老人局对老年人的衣、食、住、行、养老服务进行有效分类，安排专业的工作人员为他们提供医疗健康、法律保护等服务，全方位多角度保障老年人的权益①。

3. 日本老年人的保障措施

日本养老保障体系最大的特色就是把新型社会互济养老模式与传统的家庭养老模式有效结合，形成了本国独具特色的养老保障模式。该模式的优势在于费用低且效果好，模式受到本国人民的大力支持和好评。在日本，家庭养老普遍受到家庭成员的认可，这种养老方式主要依靠子女在家庭内进行赡养，子女或家族的收入是老年人的主要经济来源。战后的日本社会老龄化、少子化现象日趋严重，导致空巢老人数量增加。尽管老年人依然选择家庭养老模式，但是社会互济机制的养老保险取代子女或家族的收入成为老年人的主要经济来源。日本老年人对医疗卫生、健康保健、娱乐活动的需求主要是通过社会工作者和佣工提供服务来满足。日本政府为了使老年人能够像在家里一样备受照顾，还建设了福利院、敬老院和托老所等养老场所，他们希望老年人能够得到像子女一样的体贴和照料。2000 年，日本政府出台的《护理保险法》，根据老年人的实际情况，对老年人医疗保健、康复护理、娱乐休闲等方面的各项指标

---

① 张卫国：《美国养老社区研究》，《世界经济与政治论坛》2012 年第 5 期。

进行详细而具体的规定，目的在于全面保障老年人的养老生活①。

日本的传统家庭养老方式对国民的影响非常深远，政府大力支持子女照顾自己的父母，并通过医疗护理、家庭保健等为家庭养老提供居家服务。日本的居家养老服务体系以"一碗汤"的距离为标准，要求子女不要离父母居住太远，要时刻关注父母的生活，派遣友爱访问员监控空巢老人家庭的用电量，并向其子女发送信息让他们时刻了解父母的生活起居情况②。

梳理国外养老保障研究，发现西方国家养老保障十分重视立法的完善。养老政策能够紧贴本国国情设计制度和制定措施，政策中特别关注老年人的精神文化生活，采取各种办法来鼓励老年人参与社会活动，帮助老年人排解孤独，提升养老质量。

第三节　相关概念界定

一　老年人

老年人是指年龄达到或超过一定标准的人口。对老年人的划分往往是综合考虑各种因素的结果。老年人的概念具有历史性。随着生产力的发展和人类生活环境的改善，人口的寿命不断增长，老年人的界定年龄也不断延长。从古时候30—40岁就是"老年人"，到今天人们普遍认为60岁及以上才进入"老"的状态，成为老年人。在未来，随着社会发展，人们寿命普遍提高，可能是70岁或80岁才进入老年人行列。老年人的概念具有社会性。不同国家定义老年人的年龄标准不同，这主要取决于人口预期寿命的高低和社会经济条件的差异。目前通行的年龄标准主要有60岁和65岁，大多数发

---

① 杨淑娥、孙宝庆：《日本养老方式变迁及对中国的启示》，《河北学刊》2011年第2期。

② 黄梅：《论日本养老模式对构建我国农村养老保障制度的启示》，《广西警官高等专科学校学报》2012年第1期。

展中国家使用60岁作为老年人的标准，人口预期寿命较高的发达国家多使用65岁为标准。

国际上通常的做法是以60岁或65岁作为老年人的划分标准。联合国1956年出版的《人口老龄化及其社会经济影响》首次将65岁作为老年人的划分标准，将7%的老年人口比重作为老龄化社会的标准。中国一般退休年龄为男性60岁，女性55岁，因此，长期以来中国将60岁作为划分老年人的年龄标准。《中国老年人权益保障法》第二条规定："本法所称老年人是指60周岁以上的公民。"随着中国人口预期寿命的不断增加，也为了方便与国际比较，近年来中国65岁标准的使用也较频繁，如国家统计局发布的《2000年第五次全国人口普查主要数据公报》中，就明确用65岁及以上来划分老年人。

由于学界不同专家学者在研究老年问题时的出发点和侧重点不同，他们所使用概念的含义也不尽一致，除了人口学的年代年龄之外，还有生理年龄、心理年龄和社会年龄。生理年龄是根据个体的细胞、组织、器官系统的生理状况和生理功能来判定个体年龄，是人的生命历程在其生命周期中所处的位置或所达到的生理阶段；心理年龄是根据人们对人世的不同生存态度和人生体验而做出的年龄评价；社会年龄是指一个人在和其他社会成员的关系上扮演的角色或社会习惯方面所表现的年龄，社会角色的转换是判定人们社会年龄的重要依据。

有学者提出"经济老年人"的概念，经济老年人是指一个有劳动能力的人，随着年代年龄的增加，其劳动能力经历了从强化逐渐转向弱化直至最终失去劳动能力的过程，其社会角色也相应发生了巨大转变，即由生产者和消费者的统一体转向了纯粹的消费者，虽然心理成熟度在逐步提高，但是当年龄的增长使他不能提供劳动这一基本生产要素的时候，该人便转变为经济学意义上的老年人，称为"经济老年人"。一个年龄很大但仍有劳动能力的人，不是经济老年人；一个曾经有劳动能力的人，因为自身的身体状况不佳，或者受文化程度等因素影响导致从事体力劳动和脑力劳动的能力都已经失去，即使其年代年龄未达到60岁或65岁，但也属于"经济老年人"的范畴。可见，经济学意义上的老年人没有严格的年龄标准，不像人口学所界定的老年人是以60岁或65岁为标准，即只要达到了这一年龄就属于老年人，"经济老年人"强调是否具有劳动能力这一重要的经济学指标。

"经济老年人"概念的提出对本研究对象老年人如何界定有重要的借鉴意义。研究教育养老目的在于提高老年人的养老质量，而一般认为人只有不再劳动，从生产者转变为消费者，才能放下一切事务，开始享受养老生活。因此，为了研究对象确定的可操作性，本研究将衡量经济老年人中的"劳动"标准，根据中国国情按城乡区别对待。对于城镇老年人的界定分为两类：一类是有正式工作的人口，界定的标准以"是否退休"为界，有两种情况值得说明，一是年龄达到退休年龄而仍未退休的老年人不是本研究对象，制度设计中也不涵盖这部分老年人；二是年龄在50岁以上，未达到退休年龄，而提前退出工作岗位开始养老生活的人，也属于本研究老年人的界定范围。另一类是自由职业者等不受退休年龄限定的人口以及无业的城镇人口等。中国目前的养老保险制度包括社会养老保险制度、城镇居民养老保险制度和农村新型养老保险制度。三个制度覆盖到所有城乡人口，因此，为与制度接轨，对城镇的这部分人口，是否为本研究对象，只要领取社会养老保险金即认定为老年人。

对于农村人口，老年人怎么界定，要考虑中国国情的特殊性。中国农村老年人只要不是身体完全衰老或疾病缠身，多数仍参加农业劳动，劳动收入占老年人收入的较大一部分。所以，年龄对判定农村人口是否为"老年人"并没有实质作用，"老"与"不老"取决于自身身体状况。2009 年至今，中国开始在农村试点并普及新型农村养老保险制度，该制度规定年满 60 岁的农村户籍人口可领取养老金。因此，本研究对农村老年人年龄的界定也定义为年满 60 岁及以上。

人口老龄化是指总人口中因年轻人口数量减少、年长人口数量增加而导致的老年人口比例相应增长的动态过程。国际上通常把 60 岁及以上的人口占总人口比例达到 10%，或 65 岁及以上人口占总人口的比重达到 7% 作为国家或地区进入老龄化社会的标准。人口老龄化包含两个含义：一是指老年人相对增多，在总人口中所占比例不断上升的过程；二是指社会人口结构呈现老年状态，进入老龄化社会。中国 1999 年起已进入老龄化社会。中国老龄化的主要原因是计划生育人口政策下的少子化和随着经济和医疗的发展人均寿命的延长。

关于本书研究对象"老年人"的界定，主要是以"是否退休并开始享受养老生活"为标准，具体说明：首先，年龄达到退休年龄而未退出工作岗位的老年人，不是本研究界定的对象，制度设计中也不涵盖这部分老年人。其次，年龄在 50 岁及以上，未达到退休年龄，而提前退出工作岗位开始养老生活的人，属于本老年人的界定范围。最后，对于特殊群体，如家庭妇女、农村老人、城镇无业人员等，本书以是否达到国家规定的退休年龄并开始享受养老生活为依据，判断其是否是本研究界定的老年人。

二　积极老龄化与老有所为

2002 年，第二次世界老龄问题大会上提出"积极老龄化"理念，并被吸收到《政治宣言》中。"积极老龄化"理念认为，老年人有巨大的潜力，他们积极参与社会不但能改善他们自身的条件，而且还能积极参与社会条件的改善。"积极老龄化"以尊重老年人权利为前提，以"独立、参与、尊严、照料和自我实现"为基本原则，以"享有机会平等的权利"为出发点，强调"从工作岗位上退下来的老年人，能够仍然是他们家属、亲友、社区、国家的积极贡献者"，努力创造条件让老年人回归社会，重返社会、经济、文化、精神和公益事务在内等各个实践领域①。

积极老龄化理念的提出，重要意义在于标志着"老年人是资源"的观点首次得到国际社会的正式认同。它改变了以往"以需要为基础"的理念，转变为"以权利为基础"，强调社会参与是积极老龄化的核心和精髓。由此，老年人的角色发生了根本的转变，即"由社会问题的制造者转变为问题的解决者；由社会财富的消耗者转变为财富的创造者，由社会发展的拖累者转变为发展的推动者"②。积极老龄化的理念对于解决中国老龄化问题扩展了国际视角，具有重要的借鉴意义。

老有所为（productive aging），是应对人口老龄化、缓解劳动力不足、满足老年人实现自我价值需要和提高老年人生活质量的一个新理念。它强调老年人退出劳动岗位后，愿意用自己常年积累的知识、技能、经验继续为家庭和社区建设做出新的贡献。老有所为的内涵很广泛，包括老年人有报酬工作以及虽无报酬但具有经济价值的活动。这些活动可分为四种类型：（1）参与有报酬或无报酬的工作；（2）帮助照顾家人、亲友；（3）参与各种社会志愿服务；（4）参与老年教育以提升自己的人力资本和生产力。老有所为概念范畴见表1—1。

---

① 梅陈玉婵、南希·莫罗—豪厄尔、杜鹏主编《老有所为在全球的发展——实证、实践与实策》，北京大学出版社2012年版，第24页。

② 刘颂：《积极老龄化框架下老年社会参与的难点及对策》，《南京人口管理干部学院学报》2006年第10期。

积极老龄化下实现老有所为，就不能忽视老年人社会参与。对于老年人社会参与的研究仍存在国内外对于老年人社会参与的概念界定和适用无法达成共识的问题。2002 年布库（Bukov）等将老年人社会参与定义为老年人个人资源的社会共享[①]。"积极老龄化"是把老年人参与作为重要一环和健康老龄化、有保障的老龄化结合起来的一种理念，把健康、参与、保障综合成一项应对人口老龄化挑战的战略[②]。

表1—1   老有所为概念范畴

经济生产	有酬劳动（如返聘、再就业）
	其他经济活动（如从事股票、债券、分红）
家庭照料	家务劳动
	照料家庭其他成员（如配偶、子女、孙子女等）
志愿服务	参与社区志愿服务活动（如巡逻、义务劳动、互助等）
	参与社会公益活动（如指导青少年生活和学习，参与老年志愿者组织等）
终身学习	正规有组织的学习（如参加老年大学、参与社区老年兴趣小组或接受技能培训等）
	自我学习（如利用网络、图书资料的自我学习）

积极老龄化、老年人社会参与和老有所为三者的关系表现为：积极老龄化政策框架包括老年人的独立、参与、照料、自我实现和尊严，并且将"参与""健康"和"保障"作为积极老龄化发展的优先方面。老年人社会参与正是积极老龄化"参与社会发展"理念的主要表现。同时，从内涵上讲，老年人社会参与强调的是老年人在整个社会中的参与活动，而老有所为超越了老年人社会参与的概念范畴，除了强调老年人的政治参与和社会参与之外，把老年人对

① Bukov A，etal，"Social Participation in Very Old Age"，*The Journals of Gerontology Series B*：*Psychological Sciences and Social Sciences*，Vol. 57，No. 6，2002.

② 邬沧萍、姜向群：《老年学概论》，中国人民大学出版社 2006 年版，第 40 页。

家庭的贡献也纳入其中，更加强调以老年人为中心，将老年人视为
行动者和受益者。

三 "六个老有"目标

"六个老有"目标是中国政府提出的老龄工作目标，也是教
育养老制度设计的目标。1999 年，全国老龄工作委员会成立，确
立了"党政主导、社会参与、全民关怀"的老龄事业发展方针，
提出六个"老有"，即"老有所养、老有所医、老有所为、老有
所学、老有所教、老有所乐"的长期工作目标，其中"老有所
教"被首次提出。"六个老有"，是对老年人生活需求的高度概
括，老有所养就是满足老年人衣、食、住、行的基本需要以及生
活照料和精神慰藉的特殊需要。老有所养是核心，是其他"五个
老有"的前提和基础。老有所为是指老年人用自己掌握的知识和
技能，继续为中国现代化建设做出新的贡献。老有所学是指根据
自己的爱好，学习掌握一些新知识和新技能，既能陶冶情操，又
能丰富生活。老有所教是通过思想政治教育，使广大老年人做到
政治坚定，思想常新，理想永存。老有所乐内容极其丰富，通过
开展各种各样适合老年人特点的文体活动，为老年人增添欢乐，
幸福安度晚年。从老有所养、老有所医到老有所学、老有所教、
老有所为、老有所乐的老龄工作目标，涉及养老生活方方面面，
反映了政府对老年人的高度重视。

第四节　研究的理论基础

一 终身教育理论

"终身教育"这一术语自 1965 年在联合国教科文组织主持召
开的成人教育促进国际会议期间，由联合国教科文组织成人教育

局局长法国的保罗·朗格朗正式提出以来，近30年来关于终身教育概念的讨论可谓众说纷纭，迄今为止也没有统一的权威性定论。较具权威性的终身教育观点是由1972年起就任联合国教科文组织终身教育部部长的 E. 捷尔比提出的。捷尔比认为："终身教育是学校教育和学校毕业以后教育及训练的统合，它不仅是正规教育和非正规教育之间关系的发展，而且也是个人（包括儿童、青年、成人）通过社区生活实现其最大限度文化及教育方面的目的，而构成的以教育政策为中心的要素。"终身教育比较普遍的看法是：终身教育是人们在一生中所受到的各种培养的总和。它开始于人的生命之初，终止于人的生命之末，包括人发展的各个阶段及各个方面的教育活动。既包括纵向层面一个人从婴儿到老年期各个不同发展阶段所受到的各级各类教育，也包括横向层面从学校、家庭、社会各个不同领域受到的教育，其最终目的在于维持和提高个人社会生活的质量。

终身教育理论的核心思想也是"以人为本"，但更注重微观个体和宏观社会教育与学习的结合，强调通过保障全体社会成员不同阶段和不同层次的各种学习需求，满足每一位社会成员在一生中各个时期各个阶段的各种学习需求，实现人的全面发展。终身教育的宗旨是实现国家对每个公民（特别是社会弱者）个人学习权利的切实保障。在现有教育体系下，相对其他人口群体，老年人的受教育权一直是被忽视的，而终身教育理论强调和尊重老年人的受教育权利，通过对老年人实施的各种教育活动，培养老年人健康的养老生活兴趣，丰富老年人的养老精神文化生活，促进养老质量的提升。随着人口老龄化的不断加剧，终身教育理论很好地论证了教育养老的必要性和紧迫性。

二 休闲教育理论

休闲在西方哲学中是一个重要的理念，它不仅仅指时间和活动，还表示一种理智和平和的生命状态。休闲生活有优劣之分，唯有优质休闲才能提升人的精神世界、使人的心态达到自然和放松，而劣质休闲则容易使人叛逆、沉沦。优质休闲是 20 世纪 80 年代休闲学领域出现的一个新概念，认为每个人都有追求高品质生活方式的权利。优质休闲是人健康生活的重要组成部分，其目的是发挥人的潜能，提高人的休闲素养，追求高雅的生活品质①。

休闲与教育的关系经历了一个历史嬗变过程。古希腊时代，受博雅教育思潮的影响，它体现为"教育即休闲"。工业社会，受经济变革和工业发展的影响，它体现为"教育为职业工作做准备"。后工业社会，出于对生命本真的考虑，人们重新审视人与人、人与社会、人与自然之间的关系，它体现为"教育为休闲生活做准备"。古希腊时期的"教育即休闲"所体现教育与休闲之间的融合，属于低水平的融合，而后工业社会出现的"以休闲为中心的教育"，则是生活教育或教育为生活世界做准备的反映，是一种本真教育的自然表现。休闲导致了教育的产生，而教育的重要目的就是休闲。

休闲教育理论，本质是一种教育理念，是指通过教育，个体学习如何开展休闲活动的知识与技能，在闲暇时间内，个体通过教育活动学习如何理解休闲的相对自由，学习如何进行休闲活动的判断和抉择。休闲教育理论强调教育中要牢记"教育为休闲生活做准备"的基本思想，不仅要将其渗透到教育的目标、功能、价值等教育理论理解中，更要落实在学校教育、成人教育，特别是老年教育中。

目前中国的学校教育尚处于为职业工作做准备的阶段，人们过度地夸大了工作与职业的重要性，对教育本质、教育目的、教育内容和教育方法的理解片面地与工作或职业挂钩，休闲教育的缺失，

---

① 陈建华:《教育为休闲生活做准备——兼论教育与休闲关系的历史嬗变》,《教育研究》2011 年第 10 期。

导致劳动者退出工作岗位后，一下变得无所事事，失落感增强。工业社会中，全社会、教育部门、学校没有树立教育为休闲生活和幸福生活而准备的理念，劳动者步入老年后精神空虚，在为职业而受到的教育中，没有学会休闲、没有培养自己的兴趣爱好，养老生活质量较低。

当前中国包括教育工作者在内，缺乏对休闲教育重要性及意义的认识，他们中的许多人认为讨论休闲教育是一个奢侈的话题。因此，休闲教育理论对于社会公民，特别是教育工作者自身来讲，更为值得关注。

三 福利视角下的需要理论

福利需要理论是当代社会福利理论的重要组成部分。定义"需要"十分困难，社会福利研究将"需要"视为人在社会生活中的缺失状态。对个人基本需求的满足是个人社会价值完美呈现的标杆和基石。因此，应确立"以人为本"的社会福利目标定位。西方社会往往将老年人的教育视为老年人应享受的福利，如英国、美国等发达国家都对老年教育在社会整体战略经济发展中的地位和价值进行强化，并配置了大量的资源促进特色老年教育活动的开展，使其焕发出持久的生命力。福利视角下的需要理论，强调了满足需要的福利对于人的生命意义，它启发了教育养老应立足于社会老年人口，从满足老年人高层次需求出发，设计具体的制度政策。

四 碎片化与整体性治理理论

碎片化与整体性治理理论是西方公共管理理论发展中的新成果。碎片化是对研究课题或整体领域中存在的细微问题或缺陷进行再研究的理论，也是对该问题施行、管理、效果过程中消极因子的排除。碎片化理论的研究最早是在公共管理领域中被提出，是对西方官僚资本主义的弊端和缺陷进行分析和整合的一种全新理念,由于其施行效果明显,所以其广泛运用到其他领域。英国理论学家帕特里克·登力维认为,新形势下的公共管理理论在碎片化的指导下产生了一些问题,该理论就不应再以成功者的角色运用到其他方面,整体性治理则正是在批评和修正新公共管理中实践出来的一套有效的管理方法。这个理论方法产生的动因及来源是英国政府管理和碎片化理论应用到一定程度的共同产物,其产生具有很大的现实意义和指导价值。整体性治理理论是以政府部门之间的协调机制和内部管理为基本着手点,与改革和管理两者具有较大的牵连。英国政府较早致力于整体性治理理论的实践应用,并采取了一系列可行的措施,对该理论进行验证和整合。国外学者在社会可持续发展、高等教育以及公司管理等多个不同领域的治理研究中均涉及并运用到整体性治理的思想及理论①。

　　碎片化与整体性治理理论对于学者研究当今中国社会问题的治理具有理念和方法上的重大启发。当今中国,无论是老年教育,还是养老问题,都是非常复杂的社会问题。而这两者又不能片面地分开,教育与养老缺乏有效联系的碎片化现象,严重制约了它们的相互促进和发展。厘清当前老年教育和社会养老的碎片化现状及成因,从教育与养老两个维度构建整体性制度设计,将发展老年教育与提升养老质量紧密结合,从老年教育的研究视野来解决社会养老问题,将有助于唤起学界对老年教育的重视,促使政府从制定社会政策的层面解决老年人的受教育和养老问题。

---

①　韦艳、吴燕:《整体性治理视角下中国性别失衡治理碎片化分析及路径选择》,《人口研究》2010 年第 2 期。

第五节　研究目标与研究内容

一　研究目标

本书以中国老年群体为研究对象，依据教育学和社会学的理论和方法，以"教育养老"为研究内容，研究老年群体的精神养老保障问题，试图探索一条破解养老问题的新路径。通过"教育养老"制度和实现路径的设计研究，从而提升老年群体的整体素质，满足老年群体文化教育及快乐养老等养老需求，改善老年群体养老状况，促进实现从"老有所养、老有所医"到"老有所学、老有所教、老有所为、老有所乐"的政府老龄工作目标。

二　研究内容

根据上述既定的研究目标，本书内容主要包括以下四个方面。

首先，是以中国古代"尊年敬德"和"孝"文化制度为研究切入点，从纵向历史脉络维度，通过文献研究法，探寻教育与养老融为一体的历史成因，论证教育与养老融为一体在中国历史上发挥的积极作用，力图说明实施教育养老在当前中国践行社会主义核心价值观下的历史文化传承意义所在，并在此基础上构建教育养老概念。

其次，为设计教育养老制度，本书还需对中国的养老现状和老年教育现状等进行较为全面客观的调查和分析，它将成为本书的第二部分内容。这部分研究的开展以文献研究和社会调查为主要方法，研究内容包括：中国老年人养老环境、养老现状和养老问题分析；中国老年教育的发展现状分析，包括分析老年教育中哪些问题制约着教育养老的发展，老年教育又有哪些经验可以为教育养老制度设计提供借鉴。

再次,在前两部分的研究基础上,全面设计中国教育养老制度。包括论证制度的概念、属性,制度设计的基本原则,制度设计的目标,制度的具体内容框架等。作为一项全新的制度设计,这部分开创性的研究是本书的重点和难点。

最后,在完成教育养老制度设计的基础上,分析制度设计的具体实施路径。包括探讨制度实施的条件、制度实施的路径选择、制度实施的具体策略等问题。这部分的研究同样作为开创性的研究,是本书的又一个重点和难点。

第六节 研究思路与研究方法

一 研究思路

本书以中国老年人为研究对象,通过研究发现老年教育的发展可以有效促进养老生活质量的全面提升,而思考如何通过设计并实施教育养老制度来破解养老精神生活困境。首先,为了论证教育养老在中国实施的可行性,梳理了古代尊年敬德与孝文化的历史发展,发现教育与养老在古代社会生活中已成为不可分割的整体。其次,实施教育养老,需要设计教育养老制度。设计教育养老制度,需要对中国老年群体的养老现状和老年教育的发展现状进行实证分析。最后,本书用公共政策分析方法对教育养老制度设计和实施路径选择展开深入分析,形成研究结论。

二 研究方法

(一) 文献研究法

文献研究法就是对文献进行查阅、分析、整理,从而找出事物本质属性的一种研究方法。文献研究一般包括文献的搜集与查阅，文献的鉴别与整理，文献的解释与分析等具体阶段，并在此基础上对文献进行梳理。本书将通过手工检索和电子检索将搜集到的相关文献资料进行整合、提炼、消化和吸收。文献研究涉及的主要内容包括一是对中国古代涉及老年教育和养老等文献进行细致的文献梳理，分析其发展脉络，对古代教育养老制度的典范进行分析总结。二是通过对中国老年教育发展历程和现状等文献的梳理和研究，为教育养老制度设计研究奠定基础。

（二）社会调查法

社会调查法是对社会实况进行分析的一种客观调查手段，其具有明确的目的性和方向性。基于社会调查的问卷调查是对社会现实进行实时掌控的重要工具，也是实现社会认知的中心环节。访谈问卷的设计直接影响到数据的质量，访谈问卷的设计原则应遵循客观性、简洁性、直观性，且问卷内容的语言应言简意赅，在主题强化的基础上展开。

本书运用社会调查法对中国养老现状展开调研。调研依托 S 省社科基金项目支持开展。调研利用问卷调查方法，获取养老环境和养老质量的微观数据。调研过程包括：首先是设计问卷。通过查阅文献分析设计评价 S 省农村地区养老现状的指标体系，依据指标体系设计调查问卷。调查问卷共分两类：村级问卷和个人问卷。村级问卷设计目的在于评估养老环境，以各自然村为调查基本单元，选取各自然村的自然资源、生态环境、人口环境、经济环境、社会环境等因素评估 S 省农村家庭养老的养老环境。个人问卷设计目的在于评估养老质量。个人问卷按年龄分为两段：一是 50—60 岁即将步入老年的农村人口[①]，二是 60 岁及以上的老年人口。个人问卷采

---

① 这部分人口虽不是老年人口，但他们即将步入老龄人口行列，他们的养老意愿、生活质量的分析对于本书有重要的决策参考。

取入户调查的方式①，问卷内容包括养老生活现状和养老意愿。其次，成立调研组，招募生源地在 S 省的高校大学生参与入户调查，对调查员进行初选和调研培训后，调查员利用假期回乡开展调查。考虑西部地区农村人口教育普及程度较低，对问卷调查内容的填写存在一定的困难，因此，以记录员代笔的形式进行，且为充分实现数据调查与信息的真实性，在每户中选取一个老人为代表进行调查。

（三）统计分析法

本书对调查的样本数据运用统计分析法进行分析。主要运用 SPSS 进行样本数据的录入与分析。对老年人的养老环境和健康等状况进行描述性统计分析，对老年人养老经济生活状况、精神生活等状况在描述性统计分析的基础上，进一步进行单因素交叉分析和 Logistic 回归分析，研究影响养老经济生活状况和精神生活状况的主要因素。

第七节　创新与不足

一　创新之处

（一）选题的创新

从研究教育出发，通过对老年教育的研究，发现老年教育的发展可以促进老年人养老精神生活质量的提高。进而思考如何将老年教育与养老保障有效结合起来，解决中国老年人普遍面临的养老精神生活困境。在此基础上，概括了教育养老的概念。为实现教育养老，本书选取两个核心问题，对如何设计教育养老制度和实施教育养老制度的策略进行全面研究，并确定题目为"理念、制度与路

---

　　① 本书是对家庭养老方式的调研，个人问卷的完成采取入户调查，即走入农户家中访谈完成。

径：教育养老研究"。

（二）研究视角与思路的创新

中国转型期社会问题复杂多样，学者们习惯聚焦在各自领域研究各自的问题，这样的研究视角往往局限了研究的内容，很难有较大的突破。教育学界的学者往往低估了教育的力量，事实上，研究教育不仅可以解决教育问题，同时通过对教育对象主体"人"的促进与发展，更能解决涉及很多由"人"而引发的社会问题。本书通过研究教育力图解决养老精神生活困境，研究视角触及老年教育问题以及社会养老难题，研究思路也因独特的视角而有了全新的设计。本研究以独特的研究视角和思路希望对学界同行的研究起到触类旁通的启发作用。

（三）研究内容的创新

在学界仅有两位学者提出"教育养老"的研究背景下，本书进一步明确了教育养老的概念。本书认为实现教育养老需要设计和实施教育养老制度。关于教育养老制度的概念、制度框架体系的设计、制度的具体内容以及制度实施路径的选择，这些完整系统的具有开创性的研究内容及研究成果，为学界后续研究奠定了较好的基础。

二 不足之处

首先，由于学识和能力的局限，本书对教育养老的文献梳理还有待于进一步充实；对指导研究教育养老的相关理论还有待于进一步清晰和完善。

其次，对中国教育养老的实施环境还应在后期的研究中进一步地深入开展调研，做出科学的研判；对教育养老实施中可能遇到的具体问题，能力的局限导致分析中难免有所遗漏；对中国教育养老未来发展趋势的分析还有待于进一步深化。

最后，探索教育养老公共服务均等化，尤其是如何实施教育养老地区之间及城乡之间的均衡发展，在本书中还未涉及。

本书是笔者关注养老问题的一次新突破，选择教育养老的新视角为后续的学术研究开创了一个新领域，研究中的不足将成为笔者后续研究的重要内容，促使个人继续深入学习与思考，在未来的研究中不断突破和前行。

第 二 章

中国古代教育养老的文化传统
与历史渊源

《礼记·王制》记载:"有虞氏养国老于上庠,养庶老于下庠。"可见,古代养老不仅解决老年人的温饱问题,更加注重发挥老年人的优势和作用。在老龄化日益加剧的今天,研究教育养老,破解中国养老问题,不能脱离中国的历史和国情。纵观中华民族千年来的文明史,无论国家还是家庭,在理解孝道和传承孝道上有着丰富的制度文化传统。以儒家孝文化为切口,探索中国教育养老的文化传统,发现教育与养老在中国古代社会融为一体,说明教育养老在中国实施有着深厚的历史渊源。在此基础上本书进一步提出并构建教育养老概念,并以此展开教育养老制度研究。

第一节 古代"尊年敬德"文化传统的形成

"尊年敬德"是中华民族优秀的文化传统,是社会文明进步的象征。"尊年敬德"社会文化风尚自形成起即对千年来中国社会的发展与变迁产生着深远的影响。"尊年敬德"文化中对老年人及尊老的全面深刻认识,对于研究教育养老的历史渊源起着重要的思想启发作用。

一　"尊年敬德"的文化背景

"尊年敬德"文化并非自有了人类社会就已形成，它是随着生产力的发展，人类认识的深化，在一定经济社会状况背景下，汲取历史教训，经历了艰苦奋斗发展而形成，并与远古时代老年人社会地位的变化紧密相连。

（一）先古时期老年人低下的社会地位

早期的中国古代社会，老年人社会地位极其低下，侮辱遗弃老年人倾向普遍存在。原始社会初期，人类社会处于早期的猎狩阶段，社会生产力极端低下，自然环境恶劣，为了生存，男女老少常常一起出动共同围捕野兽。体能与力量在以"猎狩"为生的远古时代非常重要，由于老年人在这方面没有优势，故在部落并不受重视。在随后为追随兽群而发生的部落大规模的迁徙中，老年人年老体衰，往往视为累赘而被遗弃。在生产力极不发达的历史背景下，人们思想也处于蒙昧状态，认为老年人一旦丧失了强壮的体力便毫无用处，因此侮辱与遗弃老年人现象较为普遍。早期人类社会，多数国家和地区都普遍形成了抛弃老年人的不良习俗，甚至恶意夺取老年人的生命，这种残忍的行为时有发生。在游牧民族中，对待老年人采用极端性的行为和手段是一种普遍现象。《史记》中就曾记载：壮者食肥美，老者食其余，贵健壮，贱老弱，这充分反映了古代老年人所处的艰难境地。

（二）虞夏商时期老年人地位的转变

由早期的奴隶社会到农业社会，老年人的地位发生了根本的转变。猎狩时期体力不支的老年人随着农业文明的发展而受到优待和认可。农业社会生产的发展，需要一定的农耕经验和技术，老年人因具有生产经验的优势而逐渐得到重视，尊老观念开始逐渐形成。《礼记·祭义》记载：古之道，五十不为甸徒，颁禽隆诸长者。即

50 岁以上的长者虽然可以不需要参加打猎，但是在分配猎获的禽肉时，却要在份额上给予特别的照顾。这里的"古"，已是农业社会的早期，渔猎所获食物的剩余部分多分配给老人，说明人们已感受到老人在农业生产中技术经验的优势，因此特别给予照顾。

虞夏商时期，尊老观念开始形成。传说，舜是一个大孝子，得到四岳的称赞与举荐，因此坐上了部落联盟之长的位子。《吕氏春秋·季春·先己》记载：夏后相，与有扈战于甘泽，不胜。六卿请复之，夏后相曰："不可，吾地不浅，吾民不寡，战而不胜，是吾德薄而教不善也。"于是食不重味，处不重席，琴瑟不张，钟鼓不修，亲亲长长尊贤使能，期年而有扈氏服。

商代社会对老年人的尊重和重视由甲骨文"妇归老之祟"可得一窥。值得指出的是，甲骨文中已有"大学"一名，揭示了商代教授贵族子弟的教育机构中执教者除掌权的商王等显贵人物外，还包括声望高且有着丰富经验的老年人，故文献养老食礼行之于大学。殷代的祖甲即位以后，对于小民尽量施恩，即使是孤零零的鳏夫寡妇也不敢欺侮，他因此享有国家 33 年[1]。武丁之时，"命傅说视学养老"，还"明养老之礼"[2]。

（三）周代开始老年人地位的制度化巩固

春秋战国时期，社会开始出现贫富分化，社会普遍现象是：今大道既隐，天下为家，各亲其亲，各子其子，货力为己。即非自己的老者不仅不养，而且由于战争，非人道的现象比比皆是，老弱妇孺更是苦不堪言。到了孔子生活的东周时期，社会矛盾进一步加剧，为了扭转这种现象，孔子大力宣扬"大同社会"的美好景象，他理想中"大道之行"的古代社会是：大道之行也，天下为公。选

---

① 顾颉刚：《古史论文集：德治的创立和统治学说的开展》，中华书局 1988 年版，第466—467 页。

② 孙星衍：《尚书今古文注疏》，中华书局 1986 年版，第 575 页。

贤与能,讲信修睦。故人不独亲其亲,不独子其子,使老有所终,壮有所用,幼有所长,鳏寡孤独废疾者皆有所养。从中可以折射出从赡养自己的老年人到赡养别人家的老年人,尊重全社会老年人的思想,也反映出孔子对建立一个"老有所养"和谐社会的向往。

周代是奴隶社会发展的巅峰。在商朝灭亡的惨痛教训和先例下,周代率先提出了尊老养老的重要举措,并在制度上加以明确,形成了一套较为完备的尊老体制①。

从远古时代老年人社会地位的变迁中发现,自夏商时期起,老年人逐渐被重视,尊老观念形成和发展,老年人的社会地位和社会价值逐渐被社会认可和期待,整个社会形成了良好的尊老爱老风尚,发展到西周,尊老礼制的建立对于"尊年敬德"社会文化的形成起到了巨大的促进作用。

二 "尊年敬德"的文化探源

(一)"齿"与"德"一致性含义

齿,古者谓年龄,齿亦龄也。中国古代,"齿"代表老年人。古代家族往往人口众多,家庭成员间关系复杂并且矛盾尖锐,因此需要通过道德进行教化。先古时代,氏族部落中辈分高、年龄大的老年人是家族全体利益的公正代表,是家族中不可缺少的凝聚核心,故而在中国古代,老人天然是德的化身,古代"德高望重"只能适用于老年人。《诗·商颂·殷武》祝愿长老"寿考且宁,以保我后生",大意是年轻人需要依靠老年人"保",这里含有启迪和教育的意思,因为在古人眼里,老人往往是德高望重的。《尚书·召浩》中记载:召公告诫成王"王其疾敬德",大意是:应该重视老年人的作用,因为老年人可以发挥启迪民智,教

---

① 李岩:《周代的尊老尚齿制度》,《社会科学家》2003 年第 11 期。

化民风的作用。古代的"尚齿"与"贵德"，是"尊年敬德"文化的起源。

（二）从"贵亲"到"贵年"

中国古代社会结构的一个典型特征是密切的宗族血缘关系。商周之前，人们的关系往往是依靠一个共同的祖先，只要拥有共同祖先，那么人们之间就有着共同的血缘关系。商周之后，这种关系进一步被明确，由祖先变为父亲，以父亲为中心，向周围扩散，离父亲越近的，血缘关系越亲，反之则越远。这种血缘关系，最远可以追溯到距离父亲九代的关系。《尚书》所言"以亲九族"即是这个道理。到了周代，这种血缘关系形成了一种制度，即"周人贵亲"，"亲"从狭义上来看，指的是父母；从广义上来看，可以指一切有血缘关系的人。"贵亲"即尊重家族中年长的人。而作为统治者，不仅需要在九族之内营造和谐的氛围，还需要维护社会的稳定，让广大百姓能够和谐相处，即从强调家庭中应"贵亲"到倡导全社会"贵年"，不仅要尊重爱护家族中年长者，更要尊重全社会的老年人。

（三）儒家"孝"文化的诠释

"孝"字出现虽早，但在西周以前，仅为祭祀死去的父祖。早期中国先民对神灵之事往往怀有尊敬和畏惧的情感，由于尚在世的先民并未见过自己的祖先，因此祖先的形象往往容易被神化，导致人们对祖先十分崇拜，进而演变成尊敬。如《祭统》篇所说，"祭者，所以追养继孝也"；除了对自然神的崇拜外，由于祖先的存在，又多出了"神"的形象，因此在中国古代，崇拜神灵不仅包括崇拜自然神，还包括崇拜祖先神。以"孝"为伦理核心，历代皇帝大力推行祭祖礼仪，以加强国家政权的团结。

"孝养"经常被连在一起，大意是用食物祭拜祖先，然后将祭拜过祖先的食物分发给亲人。《尚书·酒诰》中"孝养厥父母"即做此解释①。经过不断演变，"孝"的含义变为侍奉父母，墨家《兼爱》中认为："父慈子孝"是维系一个家庭感情的基础，而后，墨家学派又提出了"孝，利亲也"。从"孝"的阐述中，我们不难发现父子关系是一个家族中的核心关系。

但是对"孝"具有突出见解的是以孔孟为代表的儒家学派，论语中孔子有关"孝"的论述就达到了18次。例如：子游问孝，孔子答道："今之孝者，是谓能养。至于犬马，皆能有养，不敬，何以别乎?"从中不难发现孔子指的"孝"包括两个方面含义，一是在生活上需要保证父母能够丰衣足食；二是还需要给予父母精神上的慰藉。在平时生活中，我们首先要保障父母的衣食住行，免除父母在经济上的顾虑；其次，我们还需要重视父母的精神生活，要真正把"孝道"二字融入日常生活之中，孝由心生，只有内心真正地孝敬父母，才能让父母开心和愉快。

儒家所推崇的孝道，本质在于"养"和"敬"，顾名思义，"养"重在养育，指子女应该首先保证父母的生活衣食无忧，有较好的经济能力来赡养父母，"养"是"敬"的基础，没有物质上的保障，就很难达到精神上的慰藉。《孝经·庶人章》有云："谨身节用，以养父母。"孟子发扬了孔子"孝"的观念，通过具体的示例把"孝"变得细化。他说："世俗所谓不孝者五：惰其四肢，不顾父母之养，一不孝也；博弈好饮酒，不顾父母之养，二不孝也；好货财，私妻子，不顾父母之养，三不孝也；从耳目之欲，以为父母戮，四不孝也；好勇斗狠，以危父母，五不孝也。"②从中可以发现，孟子十分重视子女对父母赡养的义务，他认为，让父母吃饱穿暖，不为平时的琐事所困扰，及时分担父母的重担，只是子女最基本的义务。孔子把保障父母的基本生活起居看作"孝"的最基本要

---

① 查昌图:《西周"孝"意试探》,《中国史研究》1993 年第 2 期。
② 杨柏峻:《孟子译注》,中华书局 1960 年版,第 200 页。

求，因为，要想使父母能够身心愉悦，首先必须保障父母能够吃饱穿暖，否则，脱离了这一基本要求的其他一些行为都谈不上"孝"。

相比较"养"而言，"敬"是孝的更高层次。所谓"敬"，指的是尊敬和爱戴老人，让老人们身心愉悦。"敬"是在"养"基础上的升华，强调子女应该从内心深处孝敬父母，在言行上要合乎子女的身份并能够体现出对父母的崇敬之情。《论语》记子夏问孝，子曰："色难。有事，弟子服其劳；有酒食，先生馔，曾是以为孝乎？"这句话很好地体现了孔子对于"孝"的理解和认识，孔子认为，孝敬父母不仅仅是让父母能够吃饱，更重要的是在于自己的态度，如果子女对父母态度傲慢，说话轻佻，那么父母吃得再好穿得再暖，内心也不会舒服，精神也不会愉悦。《孝经》有引："孝子之事亲也，居则致其敬，养则致其乐，病则致其忧，丧则致其哀，祭则致其严，五者备矣，然后能事亲。"从这段话中，可以发现，"敬"相比"养"更为重要，只有发自内心关心父母、孝敬父母，注重他们精神的愉悦，才是真正的"孝"。

"养"只是从最基本的物质上保障父母的生活，而只有做到"敬"，才有可能让父母能够"乐"，否则，只会导致"忧"。可见"养"和"敬"都是尽孝道的两个不可或缺的条件。《周礼·仪礼·礼记》记载："孝子之有深爱也，必有和气；有和气者，必有愉色；有愉色者，必有婉容。"从这句话不难发现，在儒家文化中，注重父母精神层面上的愉悦才是"大孝"。在孟子看来，"事亲"分为"养口体"和"养志"，这两者是不同的，"养口体"意在使父母的生命不会受到自然灾害的侵蚀，"养志"则强调应该尊重父母的意见，顺从父母的意愿，前者仅仅指的是让父母能够不受饥寒之苦，后者指的是让父母能够身心愉悦，能听从父母的建议，尊重父母的意愿。缺其中任何一个都不能称为真正的"孝"。"事亲"要求在平时的生活中，尤其在和父母的相处中，要对父母尊敬有加，让父母能够真正在精神上感到愉悦和开心，而不仅仅是满足口腹之欲。

在儒家看来，孝道最重要在于内心而非行为，刻意为之的行为不如发自内心的行为，比如：父母去世后，子女是否就应该停止尽孝了呢，答案当然是否定的，孔子有云："事死如事生，事亡如事存，孝之至也。"大意是尽管父母已经不在人世了，但是子女对父母的敬爱之情应该永远留在心中，这样才能算得上是"大孝"。然而，父母不在人世了，子女应该如何尽孝呢? 对此，曾子有云："慎终，追远。"孔子认为，给父母送终既不可以敷衍了事，也不要一味地推崇厚葬，要根据自己的实际情况办理，同时对父母之葬，强调子女应该怀有哀悼的感情，其曰："丧，与其易也，宁戚。"即宁可简单地举行葬礼，也要有对父母逝去的悲痛之感，否则，葬礼将失去意义。孔子又曰："临丧不哀，吾何以观之哉?"其弟子子张曰："丧思哀。"子游曰："丧致乎哀而止。"曾子曰："吾闻诸夫子：人未有自致者也，必也亲丧乎。"这些话都体现了儒家的孝道观，只有内心表现出对父母去世的沉重哀悼之感，葬礼的存在才有其价值，否则，葬礼再考究、场面再宏大，也将失去其本身的意义。对于父母去世后的"尽孝"，孔子认为另一方面在于祭祀，对此，孔子仍然把感情放在第一位，他认为祭祀本身在于寄托子女对于父母的思念之情，这种发自内心的对父母的感情都是在"敬"层面上的，也是"慎终，追远"所推崇的。

古代关于"孝"的意识在商周时已见于文献记载，后经春秋战国时儒家学派的整理、阐释与渲染，逐渐上升到理论高度，形成了一个完整体系，并最终以《孝经》而呈。儒家"孝"的本质在于"敬老尊老"，偏重于满足老年人的精神需要。养老只是尊老的一个具体方面，单纯的"养"并不是孝的全部，反之，只有把对父母"精神"上的"孝"和"物质"上的"孝"结合起来，才能真正做到尊老爱老，因此，尊老、养老既是社会问题，也是伦理问题。尊老偏重价值本体，养老则偏重于实践性。

三　"尊年敬德"的文化形成

（一）从"孝"到"孝悌"——家庭尊老文化的形成

中国地域辽阔，各民族生活在华夏大地的不同区域，因而地缘关系很晚才形成。西周"分封制"使家国结合，最终逐渐形成华夏民族。而"飨""乡"二字古代通用，后者兼作地方基层政体名称和"乡饮酒礼"的简称。作为基层政体名称，"乡"是中国古代特有的血缘、地缘二元关系的调和；作为"乡饮酒礼"的简称，可以追溯到与夏商时期的"燕礼"。"飨礼"，作为中国古代一种特有的民风礼俗，直至清朝道光年间仍在各地流传。

《周礼·大司徒》中有记载，"乡"作为中国基层单位，其下面其实还有"族"的概念，"里"不仅具有地域属性，同时也表示距离。古代社会同族的人多居住在一个地方，汇集而成"乡里"，由此可见，乡和里不仅仅是表示地缘，更兼有血缘之意。从秦代开始，乡里一直是中央集权的基层单位，常常由同姓人居住，其管理大多由宗族中选出的德高望重的老人作为宗族长来进行。乡里连接了血缘和地缘关系。而"孝道"中所倡导的"悌"，从其产生来看也是由于这种血缘和地缘的结合。中国自古以来就有"乡礼"的习俗，而"孝悌"正是在这种习俗上得到融合，最终发展成尊老之礼。

"悌"演变自"弟"，《说文解字》中并未收录，然而《荀子·王制》有云："能以事兄为之弟"，其中明确提出了兄弟之间的关系，即弟弟需要对兄长尽到尊重和服从的义务，"兄友弟恭"的说法也是基于这种关系的基础上被提出。《尔雅》有云"善兄弟为友"，可见"友"最初是存在于兄弟之间的。直到西周后期，以父亲为中心，血缘网络开始逐渐放射开，亲疏间的差异也开始显现出来，根据孝悌之义，家庭内部的尊卑也逐渐明确，然而，在同乡之间，血缘关系仍然较为模糊。

"孝悌"之义，其实在很大程度上与地缘密切相关，主要针对兄弟之间，且兄弟均已婚。古人认为，妯娌是导致兄弟矛盾的根源，因此，朱氏《治家格言》有云"听妇言，乖骨肉，岂是丈夫"。古人认为妯娌是异氏，其存在在于延续家族的血脉，因此，妇女自古以来在家族中的地位就十分低下。家族之外，由于没有血缘作为纽带，人际关系主要由"友"来调和，"友"逐渐被泛化成"悌"，古人云：四海之内皆兄弟，大抵来源于此。在周朝，"昆弟"特指祖父的兄弟，在丧服的穿戴上也是十分讲究，《尔雅》更将"兄弟"专释为"母与妻之党"，可见"悌"字的含义里没有血缘关系这一层意思，因此《祭义》有云："居乡以齿……则弟达乎州巷矣。"

《孟子·滕文公》中有云："入则孝，出则悌"，《孝经》曰"教民理顺，莫善于悌"，说明相比较"孝"而言，"悌"所起的作用更具有社会普遍性，其作用已经由家族扩散到了整个社会。在古代一家之中，强调长幼尊卑，认为年纪小的晚辈如果不听长辈的话，那就是不"顺"，由此可见，"孝"和"顺"是有矛盾之处的，单纯就"孝"而言，"孝"可以促进社会的发展和稳定，但是自从孝和家族相结合之后，"孝"的内涵被逐渐异化，为了家族内部长幼尊卑的规矩，因此便引入"悌"来不断完善"孝"。

"孝悌"自汉朝起，便在乡级之间出现，为世人所推崇。汉文帝曾诏曰"孝悌，天下之大顺也……三老，众民之师也"，后汉明帝诏曰"三老，尊年也；孝弟，淑行也"。"孝悌"虽然并非完全由年长之人担任，但是其中蕴含着尊老的意义。从血缘的"孝"到血缘与地缘相结合的"孝悌"，标志着中国古代家庭尊老文化的形成。

汉代对于孝子除了名义上的嘉奖之外，还会给予大量物质上的奖赏。《汉书·高后纪》载：高后元年（前187年），"初置孝弟力田二千石者一人"。《汉书·文帝纪》载：文帝十二年（前168年），"以户口率置三老孝悌力田常员"。将"孝弟"与"力田"并称为"本"，这在封建时代也是很少见的现象。作为儒家基本文化，"孝悌"出现在众多古籍中。《论语·学而》云："其为人也孝悌。""孝"指能够侍奉父母，"悌"指能够侍奉兄长。"孝悌"在汉代演变成为官名，全称为"孝悌力田"。在汉代，"孝悌力田"不仅能得到朝廷的嘉奖，同时，更是踏入中央政权的途径之一。自汉惠帝始，朝廷经常赏赐尽孝道和尽力田者。"孝廉"是古代官吏选拔的必要条件之一，要想踏入仕途，必须尽孝道，在乡里之间享有崇高的声誉。

除了在仕途上可以得到晋升外，孝悌者往往还能得到朝廷丰厚的奖励，这些奖励往往能起到激励的作用。文帝"礼高年，九十者一子不事，八十者二算不事"。颜师古注曰："一子不事，蠲除赋役。二算不事，免二口之算赋也。"后来又规定"凡能谨善抚养老人和鳏寡者"的"旁人、他人"，可以享受"免除赋役"的待遇。汉代皇帝在奖励尽孝者这方面，可谓不遗余力，意在改善社会风气，维护国家政权。

（二）以"孝"治天下——社会尊老文化的形成

中华尊老文化始于家族"孝悌"，推及社会，即为社会以"孝"为核心的尊老伦理。先秦时期，朝廷把发扬"孝"的品德作为国家统治的重要方略。孟子有云"子孝则家齐"。在他看来，天子乃所有臣民的父亲，孝强调对父亲要遵从，因此，这种"忠君"思想有利于维护社会稳定。自汉高祖起，皇帝都会在自己的谥号前加上"孝"字，另外，在汉代，还会通过举荐的方式，把民间尽孝道和尽力田者纳为官员。由此可见，统治阶级意在通过这种文化的熏陶来促进社会稳定，从而维护自己的统治。

汉代开始推行"以孝治天下"的政策，使社会尊老文化得到发展和弘扬。相比前朝历代，汉代"孝"文化的发展，很大程度上是由于皇帝的意志所推动。在汉代，历代皇帝往往通过各种措施来鼓励世人尽孝道，极力营造一种"孝"文化。"尊老"教育体现了儒家"泛爱众而亲仁"的思想。"仁爱"最初强调的是血缘关系内应该相互关心，在亲人和父母间应该从内心发扬这种"仁"心。后来，这种思想的范围被扩大了，"仁爱"从血缘关系推广到了整个社会，"仁爱"很大程度上兼具了"博爱"的含义。"老吾老以及人之老"便是其中一个例证，由爱己升华到爱众，由关心父母亲人升华到关心老人和他人，这正是儒家思想所推崇的。

古代关于尊老文化的文字记载，有"尚齿""贵德""贵年""贵亲""孝""孝亲"等不同表达，但内涵基本一致，不仅认可老年人"德高望重"，又从情感态度上表达了对老年人的尊重和关爱。在诠释"孝"的本质时，特别强调"敬大于养"。本书用"尊年敬德"统领全篇文字表述，更注重强调老年人德行高尚值得尊重，是对老年人社会地位和作用的充分认识。

第二节　古代"尊年敬德"社会行为的规范

在"尊年敬德"文化的影响下，形成了中国古代各朝代"尊年敬德"的社会行为规范。这些行为规范形成于尧舜，发展于夏商，到了周代，社会普遍流行尊老的风尚。梳理中国古代"尊年敬德"的社会行为规范，既有家族应遵守的行为规范，也有全社会形成的尊老礼仪规范，内容涵盖了针对老年人衣、食、住、行及日常礼仪等方方面面。这些约定俗成的社会行为规范确立了老年人的社会地位，在维护社会稳定，巩固统治者政权方面，有着重要的意义。

一　家庭尊老行为规范

（一）居则致其敬

在汉朝，敬老养老在社会各阶层得到了普遍认可和实施，上自王公贵族，下至普通百姓，皆能很好地奉行这一理念。西汉时石奋家"子孙盛冠者在侧，虽燕居必冠，申申如也，僮仆欣欣如也，唯谨"①。可以发现石奋在尊老教育上做得十分成功。在樊重家，"每日子孙朝礼敬，常若公家"②。可见其家里如同朝廷一样，保持着日常的礼仪和长幼尊卑。鲍永妻"尝于母前叱狗，而永即去之"③。鲍永的妻子对鲍永父母不敬，鲍永休书一封，马上和妻子断绝关系，意在维护自己的母亲。"阳球结少年数十人杀吏，灭其家"④，只因为郡吏侮辱母亲，强盗劫持了父亲，彭修不畏生命，选择与强盗抗争，他抓住了强盗的头目，怒目而视，说道："父辱子死，卿不顾死邪？"⑤ 强盗幡然醒悟，最终放了其父亲，那时，彭修才15岁，便用自己的行动保障了父亲的安危。

（二）养则致其乐

"养则致其乐"顾名思义指在照顾父母的同时，还需要让父母能够精神愉悦。在中国古代，对于老年人的照顾，除了官员的俸禄之外，主要还是依靠家庭成员。不同阶层的社会成员照顾父母的方式也不同。

一些王侯将相因为有自己的俸禄，因此有充足的财力来赡养老

---

① 班固：《汉书》，中华书局1962年版，第2194页。
② 范晔：《后汉书》，中华书局1965年版，第1119页。
③ 同上书，第1017页。
④ 同上书，第2498页。
⑤ 同上书，第2673页。

人,如丞相翟方进对后母"内行修饬,供养甚笃"①。御史大夫何武以"后母在郡,遣吏归迎"②。辽西太守赵苞,"遣使迎母及妻子"③。相比俸禄较为丰厚的官员们,普通百姓照顾老年人则显得十分吃力,因为普通百姓主要收入来源于耕种土地,除去各种税收外,收入往往所剩不多,因此,百姓大都只能用自己的辛勤劳动来赡养老人。如历史记载:李咸"家贫母老,常躬耕稼以奉养"④。"罗威母年七十,天寒,常以身温席,而后授其处"⑤。可见,作为一个孝子,先需要保障父母的吃穿,而后关注老人们的精神状态,两者结合,才能称之为"孝"。

(三) 病则致其忧

古代家庭中的尊老孝道要求对父母要尽心尽力,强调的是发自内心地照顾父母而不仅仅是流于形式,例如如果父母生病,子女则必须倾力而为给父母做饭熬药,并亲自给父母喂药。在喂药的时候,子女必须先自己尝一口,以防汤药太凉或者太烫。据史料记载,汉文帝母亲病重,文帝三年内夙兴夜寐,亲自熬药并喂给母亲,一代帝王用自己的行动来为母亲尽孝。鲍昂父亲"被病数年,昂俯伏左右,衣不缓带"⑥。

(四) 家庭日常尊老行为规范

古代社会规定日常行为中也需要做到尊老。首先,起源已久的食礼中关于礼节方面的要求,体现了中国传统文化所推崇的"尊老"思想。食礼尊老思想从周朝起便有记载。据史书记载,周朝对饮食主张"重于味,轻于醉饱",即应该把美食首先给年长者,尤

---

① 班固:《汉书》,中华书局 1962 年版,第 3416 页。
② 同上书,第 3486 页。
③ 范晔:《后汉书》,中华书局 1965 年版,第 2692 页。
④ 周天游校:《七家后汉书》,河北人民出版社 1987 年版,第 32 页。
⑤ 同上书,第 397 页。
⑥ 同上书,第 1023 页。

其是肉食。《礼记》《孟子》都强调"七十非肉不饱"，周朝的"八珍"均为肉食，因此高成鸢先生把中国发达的烹饪技术归功于这种敬老思想①。其次，在器皿和食材的放置上，也是很有讲究的，比如，一般老年人食用的食材品种和数量是要大于年轻人的，史书记载："六十者三豆，七十者四豆，八十者五豆，九十者六豆，所以明养老也。"再次，在席位的摆放上，必须突出长者的地位，古人宴席，必定有首席，而这首席，当由年长者来坐。《曲礼》有云"群居五人，则长者必异席"，若四人，则"推长者一人居席端"。最后，在饮食中，仍然讲究老幼尊卑，如：对长者，主人必须亲自端上食物送到其面前，在饮酒的过程中，长者端杯，则众人必须端杯，长者给少者赐酒，少者是不能拒绝的。

在日常生活中对老人的言行礼节上，古人要求少者在和长者相处时，必须恭敬端庄。《礼记·曲礼》中详细地列举了和长者相处时的各种规定，比如："谋与长者，必操几杖而从之"、"长者问，不辞而对，非礼也"，即向长者讨教问题时必须给长者携带椅子和手杖，以防长者身体不适。在陈述问题和看法的时候，也需要做到恭敬谦卑，不可口出狂言，首先聆听长者的意见，对于长者的提问，必须起身作揖，然后用恭敬的语气回答，否则，则会被视为是不尊重长者的体现。"轻任并，重任分，颁白不相提携"，即要求与长者同行，年轻人必须帮助长者携带物品，不应该让老人拿东西。

二　社会尊老礼仪规范

（一）不同年龄老年人赋予不同称谓与权力

《礼记·曲礼》有云：人生百年，"十年曰幼，学；二十曰弱，冠；三十曰壮，有室；四十曰强，而仕；五十曰艾，服官政；六十

---

① 高成鸢：《中国烹饪之道》，《华夏文化》1994 年第 12 期。

曰耇，指使"。大意是，60 岁之后就可以称为长辈了，很多事情交给晚辈去做就行了，到了 70 岁，在古代就可以堪称高寿了，可以完全不用管家中的事情了，这时候，子孙就应该承担起重任①。"八十，齐丧之事弗及也"②。就是祭祀和丧礼都不参加，也不算是失礼。"百年曰期，颐"③。到 100 岁叫"期"，可以靠子孙的细心照顾，颐养天年了。

（二）乡饮宾席中的尊老规范

乡饮酒礼又称乡宾礼，是中国古代社会敬老尊贤的一种方式。明洪武五年，礼部对乡饮酒礼做了明确规定，进而颁乡饮酒礼图示于天下，定于每年正月十五日及十月一日举行，设席于明伦堂，由州县官主持，"以乡之致仕官有德行者一人为宾，择年高有德者为僎宾，其次介，又其次为三宾，又其次为众宾"。如无致仕官有德者，则推乡民中年高有德者一人为宾。洪武七年，苏州知府魏观举行乡饮酒礼，大宾为进士魏俊民，介为先圣五十四世孙孔思睸，依次为僎宾、众宾等十一人，次僎、乐正、司正。又特位三老人，昆山周寿谊百有十岁，吴县杨茂九十有三岁，林文友九十有二岁，皆形充神完，行坐有礼。然后列坐八十以上者十有三人，七十以上者六十有二人，六十以上者四十有七人。江西新城县李宾，"发邑乡饮，屡致宾席"。通过宴席中对老年人的尊重和爱戴，乡饮宾席成为古时尊老的典范。同时在宴席中伴随着针对子女的教育以及比射和选士等活动，老年人的价值得到充分发挥。

（三）国家级别的敬老仪典

国家级别的敬老典礼萌芽于西汉，在东汉正式出现，《后汉书·礼仪志》载："明帝永平二年三月，上始率群臣躬养三老、五

---

① （清）孙希旦：《礼记集解》，中华书局 1989 年版，第 12 页。

② 同上书，第 84 页。

③ 同上书，第 12 页。

更于辟雍。"可见，在东汉明帝之时，皇帝会带领老年人举行敬老典礼，这些老年人必须是在德行或者是才智方面有突出表现的，否则没有资格作为代表参加典礼。皇帝用对待父亲和兄长的礼仪对待这些老年人，意在给全国做出尊重老年人的榜样。典礼从国家层面上再次肯定了敬老的思想。《白虎通·乡射》记载："王者父事三老、兄事五更者何？欲陈孝悌之德，以示天下也。"这段话充分说明了典礼举办的意图，即为了教化百姓，促进全社会形成尊老爱老风尚。

（四）加与老人冠带

重视尊重老年人，在中国古代还表现为给老年人一定的政治地位和待遇。最常见的方式为赐予冠带，这种冠带是一种荣誉的象征，如明英宗天顺二年，诏"男子百岁者，加与冠带，以荣其身"，但是这种荣誉对年龄有限制，明代政府规定必须是百岁以上，到后来改为年九十以上者，宪宗成化十一年，皇帝再次强调了"民九十以上者给与冠带"。

（五）赐给老人爵位

在古代，爵位是一种极高的社会荣誉，代表了一个人的社会地位，授予爵位者往往能够为世人所尊重。明太祖时，皇帝决定将老人爵位赐予年满八十的老者。明洪武十九年五月，政府决定对应天、富阳两地的老者，赐爵社士于年满八十以上的老者，赐爵乡士于年满九十以上者，其他地方八十以上为爵里士，九十以上为爵社士。对于这些老年人，"皆于县官平礼，复其家。冠带服色，别议颁行"。

（六）旌表建坊

旌表建坊也是明政府为倡导尊老敬老大力推行的一种方式，意在昭明后世。建文帝时期，中央政府下令给各地五世同堂以上的家庭颁布旌表。对于这些家庭的高寿老年人，政府还会给他们建坊，以示嘉奖。如应天府句容县载睿自高祖谷安至孙戴瀚,七世同居。成化十七年奉礼部云字五百九十五号勘合,照例旌表。弘治中,昆山人毛弼百孙,其孙毛澄状元及第,有司为之建人瑞状元坊①。

第三节 古代"尊年敬德"社会政策的制定

中国古代"尊年敬德"文化的发展,追溯于先秦时期尊老观念和尊老社会风尚的形成,发展于西周后期系列尊老社会行为规范的确立。而中国古代"养老尊老"国家制度的制定,使"尊年敬德"文化传统得以从制度上巩固和发展。梳理古代养老尊老的国家制度,按内容可分为养老保障政策和尊老敬老政策两大类,前者旨在保障老年人的物质生活,后者则注重从精神上关心老年人,使老年人身心愉快。

一 养老保障政策

(一) 诏书赐物

古代各朝代都十分重视老年人养老的基本物质生活保障。皇帝经常诏令给老年人赐予各种布帛、粟米、酒肉等物。《汉书》记载,西汉皇帝曾共计 30 次下诏奖励长者,东汉略少,也有 25 次。仅宣帝在位期间,下令赐予老年人物品就多达 12 次。除史书记载外,今天出土的诸多文物也证实了诏书赐物的历史事实。如四川彭县出土了《养老》画像砖,成都市郊土桥东汉砖石墓中后壁也发现了《养老》石刻画像,这些画像反映的都是官吏正在向老年人发放食物的场景。

(二) 免除徭役

《礼记·王制》云:"五十养于乡,六十养于国,七十养于学,

---

① 王兴亚:《明代的老年人政策》,《南都学坛》(哲学社会科学版) 1994 年第 4 期。

彼谓士大夫也。"是指只有在士大夫以上贤能老者，才能享受在乡、国、学中被供养的权利。《王制》又云："凡三王养老，皆引年。"陈澔注："老者众矣，安得人人而养之，待国老、庶老之礼毕，即行引户校年之令，而恩赐其老者焉。"古代各朝代规定老年人到了50岁就能不去出征，60岁就能不服兵役，70岁就不用参与客人的接待，80岁就能安心颐养天年了。而古代针对老年人所在家庭的"任力以夫，而议其老幼"以及"八十者一子不从征，九十者其家不从征"等免除徭役的相关制度也充分说明了国家对老年人养老的保障。

（三）减免赋税

汉代伊始，朝廷便颁布召令，对有老年人的家庭减免赋税，这一措施极大地减轻了家庭养老的负担，相比较于赠予老年人财物，这一措施便能长期缓解家庭的负担，当属治本的措施。汉文帝规定："九十者一子不事，八十者二算不事。"师古曰："一子不事，蠲其赋役。二算不事，免二口之算赋也。"① 汉武帝时期，皇帝又再一次申明："民年九十以上已有受鬻法，为复子若孙，令得身率妻妾遂其供养之事。"② 后代皇帝在此基础上进一步对于年长者去世的家庭给予补贴，"自今诸有大父母、父母丧者勿徭事，使得收敛送终，尽其子道"③。意在通过发放补贴让子女给老年人送终，这也是朝廷鼓励尽孝道的一种方式。成帝时，又进一步规定60岁以上的老年人不需要承担完全的赋税和徭役兵役。《王杖诏令》有云：对于60岁以上的老年人，无论男女，只要是无子女、丧偶，一律免除赋税和各种役。对于无偿赡养这些老年人的臣民，皇帝也将免除其赋税和徭役兵役，由此可见国家对于老年人的重视程度。另外，

---

① 班固：《汉书》，中华书局1962年版，第2335页。
② 同上书，第156页。
③ 班固：《汉书》，中华书局1962年版，第251页。

在经商方面，国家对于丧偶丧子女的老年人也有格外的优惠，免除了买卖税，可以自由开店。持有王杖的老年人，任何人不得以任何理由命令其做各种苦力和徭役兵役，否则将会被重罚。

二　尊老敬老政策

（一）国家设置官吏负责尊老养老

《周礼》中记录着周代国家官员很多职责都与尊老有关。如《地官·司徒·大司徒》："以保息六养万民……二曰养老……掌不孝不弟之刑。"这其中明确提到官员的养老职责，而养老的管理在地方另设官员负责。如地官·小司徒·乡师之职是掌"以辨其贵贱老幼废疾……辨其可认者与其施舍者"。春官大胥掌"以序出入舞者"，除此以外，负责养老工作的官员还有伊耆氏、小司徒等，只是每个官职负责的具体内容不一样。

（二）褒奖尊老与惩处侮老

《周礼》规定："三年则大比，考其德行、道艺而兴贤者、能者。"对此，贾公彦疏云："郑司农云，若今举孝廉及茂才者，孝悌廉洁，人之德行"，且"厥明乡老及乡大夫群吏献贤能之书于王，王再拜受之，登于天府、内府贰之"。从这段话中不难发现，一个人要想得到提拔，首先得有尊老方面的德行，其次必须由当地富有名望的老者推荐，在这里推荐人和保护对象都是老年人，足见当时国家对老年人的重视，一旦有人出现不尊重长者的行为，意味着其仕途的终结和个人名誉的陨落。

《周礼·秋官·大司寇》载，大司寇在刑法上负责维护尊老尚齿，"以万刑纠万民"中的"三曰乡刑上不德纠孝"，"凡万民之有罪过而未丽于法，而害于州里者，桎梏而坐诸嘉石。"即如果有人胆敢侵犯乡里，会根据情况给予五种处罚。老年人如果有事情要告诉官府，如果上级没有转达其意见，那么上级要受到处罚。正是由于这些规定，使国家各个阶层都十分重视尊重老年人，这些规定一定程度从制度上保护了老年人的正当权利。

（三）刑法上的优免

《周礼·秋官·司寇》中规定，80 岁以上的老年人，在犯罪后处罚的时候需要酌情考虑。汉朝用诏令的方式将这一敬老传统巩固。景帝后元三年下令：对于 80 岁以上的老年人犯罪，应该从宽处理，需要用刑的，则给予免除；需要关押的，也给予宽容，免除其枷锁、手链、脚链。宣帝元康四年进一步下诏曰："80 岁以上的老年人，如果不是诬告杀人伤人的，其他刑罚都可以得到减免。"[1] 成帝时，再次降低了年龄的限制，在免刑方面从 80 岁降到了 70 岁。《王杖诏书令》中有明确规定，70 岁以上的老人拥有刑法赦免权。

在明代，如果老年人犯罪，政府则会进行刑法减免。明太祖时期规定：对于 70 岁以上的老年人，15 岁以下的小孩，如果有残疾，不得有枷锁、手链脚链之刑法。但是对于诬告和杀人罪，明代仍然是一视同仁，按照法律规定来判刑，比如应该充军的，则仍然会派遣其前往。但是对于 80 岁以上的老年人，明代政府规定可以让其子孙代替其前往。刑法在充军以下的，免除所有的罪责。同时规定："凡年 70 岁以上，犯流以下，收赎。80 岁以上，盗及伤人者，亦收赎。89 岁犯死罪，90 岁事发，得勿论，不在收赎之例。90 岁以上，虽有死罪，亦不加刑。"

（四）选用德才兼备的老年人为官

古代社会人们已认识到老年人在社会中能发挥重要的作用，统治阶级清楚地看到不同年龄阶层的不同特点，年轻人精力旺盛，大都积极向上，但是往往办事在谋略上有所欠缺，而老年人则相对保守，但是做事情经验丰富，办事沉稳。因此，中央政府往往会选取

---

[1]　班固：《汉书》，中华书局 1962 年版，第 258 页。

在谋略和威望上兼备的老年人出任官员。明太祖朱元璋认为，虽然很多老年人不参与政治，但是他们往往比年轻人更有谋略，懂得如何处理一些大事，因为他们的阅历是年轻人所不能比的。他还反对因为老年人精力不如年轻人而弃用那些有才能的长者，认为："伏生虽老，犹足传经，岂可概以落而弃之也。"周文王因为任用了姜子牙周朝得到兴起，秦穆公因为不听蹇叔的话而在战争中失败。朱元璋还认为，老年人的威望是国家统治的有力保障，得到老年人的支持，有利于招揽更多的年轻人。正因如此，在朱元璋抗元建国的过程中，他占领了太平，长者李习率领全城百姓迎接，朱元璋当即任命其为知府，可见朱元璋对长者的重视程度。而后，朱元璋又颁布了一系列措施，来选拔富有才学的长者来担任国家官员。

（五）里老制度

里老制度是明朝初年为了加强对地方的管辖所设立的，主要内容是设置里长、里老各一人，负责对基层的管理，这些官职不隶属于中央政府，由地方百姓选举，上一级政府批准即可。担任此官职的人必须是德高望重的老年人。里长、里老主要的工作职责一是，处理地方上的纠纷："若户婚、田宅、斗殴者，则会里青决之。"二是，起监督作用：凡是地方上的官吏违法乱纪、擅自篡改文件或者贪污腐化，里长有权进行检举和上报，更有甚者可以进京直接面见皇帝，"善者族之，恶者移之，甚者罪之"。三是，在生产上进行监督和促进。如明代政府曾经下令："若有懒惰不下田者，许老年人责决。"四是，教化民风，劝人向善，促进社会和谐。对于尽孝之人，中央赋予里长建造碑坊的权力，从而昭明世人。值得一提的是，里老是有数量限制的，一个地方只能有若干里老，并非所有德高望重的老年人都能担任此职位。另外，除了里老以外，在一些职能部门，如仓储、集市、河运等，中央也会选派老年人去进行管理，既发挥了老年人的作用，又提高了老年人的社会威望。

（六）朝觐制

朝觐制度的确立也是意在尊敬老者。主要包括两个方面的内容：其一，定期召见长者，选地方长者若干，由地方长官陪同，上京朝觐。《罪惟录》载："太祖重耆老，令五十以上者，岁朝京师，访问疾苦，有才能者拔用之。"后来，考虑到长者从地方到帝都路途遥远、日程艰辛，明太祖下令免除此项内容。其二，不定期召见长者，主要目的在于提取各地长者的意见，鼓励他们发挥余热，教化当地百姓，同时，还会赐予他们大量的财物。洪武六年，明太祖召集各地长者，其中有一位老年人已经116岁了，名曰周寿宜。太祖当即"赐以酒撰，复其家"。通过这种方式体现出朝廷对于老年人的高度重视，同时，朝廷也会责令各级地方官员前去探望老年人，以体现政府对老年人的重视和关怀。

（七）遣使存问制度

遣使存问制度是指明代政府给予高龄长者慰问，从国家层面上体现中央政府对老年人的态度，以昭示天下要尊敬老人。成化九年，南京吏部尚书魏骥98岁，天子赞美其德行和才智，因此派人前去，进行慰问。从天顺以后，这种慰问方式成为国家制度。弘治十八年，皇帝明确提出对于80岁以上二品官员，政府需要准备物品前往慰问，到了嘉靖年间，对于90岁以上的官员，则会派遣使者进行专门的慰问，即："二品以上年及八十者，备采币羊酒问劳。九十以上者，具实奏来，遣使存问。"遣使存问制度不仅能让老年人感到精神上的慰藉，更能够体现朝廷对老年人的关心，也是向天下昭示对于老年人需要格外敬重。

纵观中国古代整个社会，以儒家孝文化为主导，以家庭养老为主线，家庭孝亲观念、社会尊长规范和国家尊老养老制度，三者相辅相成，共同构建了中国古代尊老养老体系，同时也培育出中国传统文化中极其深厚的尊老养老文化土壤，而尊老养老文化发展至当今社会，已成为中华民族优良传统中非常重要的组成部分。

第四节　古代养老与教育融为一体的历史渊源

"尊年敬德"是中华民族优秀的传统文化，直至今天，它仍是和谐社会核心价值观的重要组成部分。研究中国古代"尊年敬德"文化的形成和发展，发现老年人在社会历史各个时期发挥着积极的作用和影响。如何"尊年敬德"，从孝文化开始，人们就突出强调"敬老大于养老"的核心思想，而如何实现"敬老"，从古代"尊年敬德"的社会行为规范和政策中，不难发现养老和教育在历史中很难区分，两者在诸多方面融为一体，相互促进。探寻古代养老与教育融为一体的历史渊源，有助于从全新的角度思考老年人、养老和教育之间的辩证关系，有助于探索发现新时期破解养老问题的新路径和新方法。

一　养老与教育融为一体的历史成因

(一) 农耕社会传承文化的需要

中国古代有着千年的农耕历史。农耕时代源于原始的狩猎时代，相对于狩猎需要更多的体力，农业生产对智力的要求则更多，早期农业生产中遇到的问题主要靠经验判断，农耕技术与文化的传承也主要是口耳相传。一个人年岁越大，所掌握的经验往往就越多，对农业知识的了解程度就越高，因此，中国两千多年的农耕文化决定了老年人重要的社会地位和价值。由于古代地域传播的限制，没有现在如此发达的通信和传播工具，因此，在古代社会中，农业知识的传播往往依靠有经验的长者来传播，凭借着多年来积累的各种农业知识和经验，老年人在社会中往往占有重要的地位，受到晚辈的尊敬。老年人在古代农耕社会文明传播中起着承上启下的作用。同时老年人在家族中地位德高望重，他们是子女的楷模，对下一代起着教化作用。因此老年人身兼家庭教育与社会文化传承双重责任。教育与养老融为一体，敬老思想得到落实，满足了社会文化传承的需求，它对促进尊老社会风尚的形成和农业社会的发展均起到了积极的推进作用。

（二）封建社会稳定政权的需要

中国历代皇帝认真汲取了朝代更迭中的经验教训，在尊老政策中将教育与养老融为一体，促进了政权的稳定和清明。纵观中国古代历史发展，尊老和养老涉及社会的稳定并非不无道理，但凡王朝后期，国家忽视养老等问题，都导致民心涣散、社会动荡。相反，如西汉时期的文景之治，当国家政治清明时期，大多是国家对养老尊老问题比较重视的时候，老年人作用得以充分发挥，既促进了社会的稳定，也推动了经济的发展。历史上秦国军事力量十分强盛，然而寿命却十分短暂，从文化思想层面分析在于其重法轻儒，强调严刑峻法，而忽视仁义道德。养老问题就是一个十分明显的体现，秦代对老年人的剥削堪称历代之首。而后的汉代吸取了秦朝灭亡的教训，在思想上重新确立了儒家的统治地位。汉朝历代皇帝大都十分重视养老问题，受战乱影响，年轻人大多战死疆场，导致汉朝初期乃至中期老年人占社会总人口的比重非常高。因此，汉代君王往往会采取各种措施来鼓励百姓尊老养老，在分担国家养老压力的同时，也有利于发挥老年人的积极作用，教化民风，稳固统治，避免重蹈秦灭亡的教训。

（三）古代社会繁荣发展的需要

在古代尊老养老良好风尚下，老年人的作用得到重视和发挥，对于统治阶级维护其统治，促进社会文化教育事业的发展，起到了重要的推动作用。在政治上，老年人发挥着对百姓进行教化，对皇帝进行建议的作用。汉代在乡、县、郡设置"三老"一职。三老的建议往往得到了皇帝的高度重视,如王尊,身为京兆尹却对使者无礼,天子在调查后将其免职。而"湖三老公乘兴等上书讼尊京兆功效曰著……书奏,天子复以尊为徐州刺史,迁东郡太守"①。又如寒朗为"济阳令,以母丧去官,百姓追思之。章和元年,上行东巡狩,过济阳,三老吏人上书陈朗前政治状。帝至梁,召见朗,诏三府为辟首,由是辟司徒府"②。在文献中,可以发现之所以天子重新任命王尊和寒朗,缘于三老的意见,可见三老意见的重要地位。在经济上,老年人凭借其多年的农耕经验,在农具和种植技术的改良上起到了重要的作用。例如赵过,以其实践经验,对诸多农具进行改良,得到了天子的重视,令在全国范围内制造并使用,并被天子要求"二千石遣令长、三老、力田及里父老善田者,受田器"③,这些新工具的普及,对于农业的发展起到了积极的推动作用。在军事上,老人也并非没有用武之地,如王莽末年,"竟陵西阳三老起兵于郡界,马武往从之,后入绿林军,遂与汉军合"④。可见,三老在天下大乱的时候,揭竿而起,凭借其自身的威望,招纳了一系列有勇有谋之士,如马武,堪称军事界的楷模。在文化传承方面,老年人同样发挥着重要的作用。例如申公年纪已经八十有余,仍然教书不辍,培育了大量弟子,其中博士数十人。伏生一生在齐国和鲁国之地教授《尚书》,产生了巨大的文化影响,以至于连皇帝也知晓,想要请他教授知识,然而,由于年纪问题,伏生已经难以行走,不得已皇帝只能另派晁错去受职。

二 养老与教育融为一体的成功范例

中国古代教育与养老融为一体的成功范例,在古代系列尊老敬

---

① 班固:《汉书》,中华书局1962年版,第3233页。
② 范晔:《后汉书》,中华书局1965年版,第1418页。
③ 班固:《汉书》,中华书局1962年版,第1139页。
④ 范晔:《后汉书》,中华书局1965年版,第784页。

老社会政策中得到充分体现。这些尊老敬老政策的共性在于高度重视老年人，对于才智或者道德上有突出性贡献的老年人，政府往往会给予一定的官职，来发挥其表率作用，而古代老年人在教育文化中发挥的作用尤为突出。从这些尊老政策中梳理出教育与养老成功融合的典型范例，并进一步深入分析和研究，有利于厘清古代养老如何与教育融为一体，在思考当今社会如何设计教育养老政策等问题时，这些研究无疑起到思路的启发和内容的借鉴作用。

（一）古代的"王杖"制度

在中国古代诸多尊老敬老的举措中，王杖制度最具特色。《礼记·月令》有云："养衰老，授几杖，行糜粥饮食。"自周代到唐朝，高年授几杖这种仪式一直延续，汉代尤胜。据《后汉书·礼仪志》记载，每年秋八月，中央政府会下令各地方政府对高龄老年人进行调查，对70岁以上的老年人，皇帝会赐予鸠杖给他们，并且会发放糜粥，以示敬意。由于鸠杖乃皇帝亲赐，王杖也由此得名。

持王杖老者在各代都享有不同特权，但多数学者认为，王杖制度最大的意义在于尊老。分析王杖制度发现，首先，王杖并非授予所有长者，而是授给"值得乡民尊敬效法"德高望重的长者。因此王杖制度本质是对持"王杖"长者的高度认可和尊重，老年人只有德行高尚，为全社会成员树立了榜样，才能授予王杖，成为垂范乡里的楷模，受到乡民和社会的尊重。其次，持王杖者"可以杖于家、乡、国、朝"，体现了王杖制度的另一个重要意义，即历代政权都认识到老年人的作用，通过尊老政策制定，老年人作用得到充分发挥，他们老有所为，成为家庭、社会的教育者，教化乡民，纯净民风。最后，王杖制度对于维护政权统治，促进社会和谐和繁荣发展发挥着重要的作用。

思考今天社会如何养老，王杖制度实施最大的启发在于，应正确认识老年人的作用，老年人不是社会的负担，而是社会的宝贵财富。老年人最大的优势就是能够胜任"教育者",将养老与教育融为一体,一方面,老年人的自我价值在承担教育责任中得到实现,身心得到愉悦,促进养老精神生活质量的提高。另一方面,老年人在"教化乡民"中已俨然成为社会教育事业的重要组成群体,在人口老龄化日益严重的当今社会,其意义更加深远。

(二)古代的"三老五更"设置

中国古代社会,"三老"是古代掌教化的乡官。《汉书·百官公卿表》中首先明确提出了"三老"一词,且含义是官职。《礼记·文王世子》:"遂设三老五更,群老之席位焉。"郑玄注曰:"三老五更各一人也,皆年老更事致仕者也,天子以父兄养之,视天下孝悌也。"《乐记》有云:"食三老五更于大学。""三老"自战国起至汉代不断发展,有了后来"三老五更"之称。

古代社会早期"三老"只是象征尊老意义的虚职,又称"乡老","三老"由乡民推选,是义务的,但其权威高于行政官员。《管子·度地》说"三老……所以为率也",与"吏者,所以教顺也"对立。《周礼》中与三老相当者称"乡老",又有"乡大夫"为行政官员,乡大夫的职责是"掌乡之政教禁令","三老"的作用是"为率",乡大夫的职责是"教顺"。到了汉代,"三老"的职责得到实质性发展。诸如汉代实行举"孝廉"制度,孝、廉属日常表现,"三老"最有发言权。汉代在地方上设有专门掌管"教化"事务的"三老",只有做到"有修行,能帅众为善",才有资格担任"三老",其主要职责是奖励孝子顺孙,贞女义妇,让财救患及学士为民法式者。在汉代,如果"三老"能够较好地完成自身的职责,教化当地民风,那么,不仅仅是"三老",那些能够尽孝道、履行"孝悌"的百姓,也能够得到皇帝的奖励。惠帝四年,"举民孝悌力田者复其身"。昭帝时,有尽孝者韩福等人,其孝道之举被皇帝所知,昭帝便对这些人进行了嘉奖,赏赐丝帛五十四。诏书曰："朕闵劳以官职之事，其务修孝悌以教乡里。"

可见，"三老"作为古代社会最基本的血缘群体代表，一直都受到中央政府的重视。在乡一级，"三老"则直接处于主导地位，政府任命的乡长在处理事务的时候要考虑"三老"的意见，足见其重要地位。费孝通先生把这种现象称之为"长老统治"。

将中国古代"三老五更"的设置与王杖制度相比较研究，发现，王杖制度的意义在于发挥老年人"垂范乡里"的楷模作用，持王杖的老年人通过自己的高尚德行起着教化乡民的教育作用，老年人无须承担具体的教育职责。"三老五更"的设置相比王杖制度，最大的进步在于老年人得到更加重视，其作用得到更大发挥，"三老"成为中央政权正式任命的行政人员，设置"三老"不仅具有树立社会楷模的作用，而且"三老"在举荐贤能时，具有很大的发言权，从某种意义上具有了参政议政的作用，因此"三老五更"设置更能体现中央政府对老年人的重视以及教育与养老在古代的有机融合。

（三）古代"养老于学校"的实践

无论是研究王杖制度，还是探讨"三老五更"的设置，均可以发现一个共同的特点，即中国古代老年人养老于学校。学校承担了老年人养老的功能，老年人在学校也承担教化和传承的作用。鉴于此，养老在古代被赋予了更多的教育功能。古代学校除了传道授业解惑之外，还是年长者教育年轻者德行之地。所以"学中养老"在中国古代社会具有普遍性。

"学中养老"从夏代起就成为一项制度，西周"学中之老"分为"国老"与"庶老"两类，"国老"是有德有爵之老，"庶老"指的是庶人及死难者之父祖，两类老人供养地也不同，《礼记》曰："周人养国老于东胶，养庶老于虞庠，虞庠在国之西郊。""东胶"和"虞庠"翻译成白话文即为学校，周代把东边作为尊贵的象征，所以"东膠"应该是指大学，而"虞庠"即为乡学，大学尊于乡学，所以从象征意义上国老也尊于庶老。天子视学所举行的养老礼也有差异，《文王世子》记载："天子视学……有司卒事反命，始之养也。适东序，释奠于先老，遂设三老、五更、群老之席焉。适馔省醴，养老之珍具，遂发咏焉。……有司告以乐阕，王乃命公侯伯子男及群吏曰：反养老幼于东序。"在古代，学校又名序，而皇帝一般而言只会去东序探望老年人，可见，尽管都是受尊重的对象，但是在老年人内部其实也是不一样的。尽管有爵位的"国老"与普通百姓"庶老"在不同的学校养老，但从先秦时代始，天子养老，即将70岁以上老年人养在学校，本身就是巨大的进步，是古代养老与教育功能融为一体的最为典型的成功范例。在学校的老年人，在传授知识中，实现了自身价值，身心愉悦，有着高质量的养老生活。而老年人在学校，为学生树立了良好的楷模，传道授业解惑，承担着教育与教化的功能，是学校教育重要的组成力量。

中国古代教育与养老两者紧密相连，相辅相成，形成了独特的教育养老方式。随着中国老龄化进程日益加快，研究古代教育养老实施的成功范例，为新时期教育养老概念的提出提供了理论渊源，重塑了教育养老的研究自信，也为教育养老的制度设计提供了成功的范本借鉴。

三　养老与教育融为一体的积极意义

（一）有利于老年人的延年益寿

教育与养老在中国古代社会的有效融合，有助于实现老年人的延年益寿，提升老年人的养老质量。以古代明朝为例，明时期政府颁布实施了系列尊老敬老制度，重视老年人作用的发挥，老年人在养老中承担了更多的教育责任，这不仅没有影响老年人正常的养老生活，相反，由于老年人价值的实现，老年人得到社会普遍尊重，过上了身心愉悦的养老生活，高寿的老年人在明朝占据了相当的数量。历史考证明朝时期老年人数量增长迅速，且高龄老年人在各个阶层各地都有出现。南京尚书魏骥年终 98 岁，少卿古溥卒年 97 岁。福建知府林春泽 104 岁卒亡，河南钱宰终年 96 岁。当然，除此之外，一般的老百姓也有超过 90 岁，甚至 100 岁的，这在各地也并不少见。山东济宁王士能，时年逾 123 岁，苏州昆山周寿谊享年 116 岁。

（二）有利于国家的政局稳定和社会的繁荣发展

中国古代社会将教育与养老融为一体，有利于国家的政局稳定和社会的繁荣发展。古代"官吏致仕"是政府提高行政工作效能的有效制度，但是明朝政府就发现严格让官员按规定年龄致仕，不利于国家政局的稳定。尤其在皇位迅速更迭或皇帝惰政昏庸腐败时，如何维护政权稳定就成了一大难题。在中国历史上，明代成祖去世，仁宗即位不到 1 年，病死。宣宗即位，不到 10 年，病死。短短 11 年间，皇位四易，最后英宗即位时，只有 9 岁。为了保障国家政局稳而不乱，明代执政者继续留用德高望重的大臣辅政治国。史载："正统之初，朝政清明，士奇等之力也。"内阁杨士奇、杨荣、杨溥，逮奉圣朝、通达事几、协力相资，为朝中上下所尊敬。正统十四年，土木之变，英宗被俘，"时人追思，此三人者在，当不至此"。历史上明朝国家政局之所以稳定，在人才任使上，注重发挥老年人才的作用，对德高望重贤能的老年人委以重任，应成为不可忽视的一个重要因素。

第五节 教育养老概念的历史形成与内涵辨析

一 教育养老概念的历史形成

养老与教育融为一体，是中国古代早期教育的重要特征之一，从中形成了"尊年敬德"和"尊教重道"的中华民族优秀文化传统。梳理中国古代尊老敬老文化传统，发现儒家孝文化对后世有着深远的影响。关于如何对待老年人和如何养老，《论语》中有很好的诠释，子游问孝时孔子回答："今之孝者，是谓能养。至于犬马，皆能有养，不敬，何以别乎？"可见"养"和"敬"是儒家孝道中"孝"的实质之所在。"养"与"敬"相比，"养"是"敬"的基础，"敬"是更高层次的孝。这说明在中国古代，人们已深刻地认识到敬老高于养老。而如何敬老，古代"养老于庠""三老五更""王杖"等国家制度的建立，说明尊老敬老已被政府高度重视并将其纳入国家治国策略。中国古代一系列尊老制度的建立，也为今天社会如何养老，政府如何制定养老政策，提供了深厚的历史文化渊源。

尽管自古中国社会就有"养老于庠"这样教与养融为一体的成功典范，但是到了近代社会，随着工业革命的到来，为了实现工业化和经济发展，教育被赋予更多为职业工作做准备的使命。新中国成立以来，为了实现四个现代化，社会需要大量的建设者，这就决定了很长时间，中国的学校教育定位为培养更多更好的社会主义建设专业人才，在对教育本质和目的、教育内容和方法等的理解上，片面地与职业挂钩，造成整个教育体系制度设计中缺失关于养老的教育。导致的后果是许多劳动者退出工作岗位步入老年后，他们在年轻时为职业发展而受到的教育在年老时对于自己的养老生活无用武之地，如何养老的问题在他们一生的教育生涯中没有被重视和关注。

进入后工业化时代，教育为幸福生活做准备的理念再次被引起重视。老年生活是人一生中非常重要的一段历程，养老生活质量直接决定着老年人晚年生活的幸福。对于老龄化不断加剧的中国，在教育体系和养老制度设计中如何加强对养老的关注，融入关于养老的教育，应成为社会各界迫切需要解决的新命题。本书提出教育养老，目的在于唤起学界对教育养老的关注，在积极老龄化理念指导下，乐观、主动、积极有为地探讨养老问题。

研究教育养老，首先需要明晰教育养老概念。关于教育养老的提法，除了笔者本人，目前国内有 2 位学者在 2 篇文章中明确提到。但遗憾的是，什么是教育养老，如何界定教育养老，教育养老有哪些内容，至今仍无人研究。

二 教育养老概念的内涵辨析

（一）教育养老概念的内涵

教育养老是一种全新的养老理念与养老方式，它通过政府鼓励、支持和引导老年群体参与各种不同层次、内容与形式的教育文化活动的途径，实现老年群体养老生活的愉悦与整体素质的提升，促进老年人养老质量的全面提高。

教育养老是一种全新的养老理念，其理念的产生是社会发展到一定阶段的产物。人们对养老生活的需求，不仅仅满足于物质生活的保障，更追求精神的愉悦与享受。教育养老需要政府、社会和老年个体共同树立积极乐观的养老态度，教育养老强调以教育文化活动促进老年个体全面发展和身心健康，激发老年人对养老幸福生活的期待和信心，教育养老使老年人被动养老为主动养老。因此，作为一种养老理念，教育养老在某种程度上响应了政府"六个老有"的老龄工作目标，为"六个老有"的实现提供了可实施的具体路径选择。

教育养老是一种全新的养老生活方式。这种养老生活方式区别于传统养老方式，是将养老与教育有机地融合起来，是一种更高层次的养老生活方式。传统养老依据养老主体不同而划分，而教育养老的主体包括老年个体，也包括社会家庭和政府。区别于传统养老关注老年群体养老基本物质生活等保障，教育养老更侧重老年人养老精神生活的保障。教育养老的提出，突出了老年人的社会主体地位，强调通过教育促进老年人养老生活的全面提高，这样的促进是通过老年人自身的发展而实现，这是教育养老与现有自我养老、家庭养老、社区养老或机构养老等传统养老本质的区别。

教育养老是一个上位概念，其中教育是一个广义的概念，促进老年人身心健康发展和养老生活改善的教育文化活动都是本书讨论的教育范畴。依据主体不同，教育养老的教育内容涉及学校教育、社会教育和老年教育等，诸如生命教育、幸福教育、尊老教育、养老教育等，都是教育养老的重要内容。因此，教育养老中教育的对象不仅包括老年群体，还包括除老年群体外的其他社会成员；而教育养老中的养老对象，则针对的是社会全体老年群体。

教育养老中的养老也是一个广义的概念，它主要包括养老经济生活保障、养老生活照料和养老精神慰藉等三方面内容。教育养老的养老理念应该贯穿于家庭养老、个人养老、机构养老和社区养老等不同传统养老方式。教育养老强调"以老年人为本"，注重在传统养老中对老年个体主动养老意识的唤起，注重发掘老年个体的潜力和价值，注重鼓励老年人树立积极乐观的养老心态，注重培养老年人的兴趣爱好，使老年人能从教育养老中身心获得自由解放，养老质量得到全面提升。教育养老的实施能有效地弥补现有养老方式的不足，使老年人变被动消极养老为主动积极养老。

（二）教育养老与养老教育

实现教育养老，不仅要推广和普及老年教育，更要在整个教育体系中加强养老教育。教育养老包含老年教育和养老教育。教育养老中的老年教育，其对象为社会老年群体，解决的是社会全体老年人的养老问题；教育养老中的养老教育，其对象则是社会全体成员，贯穿于每位社会成员整个一生涉及的养老方面的教育都属于养老教育。

人类文明史表明，人的发展总是沿着一条客观轨迹而展开：由不充分、低级向充分、高级的方向发展；由片面向全面方向发展；由依赖向自主方向发展。人的充分、全面而自主的发展，是人的本性之一，也是人类社会的最高目标。随着社会生产力的不断发展，人们生活水平的不断提高，人的这种本性反应日益明显。教育养老的产生和发展，是人的终生发展的内在要求。人的终生发展是教育养老产生和发展强有力的内在动力。对于一个个体漫长的生命历程而言，教育养老的实现需要养老教育的实施和推动。养老教育不仅是针对老年人的养老教育，更是针对社会的每个成员，为其未来养老生活做准备的养老教育。养老教育应贯穿于个体生命历程的各个不同阶段。如果个体所受教育中缺失养老教育，必然会影响其未来或当下的养老生活质量。养老教育在个体生命的不同阶段，反映的内容也各不相同，个体步入老年之前在学校教育中所接受的生命教育、幸福教育以及步入老年后接受的各种以促进养老为目标的老年教育都属于养老教育范畴。因此，养老教育具有终身性和非职业性以及丰富性和个性化等特点。

（三）教育养老与老年教育

老年教育，是指针对老年人口实施的各种教育活动。1996 年全国人民代表大会通过的《中华人民共和国老年人权益保障法》第三十一条规定："老年人有继续受教育的权利"，自此老年教育走上了"有法可依"的轨道。2010 年，国务院颁布的《国家中长期教育改革和发展规划纲要（2010—2020）》，明确提出要重视老年教育，为老年教育提供了坚实的政策基础。重视老年教育，对于促进老年人自身发展以及整个社会的发展意义深远。中国老年教育经历了 30 多年的发展，对于促进老年人养老生活质量的提高发挥着重要的作用。老年教育在实践发展中承担着教育养老中针对老年人的养老教育使命。因此，教育养老的实施应借助老年教育发展之力，与其有效地融合，大力推广和普及老年教育，是实现教育养老的重要现实途径。

教育养老赋予老年教育新的价值和使命，通过老年教育能促进老年人生活习惯的改善、老年人生活内容的丰富、老年人养老生活质量的提升，因而老年教育的发展对于实现教育养老有着重要的意义。为实现教育养老的目标，老年教育中应把关注养老和关怀老年人作为其发展的重要目标。老年教育直接面向社会老年群体，老年教育的发展对于破解日益加剧的养老精神生活困境问题无疑具有重要的现实意义。老年教育有助于帮助老年人实现教育养老理想。老年教育的发展应积极弥补现有教育体系中缺乏养老教育的不足，在老年教育的目标定位以及课程体系设计中应侧重和加强养老教育，应使促进老年个体的全面发展和养老生活质量提升成为老年教育发展的重要目标。为此，本研究提出教育养老问题，旗帜鲜明地表明了教育特别是教育养老的目的在于养老，教育养老应以"老年人"为本，通过教育促进老年人主动积极乐观养老；而老年教育的主体是政府和一些社会组织等办教育者。老年教育仅将老年人视为受教育的对象，被动参与教育活动。

（四）教育养老与养老保障

追溯中国古代孝文化及尊老爱老社会传统，发现"教养结合、以教养老"，在中国古代较为普遍。因此教育养老的提出，并非凭空设想，而是有着深厚的历史渊源。西方发达国家视老年教育为养老福利，早期的老年教育从社会老年救济事业中脱胎出来成为一种社会福利制度，说明教育与养老保障密不可分，教育已成为养老生活的重要组成部分。西方老年教育得以发展，其中一个重要因素是将老年教育纳入社会公共保障事业，由国家投资，纳入政府财政预算，或来自社会慈善、彩票事业的捐赠。国内外老年事业发展的历史充分说明了教育养老不仅具有历史继承性，而且教育养老应成为社会养老保障重要的组成部分。

教育养老是新时期养老理念与养老方式的全新尝试，是完善养老保障制度的全新路径探索。随着经济社会的发展，人们养老需求的不断增长，教育养老满足养老需求的效用将不断增大。教育养老的实施，有助于破解老年人养老精神需求政府供给困境的难题，为养老保障提供了未来制度设计的突破口和政策借鉴；而教育养老的制度设计与实施，将推动养老保障事业进入一个全新的时代。

第 三 章

西方国家教育养老的历史发展
与实践镜鉴

19世纪上半叶前，世界上还没有一个国家是老龄化国家。19世纪中叶，法国率先成为老龄化国家，接着瑞典在19世纪80年代也成为老龄化国家。一战后，德国和英国成为老龄化国家。二战后，越来越多国家随着人口增长减速，迈入老龄化国家行列。随着老龄化国家的增多，许多大洲由于老龄人口比例达到了老龄化的标准而成为老龄洲。发达国家人口老龄化的较早出现和程度加剧促使这些国家更早关注老年群体，关于老年教育和养老保障的实践发展也较为成熟。西方福利理论认为老年教育是老年人的精神生活福利，应在养老保障政策中加以确定。因此西方国家高度重视老年教育与精神养老，将老年教育视为社会养老的重要组成部分、精神养老的重要形式。鉴于此，本章关于西方国家教育养老的历史发展选取老年教育维度进行分析；关于西方国家教育养老的实践镜鉴则选取精神养老维度进行分析。

第一节　西方国家老年教育的历史发展

一　西方国家老年教育的模式

老年教育是20世纪70年代以后逐渐发展并不断成熟起来的一

种教育形式。西方各国老年教育开展的具体模式和表现形式存在着较高的差异性和不完全性，依据老年教育实施主体的不同，发现西方老年教育实施有三种主要模式：国家投资的老年教育、老年人自治自助的老年教育和社区管理的老年教育，三种模式选取相应三个典型国家展开研究。

（一）日本国家投资型的老年教育

国家投资型的老年教育其特点是国家兴办老年大学，各项开支列入政府财政预算。1973 年法国创办的世界上第一所老年大学即属于这种模式。这种模式的代表还有瑞典、日本、西班牙等国家。现以日本的老年教育为例介绍这种模式①。

日本是世界上人口平均寿命最长的国家，被称为"长寿之国"。在 20 世纪 70 年代初就已经跨入老龄化社会。由此日本政府高度重视老年教育问题。1981 年，终身教育的思想和理念首次在日本中央教育审议会提出，并全面投入到实践和教育工作中。终身教育理念不仅是以人的社会价值的实现为基础和前提，更是公民社会价值体现的完美途径。90 年代末，日本将终身教育的理念延伸和扩建到社会学习的领域中，为教育发展提供了明确的发展方向。终身教育是对公民能力与知识体系的完善与构建，是公民在任何阶段、任何地域都能享受到的一项自由的学习权利。日本老年教育属于国家投资型，表现在老年教育的主体是政府，各级各类政府是老年教育政策制定的主体，也是教育投资和实施的主体，是老年教育发展的核心和关键。

日本政府作为老年教育投资和发展的主要力量，在政策导向和资金供给上都会给予老年教育一定的扶持。在文部省（国家教育部门）的领导下，各级教育委员会作为老年教育活动的主办方和建设

---

① 楚良勋：《日本老年教育特点及其对我国老年教育的启示》，《继续教育研究》2006 年第 04 期。

方，为老年教育活动开展的专业性和系统性提供了坚实的理论基础和实践保障。设立高龄者学级，对老年教育开展的专业性和规范性进行保障；为高龄者开展老年教育提供场地支持；对老年人的综合价值和社会能力进行评估，帮助其最大限度实现其价值。在老年教育的发展过程中，日本将福利水平与教育发展有效衔接在一起，使其成为推动教育良性运行的重要举措，从而在物质帮助和精神文化上给予老年人尊重和认可，唤醒老年人积极参与老年教育的内在动力，增强老年人养老生活的独立性和自主性。

日本老年教育作为社会公共事业体系的重要内容，在实施细则和手段上不断调整和改变。主要体现在：政府和地方公共团体作为老年教育开展的主体，民间分散性组织或机构作为辅助，两者相辅相成且互为补充。在实施手段上，利用现代科学技术完成老年教育活动的相关流程。同时，日本的老年教育还主要通过几种不同的途径和渠道实施和完善，层次化和多样性是日本老年教育的核心手段。

第一，设立高龄者的学级，为老年教育活动开展提供良好的场地，在形式上实现老年教育正规化和系统化。

高龄者在年龄层次上的划分标准就是 60 岁及以上的老年人。老年教育活动对学习对象、学习时间和专业人员都做出了一定的调整和规划，为老年教育体系的构建提供先导。老年教育规定学习时间在 1 年内以 20 小时为最低标准，积极鼓励高龄者多学习、多参与。老年教育活动还对学习的内容和领域进行了完善和确立，涉及医学、管理学、健康学、卫生学等多门学科，对知识的广度和深度范围都进行了界定，为老年教育的顺利开展提供了坚实的理论基础。高龄者可以根据自身的兴趣特点和未来规划自主决定学习的类型和时间，在充分自愿平等的原则下参与老年教育。由于日本普遍设立公民馆，因此作为社会教育体系的重要组成，公民馆为高龄者提供了多种形式的社会活动，在兴趣开展和实践的过程中实现对知识的吸收。同时，公民馆还为高龄者提供了学习场地，为高龄者开展社会活动，提升社会生活的适应力而专门开设"独立区域"。高龄者教育的主要学习内容是对新鲜潮流方式的接受和认同，是对年青一代生活方式以及思想价值观的窥探和解读，是以教育的形式加深老年人与年轻人的心灵交流和文化理解，这对于两者之间隔阂的消除和缓解具有一定的现实意义。老年教育的开展基于地区内老年人的心理诉求和地区发展现状而出发，因此，在活动力度和形式上都具有一定的"亲民性"。老年教育教室具备双重功能，不仅能为老年教育活动提供场地支持，而且能为老年人更好地适应社会提供天然的学习环境。

第二，积极创办老年大学和面向老年人的专业学院等，在授予学位上享受与大学生同等的待遇，为老年人学习创建平台。

老年大学和专业学院的成立专门针对老年人群体，是老年人社会教育活动的重要场所。老年大学充分挖掘老年人潜力，对老年人学习能力和社会价值进行衡量和判断。老年人的空闲时间较多，老年大学的设立和构建是对其休闲时间的充分利用，更是对其个人能力和素养的一种提升，是一项极其重要的举措。老年教育的开展分阶段进行，前期关注生活、健康、卫生等公共教育活动，是老年人独立生活和融入社会的先导，后期则是老年教育开展的相对成熟期，教育活动开始涉及宗教信仰和乡土文化等，在精神和文化层面为老年人开拓新的视野，促进老年人对多元文化的包容性与理解性，帮助老年人建立和谐融洽的人际关系，也为其社会地位的稳固奠定坚实的基础。长寿学院是 1989 年建立和运营起来的老年教育性质的学院，政府在资金和管理等方面对其进行定期补助和支持，是老年人结交新朋友，参与社会工作的基础①。

第三，开发老年人才，发挥老年人价值。

通过创办老年大学等方式，旨在帮助老年人利用知识和社会经验为社会工作的开展提供服务，充分实现老年人的社会价值和人生目标。一方面，在社会工作开展的过程中，增强老年人的社会存在感，使其充分感受到老年人是社会的重要成员，是社会和谐运行必不可少的元素，而不是无关紧要的存在。这种方式能够帮助老年人时刻保持积极健康的心态，促进社会工作的良性运行和有效开展；另一方面，社会工作的实现需要借助社会力量，老年人是社会工作开展主要借助的对象和中心，因此，开发挖掘老年人的社会价值，促进老年人投入精力和热情到社会建设事业中，增强社会工作开展的基层力量，将有助于推动社会公共事业的良好发展。日本政府在老年教育活动的开展中实施强制性的介入和管理，通过大力发展农业、园林业、手工业等为老年人社会活动的开展提供多元选择，进而推动日本老年教育事业蓬勃发展。

（二）英国自治自助型的老年教育

自治自助型老年教育的属性兼具自治与自助两种特征，老年教育通过老年人自己管理、经营和实施，资金来源也是参与活动的全体老年人自治筹措，且无任何营利性质的公共组织参与，其与志愿者组织或机构特征相同。代表国家有英国和澳大利亚等。以英国为例介绍老年教育的自治自助型模式。

英国于1930年正式进入老龄化社会，这是其实施老年教育的必然导向和重要依据。英国老年教育体系的研究和发展较早，在很长一段时期内都在摸索中完善和前进，多年的实践经验为英国老年教育体系的成熟提供支撑和扶持，为现今老年教育体系的形成和构

① 杜智萍:《老年教育:建设学习型社会的重要环节——日本的经验和启示》，《成人教育》2006年第12期。

建奠定坚实的基础。以教育资源的属性进行划分，英国老年教育可以分为高等教育系统、地方教育系统以及志愿团体组织系统三类。前两类对参与群体的年龄界定做出了规定，老年人可以与普通成人享受同等的教育权利，第三类主要是针对老年人群体而开展的专项教育形式，它以老年人自主自治办学的突出特征而闻名遐迩。

英国第三年龄大学在世界老年教育活动的开展和实施中承担着绝对的权威角色，创始人彼得·拉斯丽特就以年龄为依据对不同年龄老年人发展属性进行界定和解读。

第三年龄大学的社会属性是志愿者团体，是一种自主自助的教育形式。课程以小组团体方式实施。上课地点也体现了一定的随意性和便捷性，通常是在会员的家中，或者当地的学校或机构，在小范围内进行活动。这种大学的场地经费和资金扶持要求较低，政府扶持力度小。会员每年只需要缴纳少量的会费就可轻松享受参与教育活动的权利，充分学习课程领域的相关知识，在形式开展和内容开展上都与正规大学有着一定的差别，且准入门槛较低。退休的老年人都可参加，无年龄、性别、社会地位等诸多方面的要求和限制。

第三年龄大学开设的课程内容领域比较宽泛，形式也体现了多样化的特征，满足了不同兴趣爱好的老年人，从个性化需求方面提供了较好的服务。老年学员不用严格遵循一般大学课程学习方式，如必须研修一定的必修课程。第三年龄大学在课程选择上体现了更高的自由行和随意性，学员们可以根据自身时间、能力、兴趣的需要对课程进行筛选和抉择，从而确立对自己未来发展和能力提升最有益的课程或学科。主要开设的课程有室内保龄球、瑜伽、艺术发展史、宗教文化等。同时，课程的开设还具备鲜明的时代特征，引进电脑技术、互联网、艺术欣赏、音乐赏析等文化科技课程，引导老年人紧跟时代发展的步伐，拉近老年人与年青一代的距离。

第三年龄大学还增设了远程教育。网络化和信息化盛行的时代,人们通过网络对世界各地的信息进行采集和及时跟踪,这在一定程度上有效打破了地域、时间的限制,同时也对不同年龄和不同需求的老年人提供筛选服务,对不同信息进行过滤和重新获取,学员们根据关键词和学科类型等就可以对学习的课程进行挖掘,获取第一手资料①。

(三) 美国社区管理型的老年教育

社区管理型老年教育是在老年大学的共同参与下实现老年教育社区自我管理和经营。社会福利和个人捐赠是社区若干教育资金来源的重要基础。代表国家是美国和加拿大。本书以美国的老年教育为例,介绍社区管理型老年教育模式。

美国民间老年教育组织主要有:(1) 美国老年学会。这是专门研究老年活动开展的学术型研究机构,主要以老龄化的科学规律和特征为研究内容,为老年教育活动的实施与策划提供理论基础,也为社会秩序的良性运营提供保障。(2) 老年公民全国理事会,主要对老年教育活动中存在的一系列问题进行反馈和改善,是老年教育活动开展的主导力量。(3) 美国退休人员协会,以老年群体生活品质提升为主要目标和发展方向,为老年教育开展提供保障。(4) 退休联邦雇员全国协会,是为老年人提供更好福利待遇的组织,是老年教育活动顺利开展的核心和关键。

美国社区管理型老年教育的两个特色,一是老年大学向网络化方向构建和运行,在社区中间平台的监督和制约下,形成独立管理和经营,并且密切地联系和依靠普通大学及学院,如在大学附近设立寄宿制学校,为老年人教育活动的开展提供多种服务。

---

① 王旭:《英国老年教育及其对我国的启示》,《世界教育信息》2007 年第 5 期。

二是老年教育机构多属于非营利的社会福利性组织，除了对学员收取少量资料费用外，大部分依靠私立和公立大学及个人慈善捐款①。

美国社区在老年教育活动中作用显著，通过老年教育活动带给老年人收获，进而对老年人进行双向管理。这就实现了教育活动的平行性，使教育活动向有利于受教育者的方向进行，同时促进受教育者利用专业知识对社会工作进行回馈。美国许多企业机构都对老年人的工作热情和创造性给予了充分的信赖和支持，他们普遍认为老年人工作认真、责任心强，且情绪稳定②，有着不可替代的优势。鉴于此，政府将老年资源作为社会资源的重要组成，并在资源配置和人才利用等方面给予了老年群体充分的信任。政府高度重视老年人再就业，从老年人的需求和特点出发，为老年人提供各种就业便利。1965 年，美国制定并颁布了《美国老年人法》，为老年人提供多样化信息服务，促进其工作效率和社会价值的激发和实现。老年群体不再作为社会发展的负担，而是变成促进社会前进的动力，在社会工作的开展过程中发挥着不可替代的功能。

二　西方国家老年教育的特征

（一）组织模式方面

西方国家老年教育的组织模式主要有 8 种：（1）由高等院校创办的第三年龄大学。发达国家老年教育以英国第三年龄大学为代表，主要产生于 20 世纪 60 年代。（2）普通高等院校面向老年人开放。20 世纪 60 年代后期，欧美国家开始重视老年教育问题，通过建立老年教育机构的形式为老年人提供教育支持，满足老年人教育

---

① 郭美玉：《美国老年教育与借鉴——对发展老年教育的思考》，《长沙铁道学院学报》2003 年第 1 期。

② 章明：《发达国家和地区的老年教育》，《中国成人教育》1996 年第 7 期。

需求。(3) 网络技术快速发展也带动了老年教育发展。第三年龄大学发展包括老年教育、远程教育和网络老年教育形式。以瑞典网络老年教育为例,网络技术为老年人提供了多种教育方式,当地老年大学生主要以55岁及以上老年人为主,占据了总数的20%,而60岁及以上老年大学生相对较少,仅占总数10%的比例。(4) 美国与加拿大老年教育机构主要以社区教育学院为主。社区教育学院教育管理模式主要以老年人自主学习为主。(5) 英国老年教育机构主要以自发组织为主。英国老年教育组织通过老年人自发创建自由活动形式,在活动中达到相互学习,相互帮助的目的。(6) 日本行政部门主要通过创建老年人教育机构的形式进行老年教育。日本福利部门为老年人教育提供多种福利形式。(7) 英国与澳大利亚老年教育机构主要通过民间组织捐赠形式来运行,而老年人只需要支付一定费用就可以获得学习机会。1962年美国民间组织机构针对老年人退休制订了退休老年人学习计划。(8) 媒体以及公众机构为老年人教育提供相关服务,甚至一些国家为老年人提供上门服务。

(二) 课程设置方面

西方国家老年教育的课程设置:(1) 除了为老年人设置教育课程,同时也为老年人退休生活制订了发展计划。如美国大部分企业为员工退休提供保障,甚至在员工退休之前,就给员工生活指导,通过提前为员工做好退休准备,能够减轻员工退休压力。西方国家人口老龄化程度加深,导致国家劳动资源不足,政府鼓励老年人参与社会活动,为社会做贡献。西方国家积极开发老年人力资源,解决社会老龄化程度严重的问题。政府为老年人提供教育培训课程,课程内容包括如何应对死亡和重塑人生观、价值观等内容[1]。(2) 西方国家老年教育活动形式丰富,除了大学课

---

① 司荫贞:《开展老年教育建立终身教育体制》,《职业技术教育》2001年第1期。

堂教育，还有大学文凭教育以及社会实践教育。社会实践教育培养老年人社会参与意识，提升老年人社会价值，丰富老年人晚年生活，提升幸福指数。由此可见，西方国家老年教育形式丰富多样，课程设置丰富了老年人晚年生活，为老年人精神生活提供保障。

（三）资金筹集方面

发达国家对老年教育投资高度重视，且投资形式多元化，不仅政府为老年教育提供资金支持，同时民间组织为老年教育提供保障。通过社会各个团体对老年教育进行资助，为老年教育提供了巨大支持。由于各国经济发展水平差异，老年教育集资模式各不相同。以英国第三年龄大学老年教育为例，老年教育经费来源于社会不同团体，大学教育经费主要通过社会筹资方式，而非政府支持，老年人通过支付相应费用进入学校学习①。美国政府通过立法为老年人提供生活保障，减轻了老年人的生活压力。美国重视老年人物质生活，更重视老年人的学习需要，通过为老年教育建立教育机构，满足老年人精神追求，也提升了老年人的生活品质。日本老年教育机构资金来源于政府，政府设立相关部门管理老年教育机构，为老年人养老提供多种培训，促进老年教育进一步发展②。

（四）管理方式方面

发达国家根据本国现实发展状况采取多种形式管理老年教育，在老年教育管理过程中，多种模式相结合，为老年人教育提供保障。英国第三年龄大学老年教育管理体制系统化不断发展，对地方老年教育职责加以明确，对老年教育项目各个环节严格控制，现已形成专门的老年教育机构。英国第三年龄大学管理形态多样化，主

---

① 赵丽梅、洪明：《英国第三年龄大学及其借鉴》，《成人教育》2007 年第 8 期。
② 韩树杰：《美国老年教育的成功经验及其启示》，《湖北大学成人教育学院学报》2006 年第 1 期。

要以委员会、支部、小团体为主。不同管理层级之间相互合作，共同发展，第三年龄大学教学坚持民主理念，不同老年教育机构独立性较强，且管理者以民主选举方式产生，不同机构管理具有相对独立性，但彼此相互合作①。美国政府通过设立专门老年教育管理机构，规范老年教育市场管理，提升老年人社会生活参与度。美国政府设立老龄管理机构、制定相关政策，解决老龄化问题，负责《美国老年人法》的执行，政府对于老年人拨款事务进行管理，为老年人生活提供帮助。日本政府在老年教育管理中起到重要作用的是在老年教育初期，主要通过建立民间组织形式，为老年人提供教育保障。

三　西方国家老年教育的经验

（一）普遍重视老年教育的法制化

美国政府制定相关法律为老年教育提供保障，随着老龄化不断发展，老年教育立法逐步完善。除《美国老年人法》、《禁止歧视老年人法》分别于 1965 年、1971 年制定。美国不断加强老年人教育管理，并为老年教育提供资金支持，满足老年人教育需求。1965年《高等教育法案》和《老年人法》的实施，使一些老年教育机构获得资金支持，还为老年人设立老年课程，为老年教育提供保障。政府通过立法为老年人提供财政保障，也是老年人获得政府资源的主要形式。《美国老年人法》规定地方发展要重视老年人精神需求。政府通过设立老年服务机构为老年人提供精神生活服务。政府通过立法为老年人提供生活各方面支持，但主要以老年教育为核心。近年来，美国老年教育的蓬勃发展，得益于健全的法律保障。美国的老年教育立法及终身教育制度为本研究提供了重要的借鉴。

①　赵丽梅、洪明：《英国第三年龄大学及其借鉴》，《成人教育》2007 年第 8 期。

（二）老年教育机构权责清晰、分工明确

开展老年教育，明确主管机构，清晰职责，统筹管理，具有重要作用。美国联邦老人局，负责《美国老年人法》的实施，能够为老年人拨款事务进行统筹管理提供服务，组织开展各种老年人活动，丰富老年人晚年生活。

在日本，老年教育的管理机构是文部省。文部省对老年大学以及各种教育机构进行专门管理，不同老年教育大学分为不同层次的老年学院，并举办各种老年人培训活动。政府为老年教育活动提供资金支持。日本早期老年教育组织形式从民间发起，政府在不同地区设立专门机构进行管理，董事会职责是为老年人教育管理提供支持，丰富老年人娱乐活动，满足老年人教育需求。

（三）提升老年教育课程灵活性

英国老年课程设置主要考虑老年教育实用性。灵活设计老年教育形式，针对老年人兴趣爱好，设置不同课程满足老年人教育需求。老年大学开设课程有运动、旅游、教育、艺术、诗歌、绘画等，都是老年教育活动的主要项目。老年教育过程中，学员相互学习，相互帮助，建立不同兴趣小组，学习地点也可以选择多种形式，小组学习除了理论探讨外，还可以进行具体实践。

日本老年教育课程设置呈现多样化趋势，其特点是按照不同年龄设置教育课程，以满足老年人不同的教育需求和兴趣。如在"高龄者学级"和"高龄者教室"层次中，学习内容主要涉及健康医疗等方面的知识，还有社会人际关系以及老年人生活方式等内容。老年人年龄过大，难以适应社会生活变化，老年教育机构为老年人适应社会生活变化提供支持，也能够实现老年人社会价值的提升。日本政府对老年教育机构提供资金支持早在 1973 年就已经开始。在老年大学和长寿学院层次中，老年大学通过老年教育丰富老年人养老社会生活，为老年人提供系统的教育学习，提升老年人社会生活参与度,解决社会人口老龄化问题。长寿学院是由文部省资助成立,其目的在于培养老年教育活动的指导者。课程主要由两部分组成,基础课程设置主要培养老年人基本素养,而专门设置课程是为老年人学习专业知识提供指导。"温暖福利课"能够加强老年人之间的交流,也可以提升社会责任感,为社会做贡献。老年人除了要学习医疗方面的知识,还要学习不同地区历史、地理等方面的知识,丰富知识见闻,了解乡土文化。"乡土史科课"能够为老年人学习不同地区史迹提供指导,帮助他们了解当地特色文化。"趣味信息课"能够加强老年人与社区联系,分享社区活动。"舒适健康课"的开展主要是为了提升老年人对健康的认识,还要学习各种社会生活技能,提升幸福指数,提高社会生活实践能力。4门科目主要通过实习、实践活动来学习。日本老年教育课程设置主要以教育为主,文化娱乐以及社会生活实践等都是老年教育的重要内容。

(四)通过开发老年人力资源为老年教育提供保障

美国重视老年人力资源开发,针对人口老龄化严重的状况采取应对措施,同时也注重培养老年人社会参与能力,为社会经济发展做贡献。美国老年教育能够充分发挥老年人力资源优势。日本也非常重视老年人教育发展,通过老年教育培养老年人社会工作能力,为社会经济发展提供人力资源支持。

第二节 西方国家精神养老的实践镜鉴

从西方国家较为完善的老年保障制度实施中,发现各国普遍重视老年人的精神养老。这些保障精神养老方面的实践举措对于本研究同样具有重要借鉴意义。

一　西方国家精神养老的实现途径

本书主要对美国、日本和西欧国家老年人如何实现精神养老展开分析。

（一）美国老年人精神养老的实现途径

美国早在 20 世纪 40 年代初就进入人口老龄化国家行列。针对老年群体，美国国家规定的法定退休年龄随着人口平均寿命的提高而不断变化，并且退休的年龄是弹性的，没有严格的统一划分。美国人一般正常退休年龄在 65—67 岁。政府对退休年龄男女执行一个标准，政府允许延迟退休，有的老年人由于工作需要，甚至工作到 70 岁才退休。美国老年人退休后，多数都与子女分开生活，美国家庭成员间往来很少，亲情关系比较淡漠，多数美国老年人对养老生活普遍感受到孤独寂寞。美国养老产业非常发达。养老产业为美国老年人提供了从生活服务到身体康复以及精神照顾等方方面面的养老产品。美国老年人在精神养老方面的需求主要依靠自己购买商业服务来实现，或者通过宗教信仰等加以慰藉。

美国老年人实现精神养老主要依靠以下途径：首先，通过宗教信仰寻求精神寄托。美国国家宗教信仰自由，信教的民众多，民众宗教信仰非常虔诚。教会组织是美国非常重要的非政府组织。教会教堂遍布美国全国各地，教堂的教会活动成为美国老年人精神养老的重要场所。其次，美国老年人通过加入各种老年组织，来增加社会交往，丰富养老生活，实现身心愉悦。再次，美国老年人乐于参加各种社会活动，特别是社区组织的各项活动，通过参与活动，发挥专长、实现个人价值。最后，美国老年人有时也通过接受志愿服务的形式，满足养老精神需求。美国的志愿者和志愿者组织众多，为老年人提供从生活照料到精神慰藉等各种服务。此外，多数美国老年人喜欢领养动物，通过动物陪伴来排解孤独，稳定生活情绪。

（二）日本老年人精神养老的实现途径

日本的老龄化程度在西方国家中位居前列，有数据预计，2030年日本老龄化程度达到重度水平。日本老年人的精神养老与其本国的文化风俗有密切关系。日本老年人的精神养老途径主要有：首先，通过家庭成员的支持来实现精神养老。日本家庭成员普遍家庭观念重，相比美国等西方国家，日本的老年人多数与子女共同居住，三代同堂的家庭在日本很常见。政府对子女照顾父母是提倡的，也通过政策加以鼓励。比如，如果子女照顾的父母年龄超过70岁，子女可以在收入中享受减税待遇。其次，日本的老年人也通过宗教信仰来实现精神寄托。道神教是多数日本老人信奉的宗教。日本的神社相当于美国的教会，是传统祭祀场所。再次，日本老人也可以通过政府获得精神养老帮助。涉及日本老年人福利的法律规定，政府在向老年人提供养老物质和精神服务方面需承担首要责任。此外，日本民族是一个勤奋的民族，特别是日本男人，非常自立，他们自食其力，不愿给社会增加麻烦，甚至很多日本老年人在退休后，仍然参与社会活动，奉献自己的力量，为社会创造更多的价值。最后，日本由于人口稠密，经济发达，很多老年人选择移民或外出旅游的方式享受养老生活。

（三）西欧国家老年人精神养老的实现途径

欧盟大多数成员国人口老龄化严重，欧盟国家男女平均寿命为80岁左右，且女性已达到82岁。保加利亚、爱沙尼亚等国家男女平均寿命均在70岁以上。

德国老年人注重物质与精神养老双重结合，居家养老和机构养老侧重于物质养老层面，互助养老、社区和异地养老侧重于精神养老层面。德国政府制定多种政策来为老年人提供精神保障，建立了老年人互帮互助的养老模式，在互助模式中老年人之间通过相互帮助，互相交流，相互之间共同获得精神享受。德国政府还制定了年轻人为老年人服务的政策，年轻人成年之后要为老年人提供义务服务，这种为老年人服务模式能够使老年人获得较好精神享受，对于年轻人来说，这也是一种储存式义务劳动，可以为自己在年老时得到这样的服务做好准备。这种互利模式较好地解决了老年人孤独的问题。

欧盟国家老年人大多热衷于旅游、度假等养老生活方式，通过改变生活环境，减轻生活压力，提升幸福指数。英国大多数老年人更喜欢接触大自然，喜欢到一些自然环境优美，空气质量优良，生活方式悠闲和便利的国家旅游式养老。这种轻松自由的生活方式不仅为老年人的身体健康提供了保障，也能使老年人精神愉悦。

北欧老年人受社会文化和教育的影响，通过劳动来实现自我社会价值提升。老年人希望积极承担社会责任，为其他老年人提供帮助，共同提升精神满足感。很多老年人利用社区或机构提供的平台，去帮助比自己年龄更长的老年人，有的老年人甚至还帮别人照看小孩子和宠物。丹麦从事过护士的老年人通过病房服务实现自我价值提升；芬兰老年人则在附近商店轮值为客人提供帮助，还有不少老年人通过电话、书信等多种形式与其他老年人加强沟通，从而解决老年人生活孤独问题。西欧国家有不少老年人通过宗教信以及宗教活动来解决精神养老问题。欧盟国家宗教信仰自由，大多国家信仰基督教和天主教，很多老年人在年轻时就信仰宗教，到老年时有更多的时间和精力从事宗教信仰及相关活动，从而解决老年精神慰藉和精神依托问题。

二　西方国家精神养老的实施环境

对西方国家精神养老实施环境的研究，用比较研究方法与中国教育养老发展的历史环境进行对比分析。

（一）历史文化环境

中西方国家由于历史发展的不同，各自形成了自己的文化传统。中国老年人在精神养老方面历史悠久，尊老敬老文化传统一直延续至今。春秋战国时期，孔子对养老就有了自己的观点，认为赡养父母是子女职责，也是应尽的孝道，作为子女，出远门要做好父母安顿工作，还要为年老父母提供物质保障，父母精神享受也非常重要，子女不能让父母担心。父母老了行动不便，子女需要细心照顾，让父母享受晚年生活。这种孝顺父母的传统观念影响着一代又一代华夏儿女，是中国传统文化的精髓。以儒家为代表的传统文化对现代社会影响深远，许多亚洲国家的养老理念和思想到现在还在延续着中国传统文化。

由于受文化的影响，中西方在养老方面存在着不少差异。西方文化核心思想是人文主义，人是世界的主宰，也是世界最重要的组成部分，人独立于世界，在世界发展中起主导作用，主张自由和独立是西方文化思想的重要特色。西方文化核心思想来源于宗教影响，宗教对西方养老制度起到重要作用，养老制度也呈现其独特性。西方文化在子女教育和养老方面都与中国有所不同，比如美国，子女成年后和父母相互独立生活，这种注重个人自由的文化在当前也很盛行，其养老模式与中国传统文化造就的养老模式有着很大的差别。

（二）法律制度环境

中国精神养老虽然历史悠久，但一直没有建立系统的养老法律体系，尊老养老行为主要通过道德约束来完成。随着中国社会经济不断发展，政府不断加强社会养老投入，保护老年人的合法权益。2011 年《精神卫生法（草案）》颁布，着力解决中国公民精神健康问题，为中国精神养老实施提供了法律依据。

西方国家重视老年人精神生活，制定了系统的养老制度为老年人精神生活提供保障。法国法典规定，子女不但要承担父母赡养责任，还要对父母给予精神照顾。瑞典等国家对子女赡养父母提出了更具体要求，规定子女要居住于父母附近便于照顾，还要与父母进行定期沟通，对接触的时间和数量都进行了量化规定，并要求子女对父母说话方式和态度要温和尊敬，较好地以法律形式保障了子女赡养老年人的质量。

（三）精神信仰环境

中国法律规定公民有宗教信仰的权利和自由。但是中国公民信教人数少，占总人口的比例较低，多数人持无神论观点。因此，通过宗教信仰保障中国老年人的精神养老是不可行的。而中国老年人的精神寄托往往多关注和依托于家庭成员，特别是下一代对老年人的精神情感。西方国家多数老年人信仰宗教，参加宗教活动成为老年人养老生活的重要内容，这也恰恰弥补了西方家庭成员间亲情的缺失给老年人带来的精神空虚。

第三节　西方国家教育养老经验的借鉴启示

研究西方国家教育养老实践，以促进中国教育养老制度设计为落脚点。结合西方国家教育养老实践的研究分析，针对中国教育养老制度的设计，形成 3 个方面的思考。

一　教育养老目标定位的启示

西方国家无论老年教育还是精神养老的实现途径，其价值取向都强调老年人的社会参与，发展过程是先关注老年人个体发展，再关注老年人与社会一起发展。中国社会人口老龄化较西方国家较晚，老年教育理论与实践发展较为缓慢，早期老年教育主要目的是丰富老年人的日常文化生活，提供一些健康保障。老年教育理念还没有明确,无法在社会生活中体现其重要价值,终身教育理论虽得到较多学者关注,但在现实中没有得到广泛实践。值得关注的是,近年来中国老年教育的发展在很多方面也体现了老年人参与社会,老年人与社会共同发展的理念,如"提高素质、积极参与社会、适应社会发展"等价值取向在《教育法》和《老年人权益保障法》中都有所表述。

教育养老制度着力于解决日益加剧的养老精神生活困境,目标是提高老年人精神生活质量,实现老有所为、老有所乐。老年人尽管退出了职业生涯,但仍是社会成员的重要组成部分。因此笔者认为,教育养老制度设计中应把老年人的发展置于整个社会的发展中考量。教育养老如果无法提高老年人学习认知能力,则会造成老年人难以适应社会环境等问题。现阶段,社会成员包括老年人自身对老年人的认识还存在较大偏差,一方面是整个社会有一种老年人是社会负担的认识,另一方面是老年人自身往往比较自卑,觉得自己已经成为社会和家庭负担,这种环境下,中国老年人不仅体会不到精神生活的幸福,还可能处于精神生活压抑之中。所以对于老年人现阶段存在的养老问题,政府要加以重视,采取有效措施保障老年人精神生活质量。

中国教育养老的设计应在借鉴西方老年教育理论基础上实现本土化的特色,即应该将老年人参与社会视作教育养老的实现手段,通过老年人参与社会,最终实现老年人精神世界的丰富,促进养老精神生活质量的提升,促进全社会尊老敬老文化的形成与社会和谐,才应是教育养老制度的最终目标。教育养老理论价值取向是教育养老制度的哲学观,价值取向的明确对于制度设计起着导向性的关键作用。设计教育养老制度,需要思考如何正确认识老年群体、老年群体在整个社会应该置于一个怎样的价值地位等基本问题。在全球老龄化的背景下,重视老年人的社会参与,关注老年人的精神生活，对于教育养老制度如何设计无疑起着价值导向性的关键作用。

二　教育养老因地制宜的启示

相比中国社会，西方国家的老年教育和精神养老实践发展起步早并且较为成熟和完善。西方国家一些成功的经验和做法，对于教育养老制度设计具有重要参考价值。西方国家受各自历史文化条件不同的影响，各国教育养老模式、途径或特征都各有不同。公共政策理论认为，政策国家之间的转移，并非都能取得成功，受政策本身、政策环境、转移国家现状等因素影响，可能出现政策转移失败。因此，尽管本研究对西方国家的教育与养老实践梳理全面，但如何加以借鉴解决中国养老问题，笔者认为持谨慎和严谨的态度是十分必要的。如何借鉴西方发达国家的成功经验，是全盘照搬还是选择性的借鉴，或是批判性的创新，这些是教育养老制度设计研究中必须思考的重要命题。

笔者认为，教育养老作为国家社会公共政策，其制度的设计不能脱离一个国家特定时期的具体国情，中国的历史发展背景、经济物质条件、社会资源状况、文化传统传承、人口结构与素质、老龄化程度等条件都是思考能否借鉴西方实践的重要因素，持选择性的借鉴态度应是合理和必要的。同时，随着全球经济一体化步伐的加快，人口老龄化呈现全球化趋势，各国在解决老年问题时，面临着诸如经济发展降速，就业压力增大，社会资源短缺等诸多的共性问题，为了避免政策设计成本过大，或者政策设计失败，研究中不可避免需要相互学习和借鉴。因此，借鉴学习西方实践经验，首先不能全盘吸收，不考虑本国国情的政策转移必然南辕北辙；其次不能全盘否定，西方老年教育和养老精神保障在几十年发展中一些成功的模式和方法，对中国教育养老制度设计及对策选择无疑具有重要的借鉴作用。最后,如何立足本国国情,针对西方老年教育和养老实践,在研究和学习中有选择地扬弃,最终设计出具有中国特色、符合中国国情的教育养老制度,是当前学者们亟须思考的一个重要研究命题。

三　教育养老制度设计的启示

　　教育养老制度设计的目标是力图通过教育来解决养老问题。教育和养老在教育养老制度设计中如何定位? 两者关系如何确定? 两者如何融为一体? 教育养老如何在现有的养老保障和老年教育中实现整合? 这些问题的思考是教育养老制度设计的核心和难点。教育养老方式区别于传统养老方式的主要特征是教育,如何实施老年教育? 是通过在养老制度和养老机构的养老活动中丰富老年教育来实现,还是在加大发展老年教育的基础上,通过在老年大学或老年学校中完善养老服务来实现? 这两者的侧重点各有不同,决定教育养老制度的属性各不相同,也影响着教育养老制度框架构建中责任主体的划分、组织机构的架构、人员师资的来源、经费的筹集等具体内容的确定。在这些问题的思考上,很难从西方老年教育和养老保障实践中找到可以直接参照的范例,需要依据中国的国情和已有的理论研究,做出创新性的判断和设计,这将构成教育养老制度设计的重要理论基础。

第 四 章

中国教育养老现状的实证分析

随着中国社会经济文化的全面发展，老年人的物质生活水平不断提高。可以预见未来中国，当老年人养老的物质生活保障、经济保障和生活照料等问题逐步解决，他们对于高质量的养老精神生活需求将更加强烈，而家庭结构小型化趋势不断加大、空巢老人数量逐渐增加，中国老年人的养老精神生活面临诸多困境。研究发现，老年教育可以有效促进养老生活质量的全面提升。本书提出"教育养老"，为了设计"教育养老制度"，需分析中国教育养老的现状，细分为老年人的养老现状、老年教育的发展现状、教育养老的实践雏形范例等三个层面。

第一节　中国老年人养老现状分析

本书通过问卷调研方法了解中国老年人的养老现状。选取 S 省农村老年人为调研对象，了解老年人的养老现状、养老需求和个体养老质量。选取 S 省农村地区为调研地区，了解老年人养老环境现状。选取 S 省农村老年人作为调研对象，主要原因有：其一，S 省作为中国的西部省份，和东中部地区相比，经济社会发展进程较慢。城镇化进程中，大量农村青年人口涌入城镇，农村空巢老人数量不断增加，S 省农村老年人在养老的经济保障、生活照料和精神慰藉等方面面临诸多困境，可以说，S省农村老年人的养老环境和养老现状等在一定程度上代表着基层中国老年人养老现状。其二，教育养老制度本质具有社会公共政策属性，教育养老制度的目标设计需要符合中国国情，需要考虑到中国既有的养老环境与老年人养老生活现状，需要覆盖到不同地区不同经济文化养老状况的老年群体，制度设计需要保障处于中国养老基层的老年群体的教育养老权利。选取S省农村老年人为调研对象，有助于保障制度设计的公平性和普惠性，保障教育养老制度在中国实施的可行性，保障教育养老制度实施中弱势群体农村老年人的教育养老权利。其三，笔者在S省高校工作，因此选取S省为调研地区，使研究有了充分的时间、空间和人力等保障，保障了调研的可行性和有效性。同时，S省的人口数量与分布、老龄化程度以及家庭养老面临的历史、经济、文化、人口等环境因素在西部省份中具有一定的代表性。S省历史悠久，传统孝道在农村养老中仍发挥着积极作用，家庭养老是农村主要的养老方式。

2012年7—8月开展了为期2个月的S省农村地区家庭养老现状调研，调查地区涉及S省北部地区、中部地区、南部地区，共33个县、43个村庄。具体调查地区为S省北部地区的5个区县共5个村，中部地区的17个区县共25个村，以及南部地区的11个县共13个村。

调查采用抽样调查的方法，根据样本的代表性和经济发展水平，同时结合调查员的背景，分别对648位农村老年人进行了问卷调查，调查样本分布统计见表4—1。

从表4—1中可以看出，S省调查样本有59%分布在中部地区，有30%分布在南部地区，有12%分布在北部地区。调查样本的选样基本符合S省人口分布中部地区稠密南北地区稀疏的特点，样本分布具有一定的代表性。表中 648 个样本，男性占 55%，女性占 45%。

表4—1　　　　　　　　　　调查样本分布统计表

样本分布	S省北部地区	S省中部地区	S省南部地区	合计
县和区（个）	5	17	11	33
自然村（个）	5	25	13	43
男性（个）	47	199	110	356
女性（个）	27	184	81	292

数据来源："S省农村地区养老方式变动及保障模式研究"调查问卷。

针对老年人的养老现状，调研主要从老年人养老基本情况、养老整体环境、养老个体需求以及养老个体质量四个方面进行分析。

一　养老基本情况分析

在对养老基本情况的个体问卷调查中，包括性别、年龄、文化程度、婚姻状况、子女数、居住方式、经济状况、生活来源、慢性病、从事的职业、养老方式等基本信息。老年人养老基本情况统计见表4—2。

表4—2　　　　　　　　　　老年人养老基本情况统计表

基本情况		人数	占总人数百分比（%）
性别	男	356	54.94
	女	292	45.06
年龄	50—60 岁	245	37.80
	60 岁及以上	403	62.19
教育	没文化	233	35.96
	有文化	415	64.04

续表

基本情况		人数	占总人数百分比（%）
婚姻状况	有配偶	428	66.05
	无配偶	220	33.95
子女数	0—3 个	445	68.67
	4 个及以上	203	31.33
居住方式	与配偶居住	414	63.89
	不与配偶居住	234	36.11
经济状况	较好	171	26.39
	一般	313	48.30
	较差	164	25.31
生活来源	子女、亲属供给	250	38.58
	本人收入	334	51.54
	组织补贴	24	3.70
	个人储蓄	36	5.56
	其他	4	0.62
是否患有慢性病	没有	99	15.28
	有	549	84.72
从事职业	农业	419	64.66
	非农业	229	35.34
家庭养老方式	老人完全自养	205	31.64
	依靠子女的传统家庭养老	443	68.36
合计		648	100

数据来源:"S 省农村地区养老方式变动及保障模式研究"调查问卷。

从表 4—2 中可以看出被调查的老人中男性占 54.94%,60 岁及以上老年人占到 62.19%,大多数老年人受过小学以上的教育,一多半的老年人有配偶且与配偶共同居住,4 个以上多子女的老年人占调查人口的 31.33%,多数老年人主要从事农业,经济状况较好的老年人仅占 26.39%。51.54% 的老年人完全依靠自己收入养老，5.56％的老年人靠个人储蓄来支撑自己的老年生活，说明子女给老年人养老提供的代际支持从经济角度考察力度是有限的。针对家庭养老的调查对象，有68.36％的老年人仍需依靠子女帮助实现养老，完全不依靠子女的老年人仅占31.64％。这说明在S省农村地区农业仍为农村人口的主要职业，农村老年人口普遍经济状况不是很好，经济来源渠道较少，多数老年人仍依靠自己的收入及储蓄来支撑自己的养老。在调查的老年人当中患有慢性病的老年人占到了84.72％，说明S省农村老年人的健康状况整体呈现不乐观趋势，依靠子女的家庭养老方式仍是农村主要的养老方式。

二　养老整体环境分析

对养老整体环境的调查，选取自然村为调查对象，通过设计村级问卷展开调查。村级问卷对每个自然村2012年的总户数、总人口数、60岁及以上老年人口数、外出务工人口数、总耕地面积、人均纯收入、距最近城镇距离、地形、社区环境、自然环境以及村庄是否有企业、是否有老年人健康教育宣传活动、是否是新型农村社会养老保险试点等基本信息进行了调查，养老整体环境分析统计见表4—3。

从表4—3中发现，当前S省农村人口整体呈现较高的老龄化趋势，受地理自然条件、城镇化等因素的影响，人均耕地面积呈现差异较大并逐渐减少的趋势，其中，S省北部地区人均耕地面积仅为0.33亩，说明依靠土地不足以支持农村老年人的养老生活。S省农村人口流动差异显著，最高的南部地区人口流动率高达42％。2012年S省农村人均年收入为2300元，S省北部地区仅为1340元。调查表明，水资源不足、水质污染与大气污染是困扰养老环境的三大因素。

表4—3

养老整体环境分析统计表

地区	区（县）	2012年村庄						本村地形	村庄距离最近城镇距离（公里）	村庄是否建有基础设施	村庄是否有污染	村庄是否有企业	村庄是否有老年人健康教育宣传活动	村庄是否是新型农村社会养老保险试点
		总户数（户）	总人口（人）	60岁及以上老年人口（人）	外出务工人口（人）	耕地总面积（亩）	村民年人均纯收入（元）							
中部地区	BS县	234	916	180	310	1800	1200	平原	2	有	有	有	有	否
	CC区	320	1600	300	300	2800	1200	山地	4	有	有	无	没有	是
		363	1430	155	25	675	5850	平原	25	有	有	有	没有	是
	QS县	210	931	189	180	1660	1800	山地	10	有	有	无	有	是
	DL县	1147	4747	1200	1800	6090	7600	平原	1	有	有	无	有	是
		378	1392	513	248	1632	4000	平原	3	有	没有	有	没有	否
	FX县	653	1638	138	364	4300	1200	高原	2	有	有	无	有	是
	FP县	83	376	152	284	480	1230	平原	5	有	没有	有	有	是
		435	1758	205	308	3050	1820	平原	3	有	没有	无	没有	是
	GL县	102	3500	320	300	2800	2000	平原	7	有	有	有	有	是
		813	3140	578	230	200	5000	平原	2	有	有	有	有	是
	HC县	708	2700	300	1000	4300	3800	平原	4	有	有	有	没有	是
		210	850	86	120	1060	1500	丘陵	3	有	有	无	没有	是

续表

地区	区（县）	2012年村庄						本村地形	村庄距离最近城镇距离（公里）	村庄是否建有基础设施	村庄是否污染	村庄是否企业	村庄是否有老年人健康教育宣传活动	村庄是否是新型农村社会养老保险试点
		总户数（户）	总人口（人）	60岁及以上老年人口（人）	外出务工人口（人）	耕地总面积（亩）	村民年人均纯收入（元）							
	JY县	56	273	68	134	892	1400	平原	3	有	没有	有	没有	是
	LT县	539	2100	320	540	2570	6140	平原	3	有	有	无	有	否
	PC县	600	2300	500	600	2000	1000	平原	3	有	没有	有	有	否
	SY县	868	3385	356	1120	8269	1500	平原	3	有	没有	无	没有	否
中部地区	BQ区	345	1328	410	189	4800	1200	平原	3	有	有	有	有	否
	LT区	63	253	73	130	250	700	高原	1	有	有	无	没有	是
	YL区	356	820	137	300	1350	5000	平原	2	没有	有	无	没有	否
	ZZ县	350	1340	300	300	1400	650	平原	1	有	有	有	没有	否
		529	2026	260	450	4000	6800	平原	5	有	没有	有	有	是
		214	830	60	30	780	900	平原	3	有	没有	无	有	否
		712	3335	700	1200	2600	1500	平原	2	有	没有	无	有	否
	HY县	375	1425	478	276	4988	1250	丘陵	3	有	有	无	有	否

续表

地区	区（县）	2012年村庄						本村地形	村庄距离最近城镇距离（公里）	村庄是否建有基础设施	村庄是否有污染	村庄是否有企业	村庄是否有老年人健康教育宣传活动	村庄是否是新型农村社会养老保险试点
		总户数（户）	总人口（人）	60岁及以上老年人口（人）	外出务工人口（人）	耕地总面积（亩）	村民年人均纯收入（元）							
南部地区	DF县	520	2115	482	1200	3500	1200	山地	15	有	有	无	没有	否
	SY县	116	500	86	228	300	2500	平原	1	没有	没有	无	没有	是
	M县	180	1260	35	580	280	3000	山地	0	有	有	有	有	是
	BH县	437	1345	379	450	497	1376	山地	16	有	没有	无	没有	是
	ZS县	286	1100	245	540	2746	2846	山地	10	有	没有	无	没有	否
	Y县	114	476	83	193	894	2974	丘陵	10	有	没有	无	有	是
	ZA县	217	820	110	350	1020	8000	山地	3	有	有	有	没有	否
		56	349	28	104	264	2600	山地	12	有	没有	无	没有	否
		294	1300	256	560	3000	2300	丘陵	1	有	有	无	没有	是
	XX县	528	1869	192	1129	1960	2533	山地	37	有	有	有	有	是
	CG县	63	206	85	68	228	3000	山地	1	有	有	有	有	否
	SZ区	317	1140	126	200	1530	2700	山地	3	有	有	无	有	是
	NQ县	309	1238	506	186	1339	2789	山地	11	有	有	无	没有	否

续表

地区	区（县）	2012 年村庄						本村地形	村庄距离最近城镇距离（公里）	村庄是否建有基础设施	村庄是否有污染	村庄是否有企业	村庄是否有老年人健康教育宣传活动	村庄是否是新型农村社会养老保险试点
		总户数（户）	总人口（人）	60 岁及以上老年人口（人）	外出务工人口（人）	耕地总面积（亩）	村民年人均纯收入（元）							
北部地区	YY 区	465	2325	230	420	1300	2000	高原	30	有	有	有	没有	是
	SM 县	218	1045	150	80	1200	830	山地	20	有	有	无	没有	是
	ZZ 县	354	1674	386	600	3754	670	山地	0	有	有	有	有	否
	JB 县	1100	4200	1060	800	24000	2000	高原	2	有	有	无	没有	是
	QJ 县	51	200	18	156	600	1200	高原	15	有	有	无	有	否

数据来源："S 省农村地区养老方式变动及保障模式研究"调查问卷。

村庄社区环境的基础设施建设状况对农村老年人的养老质量有着重要的影响,村庄社区养老基础设施状况统计见表4—4。

表4—4　　　　　　村庄社区养老基础设施状况统计表（n = 43）

基础设施	没有（%）	有（%）
医疗站或诊所	4.7	95.3
妇幼保健站	79.1	20.9
敬老院	97.7	2.3
公共体育健身器材	79.1	20.9
老年人活动中心	74.4	25.6
文化活动室	55.8	44.2
老年人健康教育宣传活动	51.2	48.8
新型农村社会养老保险试点	44.2	55.8

数据来源:"S省农村地区养老方式变动及保障模式研究"调查问卷。

表4—4统计结果表明,S省农村有95.3%的地区有医疗站或诊所,50%以上的村庄社区中没有妇幼保健站、公共体育健身器材、老年人活动中心。社区中有文化活动室的村庄只有44.2%;有敬老院的也仅占2.3%,50%以上村庄没有针对老年人健康教育宣传活动。参加新型农村社会养老保险试点(简称"新农保")的村庄占到调查总数的55.8%。

三　养老个体需求分析

为了真实地了解老年人的养老需求,本问卷围绕老年人的养老意愿和对新型农村社会养老保险制度的了解、信任程度等相关问题展开调查分析,养老个体需求情况分析见表4—5。

表4—5　　　　　　　　　　养老个体需求情况分析表

个体需求		人数	占总人数百分比（％）
最希望晚年怎样居住	独居	19	2.9
	与配偶同住	186	28.7
	与子女一起住	379	58.5
	与孙辈同住	41	6.3
	养老院或托老所	21	3.2
	完全由政府安排	1	0.2
	其他	1	0.2
依靠哪种方式来养老	社会养老保险	104	16.0
	商业性养老保险	17	2.6
	自己多赚钱储蓄	165	25.5
	依靠儿子	207	31.9
	依靠女儿	28	4.3
	儿子女儿无所谓	58	9.0
	还没考虑过	42	6.5
	政府救济或补助	24	3.7
	其他	3	0.5
对新农保的了解程度	非常了解	11	1.7
	比较了解	113	17.4
	一般	171	26.4
	不太了解	240	37.0
	一点都不了解	113	17.4
对新农保的信任程度	信任	250	38.6
	不信任	49	7.6
	说不清楚	349	53.9
合计		648	100

数据来源："S省农村地区养老方式变动及保障模式研究"调查问卷。

从表4—5中可以看出，希望与子女一起居住的老年人占到了调查人口的58.5%，只有3.2%的老年人希望住养老院或托老所，说明在农村中，养儿防老观念依然是主流思想，家庭养老仍被多数老年人认为是最好的养老方式，而社会养老的方式还有待于逐步被老年人接受。由于农村社会养老保险改革刚刚起步，多数农村老年人受教育程度、政策宣传等因素影响，对农村社会养老保险政策了解程度不高，因此他们仍寄希望有自己的储蓄和子女的供养来实现自己的养老。虽然有一半以上的老年人对新农保政策不太了解，但仍有38.6%的老年人对新农保政策持有信任。

四　养老个体质量分析

养老质量如何，既是评估现有家庭养老方式的重要因素，也是未来制度选择的决策依据。已有文献研究表明，老年人的健康状况、经济状况、代际支持状况和精神生活状况是养老生活质量的重要内容。本研究从以上4个层面对老年人的养老个体质量展开调查分析。

（一）健康状况

是否健康是决定老年人生活质量高低的首要因素。健康是一个综合概念，不仅指个体没有疾病或身体强壮，同时包括个体在生理、心理和社会适应能力等各个方面的完好性。问卷对S省农村老年人的健康状况进行了主观和客观两个维度的调查。根据世界卫生组织（WHO）对健康内涵的定义，本次调查对S省农村老年人的生理健康和心理健康状况给予研究，同时对健康自评状况也进行了调查。

生理健康是由个体的躯体功能决定的，指个体的身体状况如何，有没有疾病。一般主要测定其生活自理能力和患慢性病的情况。

1. 生活自理能力现状分析

老年人的生活自理能力状况是反映老年人身体健康状态的重要指标，也是认识老年人照料问题的基础和前提。生活自理能力的完好程度直接影响着老年人的晚年生活，一旦老年人丧失生活自理能力，不仅影响生活质量，而且给家庭和社会带来沉重的负担。如果老年人丧失了生活自理能力，就不可能再参加生产劳动以得到劳动收入，在经济上将更依赖于子女或亲属的供给；丧失或部分丧失生活自理能力的老年人需要长期照料，对他人特别是配偶或子女的照料有较强的需求；生活不能自理的老年人往往也伴随着医疗保险费用和家庭医疗费用支出的增加。所以，老年人的生活自理能力备受各国政府和学者的关注。

本次调查中对农村老年人生活自理能力的测量、评定采用国际世界卫生组织日常生活活动能力量表（WHO-ADL 量表）进行。该量表分为日常生活自理能力（ADL）和器械支持生活自理能力（IADL）2 个分量表。

调查问卷中，日常生活自理能力包括洗澡、穿衣、下床或从椅子上站起来、在房间里走动、上厕所、吃饭共 6 项活动，器械支持生活自理能力（IADL）包括做饭、买东西、做家务、步行约 100 米共 4 项活动。ADL 和 IADL 分开来测量，每项活动按照自理的状况分为没有困难（1 分）、有点困难（2 分）和自己根本做不了（3 分）三级来评定。经 SPSS 中的信度计算，整套量表中 ADL 量表的信度系数 Alpha 达到 0.891，IADL 量表的信度系数 Alpha 达到 0.881。研究中对其中每项活动都得 1 分的定义为能够完全自理或自理能力完整，其余为不能完全自理或自理能力不完整。老年人生活自理能力状况见表4—6。

表4—6 老年人生活自理能力状况统计表（n = 648）

生活自理能力	没有困难（%）	有点困难（%）	自己根本做不了（%）
ADL			
洗澡	70.7	23.6	5.7
穿衣	88.4	10.6	1.0
下床或从椅子上站起来	88.0	11.0	1.0
在房间里走动	92.7	1.0	6.3
上厕所	89.4	1.4	9.2
吃饭	94.8	4.6	0.6
IADL			
做饭	73.0	19.0	8.0
买东西	75.3	18.5	6.2
做家务（打扫卫生、洗衣服、洗碗等）	73.6	19.9	6.5
步行约100米	87.5	10.6	1.9

数据来源："S省农村地区养老方式变动及保障模式研究"调查问卷。

运用SPSS软件16.0对表4—6数据进行处理发现，S省农村老年人中日常生活自理能力（ADL）完整的老年人占比68.36%，有31.64%的老年人日常生活不能完全自理。器械支持生活自理能力（IADL）方面，62.81%的老年人能够完全自理，37.19%的老年人自理能力不完整。总的来看，S省农村老年人中日常生活自理能力（ADL）比器械支持生活自理能力（IADL）的完整性要好，虽然在个别分项上有差异。

2. 患有慢性病情况分析

本次调查问卷提供了11种常见慢性病供农村老年人选择，老年人患慢性病状况统计见表4—7。

由表4—7中数据可以看出农村老年人口慢性病的患病比率较高，高血压、胃病、关节炎或风湿病是常见的慢性病。研究将以这些慢性病作为慢性病的代表变量。

表4—7　　　　　　　老年人患慢性病状况统计表（n = 648）

慢性病	没有（%）	有（%）	不知道或答不上来（%）
高血压	58.8	35.2	6.0
糖尿病	83.0	11.3	5.7
心脏病	82.7	10.0	7.3
中风	91.7	5.6	2.7
白内障或青光眼	84.9	8.0	7.1
癌症或恶性肿瘤	92.6	1.7	5.7
支气管炎或其他呼吸道疾病	70.4	19.6	10.0
关节炎或风湿病	69.9	20.1	10.0
胃病比如胃溃疡	61.1	22.7	16.2
骨质疏松症	81.2	3.7	15.1
肝脏、胆囊或膀胱类疾病	96.3	3.7	0

数据来源："S省农村地区养老方式变动及保障模式研究"调查问卷。

3. 心理健康现状分析

心理健康是相对于生理健康而言的。个体的健康不仅指其身体生理上的健全，而且包括其心理活动上的正常。因此，老年人的健康问题不仅受到生理方面的影响，而且还受到心理方面的影响。已有的研究表明，孤独已成为影响老年人心理健康不容忽视的因素，孤独感成为衡量老年人心理健康的重要指标。伴随人口老龄化的加速，老年人孤独问题越来越引起家庭和社会的关注。

本次调查问卷中测量了农村老年人的心理孤独感状况，询问"在过去的1周里您是否觉得寂寞、绝望、焦虑、忧郁？"，题目提供了由弱到强的3个等级选项。在问卷中设置了一道有关生活满意度的问题，询问"总的来讲您对自己的生活满意吗？"，题目提供了"非常满意、满意、一般、不满意、非常不满意"5个选项，在问卷统计分析中，将答案的前两项合并为"满意"，把后两项合并为"不满意"，老年人心理健康情况统计见表4—8。

表4—8　　　　　　　　老年人心理健康情况统计表（n = 648）

心理健康情况		百分比（%）	样本数（人）
孤独感	没有	49.4	320
	有时	41.8	271
	经常	8.8	57
生活满意度	满意	41.1	266
	一般	48.1	312
	不满意	10.8	70

数据来源："S省农村地区养老方式变动及保障模式研究"调查问卷。

从表4—8中可以看出，S省农村老年人的心理健康质量整体水平一般，41.8%的老年人有时感到寂寞、绝望、焦虑、忧郁，48.1%的老年人认为自己生活满意度一般。

4. 健康自评情况分析

健康自评是个体对自己整体健康状况的评价。由于个体在做出自我健康评价时常常会考虑多种因素，包括家庭史、目前病患的严重性、未确诊疾病的症状、健康状况、外部支持（例如社会支持）和内部资源（例如感知控制）等，所以健康自评成为最常用的健康状况测量指标之一。

问卷测量了老年人的健康自评质量。"您认为自己现在的身体健康状况如何？"，将老年人的健康自评分为5个等级，即"很好、好、一般、不好、很不好"。在问卷统计分析中，将答案的前2项合并为"较好"，把后2项合并为"较差"。老年人健康自评情况统计见表4—9。

表4—9　　　　　　老年人健康自评情况统计表（n = 648）

健康自评	百分比（%）	样本数（人）
较好	26.4	171
一般	40.4	262
不好较差	33.2	215

数据来源："S省农村地区养老方式变动及保障模式研究"调查问卷。

从表4—9中可发现，S省农村老年人的健康自评状况一般，认为自己健康状况很好的只有6.2%，绝大多数老年人认为自己健康状况一般。

（二）健康状况影响因素分析

1. 生理健康状况影响因素分析

鉴于问卷信息的局限性，所以分析老年人的生理健康状况影响因素时，此处只选取老年人的生活自理能力展开分析。

有学者对国内外老年人日常生活自理能力的研究状况进行了综述，关于影响老年人生活自理能力的因素主要可分为个体因素和环境因素。其中个体因素主要指个体自然属性（包括年龄、性别等方面）、社会经济属性（包括社会经济地位、人种、城乡差别以及婚姻状况等特征）、生活方式、行为特点、饮食结构、健康状况（包括心理健康）和疾病、慢性病等。环境因素主要指个体的生活环境，包括自然环境、社会经济环境以及居家环境等若干方面。

总的来看，年龄是预测生活自理能力损伤的显著因子，老年人生活自理能力残障状况随年龄的增加而增加；处于丧偶状态的老年人，其健康风险增加，患上多种疾病的可能性增加，从而存在更多的生活自理能力困难；休闲娱乐、体育锻炼、宗教佛事有益于维持和提高老年人的生活自理能力状况；慢性病是影响老年人生活自理能力最主要的因素之一;改善生活环境对于维持老年人的生活自理能力非常重要。

(1) 单因素交叉分析

结合调查问卷数据,本书选取性别、年龄、文化程度、婚姻状况、经济状况、健康自评、心理健康自评、慢性病、养老方式、社区环境等10个因素,展开对S省农村地区老年人生活自理能力的影响分析。

通过对问卷数据进行简单统计分析后发现:所调查慢性病中患有高血压、关节炎或风湿病、胃病这3项疾病的老年人所占的比例较高,因此在之后的慢性病影响因素分析中,将主要分析这三种慢性病对于老年人的生活自理能力(ADL)和器械支持生活自理能力(IADL)的影响。老年人生活自理能力在各种影响因素下的分布状况见表4—10。

表4—10 老年人生活自理能力在各种影响因素下的分布状况表

影响因素	日常生活自理能力(ADL)		样本数(人)	LR 检验(相关系数)	器械支持生活自理能力(IADL)		样本数(人)	LR 检验(相关系数)
	能够完全自理(%)	不能完全自理(%)			能够完全自理(%)	不能完全自理(%)		
性别				NS(0.054)				NS(0.029)
男	70.8	29.2	356		61.2	38.8	356	
女	65.8	34.2	292		64.0	36.0	292	
年龄				***(0.381)				***(0.35)
50—60 岁	93.1	6.9	245		85.7	14.3	245	
60 岁及以上	53.6	46.4	403		48.4	51.6	403	
文化程度				***(0.24)				***(0.224)
没文化	53.2	46.8	233		47.6	52.4	233	
有文化	77.1	22.9	415		70.8	29.2	415	
婚姻状况				***(0.33)				***(0.269)
无配偶	45.9	54.1	220		43.6	56.4	220	

影响因素	日常生活自理能力（ADL）		样本数（人）	LR 检验（相关系数）	器械支持生活自理能力（IADL）		样本数（人）	LR 检验（相关系数）
	能够完全自理（%）	不能完全自理（%）			能够完全自理（%）	不能完全自理（%）		
有配偶	80.1	19.9	428		72.2	27.8	428	
经济状况				*** (0.173)				*** (0.174)
较差	61.2	38.8	164		53.3	46.7	165	
一般	65.1	34.9	313		59.9	40.1	312	
较好	81.9	18.1	171		76.0	24.0	171	
健康自评				*** (0.393)				*** (0.382)
较差	41.4	58.6	215		35.3	64.7	215	
一般	76.7	23.3	262		70.2	29.8	262	
较好	90.1	9.9	171		84.8	15.2	171	
心理健康自评				*** (0.223)				*** (0.218)
较差	50.9	49.1	57		40.4	59.6	57	
一般	59.9	40.1	272		55.1	44.9	272	
较好	79.0	21.0	319		72.7	27.3	319	
慢性病								
关节炎或风湿病				*** (0.178)				*** (0.189)
有	60.2	39.8	294		53.4	46.6	294	
没有	77.1	22.9	315		72.1	27.9	315	
不知道	61.5	38.5	39		53.8	46.2	39	
高血压				*** (0.162)				*** (0.207)
有	58.8	41.2	228		49.1	50.9	228	
没有	74.8	25.2	381		70.9	29.1	381	
不知道	64.1	35.9	39		59.0	41.0	39	
胃病				*** (0.145)				+ (0.089)
有	63.8	36.2	130		56.2	43.8	130	
没有	72.4	27.6	453		65.3	34.7	453	
不知道	50.8	49.2	65		55.4	44.6	65	
养老方式				*** (0.309)				*** (0.323)
老人完全自养	90.7	9.3	205		86.8	13.2	205	

续表

影响因素	日常生活自理能力（ADL）		样本数（人）	LR 检验（相关系数）	器械支持生活自理能力（IADL）		样本数（人）	LR 检验（相关系数）
	能够完全自理（%）	不能完全自理（%）			能够完全自理（%）	不能完全自理（%）		
传统家庭养老	58.2	41.8	443		51.2	48.8	443	
社区环境								
敬老院				NS(0.016)				**(0.077)
有	73.3	26.7	15		86.7	13.3	15	
没有	68.4	31.6	633		61.9	38.1	633	
老年人活动中心				NS(0)				NS(0.043)
有	68.5	31.5	181		59.1	40.9	181	
没有	68.5	31.5	467		63.8	36.2	467	
老年健康宣传活动				NS(0.033)				NS(0.055)
有	70.3	29.7	276		65.6	34.4	276	
没有	67.2	32.8	372		60.2	39.8	372	

注：　***$P<0.001$　　**$P<0.01$　　*$P<0.05$　　+$P<0.1$　　Ns 不显著。

数据来源："S 省农村地区养老方式变动及保障模式研究"调查问卷。

从表4—10 中的统计分析数据可以看出，在选取的因素中性别和社区环境对老年人的生活自理能力（ADL）和器械支持生活自理能力（IADL）没有显著的线性相关性；而且从样本数据的分布情况也可以看出，男性与女性在生活完全自理和不能完全自理中所占的比例无显著性差异，也就是说，性别对于老人生活自理能力的影响不是很大。关于社区环境对老年人生活自理能力的影响，发现只有敬老院的有无对于老年人器械支持的生活自理能力有显著的相关性，这可能是与农村地区的基础设施比较匮乏，而敬老院中的器械设施可能相对完善有关。其他的因素，即年龄、文化程度、婚姻状况、经济状况、健康自评、心理健康自评、慢性病、养老方式、社区环境等对老年人的生活自理能力（ADL）和器械支持生活自理能力（IADL）之间都表现出显著的相关性，其中只有胃病对于 IADL 的显著性较低于其他因素。通过对表中各因素与 ADL 和 IADL 之间的相关系数进行分析，结果发现年龄、健康自评和养老方式对于 ADL 和 IADL 的相关程度最高，其中健康自评对于老年人生活自理能力的影响最大。

随着调查对象年龄的增加，日常生活自理能力和器械支持生活自理能力都会降低，年龄与生活自理能力之间呈现出明显的正相关性。但相对来看，年龄对日常生活自理能力的影响程度要大于对器械支持生活自理能力的影响程度，可能主要与个体在年龄增高后对器械支持生活自理能力支持的活动需求在减少有关。

婚姻状况与生活自理能力之间呈现出明显的正相关性。从表4—10 中数据可以看出，有配偶的老年人中生活完全自理和器械支持生活完全自理所占的比重大于配偶不健在或没有配偶的老年人。但相对来看，婚姻状况对日常生活自理能力的影响程度要高于对器械支持生活自理能力的影响程度。

养老方式与生活自理能力之间呈现出明显的正相关性。从表4—10 中数据可以看出，完全自养的老年人中生活完全自理和器械支持生活完全自理所占的比重大于依靠子女供养的老年人。当养老方式是完全自养和依靠子女的家庭养老时，其日常生活自理能力和器械支持生活自理能力的实现程度与之保持着较高的正相关，即完全自养状况下，生活自理能力较强；家庭养老状况下，生活自理能力较差。但相对来看，日常生活自理能力比器械支持生活自理能力受养老方式的影响程度更为显著。研究的结果基本与本研究的假设相一致，即 S 省农村老年人在自己生活能自理的情况下，基本自己在家养老，只有在身体状况不允许自我养老的时候，才不得不依靠子女养老。

（2）回归分析

已有研究认为年龄、疾病和慢性病等健康方面的问题是影响老年人生活自理能力的重要因素，提出了普及健康知识、改善经济状况等建议，但忽视了心理健康和个体主观精神状况在促进老年人身体机能保持方面的作用。虽然有学者对心理因素的影响进行了研究，但也仅是在最后的建议、对策部分提及，且多是定性的论述，在这方面还鲜有定量的研究。所以，此处将健康自评和心理健康自评2个变量作为反映个体主观状况的因素，给予回归分析。

研究框架：在研究影响老年人生活自理能力的个体因素方面，学界已基本达成共识，主要包括个体的自然属性和社会经济属性。由于主观因素都是个体自己内心对其处境的自我评价和判断，故此处将其界定并统称为"主观感受"，而个体的主观感受是一个内容丰富、动态性强的变量，主要是个体对自己身体机能健康状况的感受和个体的心情、情绪等心理活动，即健康自评和心理健康自评。

综合已有研究成果和研究目的，主观感受对老年人生活自理能力影响因素分析框架见图4—1。

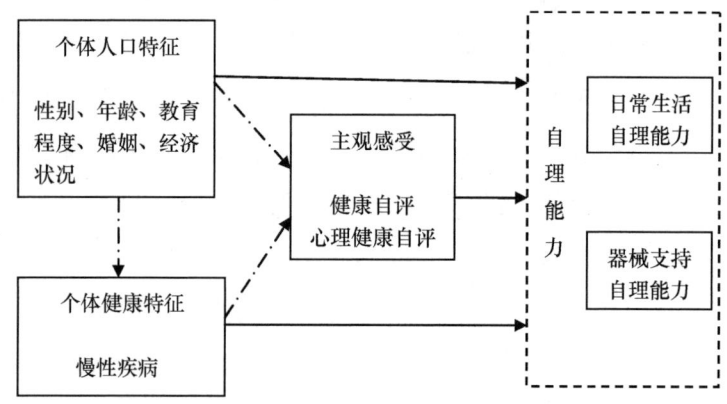

图4—1　主观感受对老年人生活自理能力影响因素分析框架图

从图 4—1 中不难发现，老年人的生活自理能力状况受到多种因素的影响。个体的人口特征和慢性疾病会直接影响其生活自理能力，同时也通过个体的主观感受对生活自理能力产生影响。此处的研究是在控制其他主要影响老年人生活自理能力因素既定的前提下，分析 S 省农村老年人的两个主观感受变量对其生活自理能力的影响。研究的假定是在个体存在客观状态既定的情况下，个体行为能力的强弱与其主观感受状态有着紧密的联系，而已有的研究表明，孤独感已成为影响老年人心理健康的重要因素，因此孤独感成为衡量老年个体心理健康的重要指标。伴随人口老龄化的加速，老年人孤独问题越来越引起家庭和社会的关注，改善其主观感受状态将有助其生活自理能力的提升和延长。

变量设计和测量：此处选取调查问卷中健康自评和心理健康自评作为反映 S 省农村老年人主观感受状态的 2 个指标，这主要是因为个体的身心健康客观上影响、制约着个体生活自理能力的表现，而且这种影响结果作用于个体的主观认识后会反作用于其生活自理能力的发挥。对于已有研究中影响老年人生活自理能力的因素，结合 S 省农村老年人的生活实际和调查问卷所得数据分析后进行选择，并将其作为控制变量引入回归分析模型之中。

研究中的因变量是生活自理能力，包括日常生活自理能力（ADL）和器械支持生活自理能力（IADL），具体情况如前文所述。

自变量是主观感受，指个体自己对自己生活状况的认识和判断。就生活自理能力而言，此处选取健康自评和心理健康自评 2 个变量来测定。健康自评是询问个体对自己现在的身体健康状况的主观判断，分为较差、一般、较好 3 个等级。心理健康自评是询问个体在最近 1 周内心理、感情上是否感到寂寞、绝望、焦虑和忧虑的主观感受，分为较差、一般、较好 3 个等级测量。

根据已有研究成果，结合实际调查问卷中的项目设计和单因素交叉分析,将性别、年龄、文化程度、婚姻状况、经济水平、慢性病、家庭养老方式7个影响因素作为控制变量引入模型。由于个体的知识水平对其主观认知有着重要的影响,结合农村老年人实际情况,文化程度变量分文盲(或识字很少)和小学及以上2类。婚姻状况主要是从其配偶是否健在的婚姻完好方面考察,分为有配偶和无配偶两个组别。经济状况根据问卷数据生成三级经济水平变量。对于慢性病这一范围较广的概念,问卷给出了11种常见慢性病供其选择,此处只选择了关节炎或风湿病、高血压、胃病发病比例较高的病种作为慢性病的变量,分别分为有和无2个组。

研究方法:研究分析分为两部分,首先利用统计检验,来分析不同的主观感受在ADL、IADL的分布,来考察是否不同的主观感受对自理能力的影响存在显著差异,其次采用Logistic回归分析,在控制了个体的人口特征、健康及养老方式等特征后,考察主观感受对自理能力的影响。对于多元分析中日常生活自理能力和器械支持自理能力,分别采用2个模型进行分析,模型1是将主观感受的2个自变量引入回归模型,分别分析主观感受对日常自理能力和器械支持能力的粗影响,模型2是在粗影响分析的基础上将其他控制变量引入回归模型,分别分析主观感受对自理能力的净影响。

分析结果:主观感受与ADL、IADL的统计分析结果见前文健康自评和心理健康自评对S省农村地区老年人生活自理能力影响分析的结论。为了进一步综合考察健康自评和心理健康自评对自理能力的影响,此处运用Logistic回归分析方法,采用两个模型对比回归分析主观感受两个变量单独作用下和引入其他7个控制变量后对S省农村老年人生活自理能力影响的状况,主观感受对老年人生活自理能力影响的Logistic回归分析见表4—11。

表 4—11　　　　　主观感受对老年人生活自理能力影响的

Logistic 回归分析表（n = 648）

项目	日常生活自理能力		器械支持生活自理能力	
	模型 1	模型 2	模型 1	模型 2
主观感受				
健康自评（较差）				
一般	− 2. 365 ***	− 1. 269 ***	− 1. 371 ***	− 1. 537 ***
较好	− 1. 46 ***	− 1. 702 ***	− 2. 14 ***	− 1. 171 ***
心理健康自评（较差）				
一般	0. 058NS	− 1. 102Ns	− 0. 225NS	− 0. 307Ns
较好	− 4. 71 *	− 1. 135NS	− 0. 619 +	− 0. 328NS
控制变量				
性别（女）				
男		0. 236NS		0. 715 ***
年龄（60 岁及以上）				
50—60 岁		1. 553 ***		0. 928 ***
文化程度（文盲）				
有文化		− 0. 066NS		− 0. 237NS
经济水平（较差）				
一般		0. 137NS		− 0. 377Ns
较好		− 3. 5NS		− 0. 045Ns
养老方式（家庭养老）				
完全自养		− 1. 011 ***		− 1. 263 ***
婚姻状况（无配偶）				
有配偶		− 0. 852 ***		− 0. 546 *
慢性病（没有）				
有		0. 758 *		0. 526 +
高血压（不知道）				
有		0. 53 +		0. 515NS
没有		0. 026NS		0. 021NS

续表

项目	日常生活自理能力		器械支持生活自理能力	
	模型1	模型2	模型1	模型2
关节炎或风湿病（不知道）				
有		-0.043NS		-0.039NS
没有		-0.23NS		-0.372NS
胃病（不知道）				
有		-0.041NS		-0.027NS
没有		-0.048NS		-0.0368NS
-2LL	39.813***	413.357***	41.696***	446.979***

注: *** $P<0.001$ ** $P<0.01$ * $P<0.05$ + $P<0.1$ Ns 不显著。

数据来源: "S 省农村地区养老方式变动及保障模式研究" 状况调查问卷。

从表4—11 的分析结果中可以看出健康自评和心理健康自评对于老年人的生活自理能力和器械支持生活自理能力呈现出明显的正相关性，但是在 Logistic 回归分析中，得到这些因素的系数是负值。说明本研究所选取的因素之间具有明显的自相关性，但是考虑到本研究所关心的这些因素，在这里不再剔除一些有相关性的因素。除此之外，本研究利用 Logistic 回归模型分析某个因素对于 ADL 和 IADL 的影响时必须先固定其他所有因素，判断这些因素不变的情况下分析的这个因素对于 ADL 和 IADL 是否有显著的相关性。如果本研究需要知道这些因素和 ADL、IADL 之间是正相关还是负相关，可以看它们的相关系数。

从模型1 结果可以看出，健康自评对于 ADL 和 IADL 都有非常显著的相关性，但是心理健康自评对于 ADL 和 IADL 的影响并不是那么显著，有时甚至是不显著的，这就说明身体健康才是影响老年人生活自理能力的主要因素。

模型2 是在模型1 的基础上加入性别、年龄、文化程度、经济水平、婚姻状况、养老方式、关节炎或风湿病、高血压、胃病9个S省农村老年人的自然属性和社会经济属性变量后得到的回归结果。从表4—11中可以看出，心理健康自评这个因素再加入其他9个因素作为控制变量后，对于ADL和IADL的显著性水平有了明显的下降。

同时，从模型2的结果可以看出，性别对于老年人的生活自理能力影响并不显著，而对器械支持生活自理能力影响非常显著。男性的器械支持生活自理能力明显高于女性，这也和老年女性一般较少进行相关的锻炼有关。本书还发现年龄、养老方式、婚姻状况对于ADL和IADL的影响也非常显著，这和本书交叉分析的结果一致。慢性病对于ADL和IADL并没有很明显的相关性，这可能和选择的慢性病种类有关。另外，经济状况，文化程度与老年人的生活自理能力和器械支持生活自理能力没有显著的相关性。

2. 心理健康质量影响因素分析

城市化进程中农村大量劳动力外出务工，他们收入的提高，使农村家庭经济状况显著改善，给农村老年人的养老生活也提供了一定的经济支持。但是家庭结构的小型化、农村文化生活的单调，使多数农村老年人社会交往较少，心里倍感孤独，因此心理健康质量已成为衡量老年人养老质量的重要指标。

针对老年人的心理健康质量，学者们对孤独感的影响因素进行了较为广泛的研究，总的来看，这些影响因素可分为个体的社会人口特征因素和社会支持因素两大类。个体的社会人口特征因素，主要是个体的性别、年龄、文化程度、配偶情况、生理健康状况等与孤独感的相关程度。社会支持因素，主要是个体的社会支持状况，指个体通过社会互动关系所获得的能减轻心理应激反应、缓解精神紧张状态、提高社会适应能力的支持与帮助，除了情感支持和实际支持，还包括社会交往或社会活动参与的情况，如个体参与组织活动或到活动中心娱乐等，这方面的支持主要来自家庭成员、亲友、同事、团体或组织。同时，老年人所处的外部环境对其获取社会支持也有影响。

（1）单因素交叉分析

结合调查问卷数据，本书选取性别、年龄、文化程度、婚姻状况、经济状况、代际支持、生活自理能力、慢性病、社会交往、社区环境 10 个因素来分析影响农村老年人心理健康的因素。老年人心理健康在各种影响因素下的分布状况见表 4—12。

表 4—12　　老年人心理健康在各种影响因素下的分布状况表（n = 648）

影响因素	孤独感（%）			样本数	LR 检验
	没有	有时	经常	（人）	（相关系数）
性别					NS（0.073）
男	52.2	38.8	9.0	356	
女	45.5	45.9	8.6	292	
年龄					***（0.25）
50—60 岁	65.7	27.8	6.5	245	
60 岁及以上	39.2	50.6	10.2	403	
婚姻状况					***（0.268）
无配偶	30.0	56.4	13.6	220	
有配偶	59.1	34.6	6.3	428	
文化程度					***（0.151）
有文化	54.9	37.1	8.0	415	
没文化	39.1	50.6	10.3	233	
经济状况					***（0.304）
较差	32.7	47.9	19.4	165	
一般	47.1	47.8	5.1	312	
较好	69.0	25.7	5.3	171	
日常生活自理能力					***（0.223）

续表

影响因素	孤独感（%）			样本数	LR 检验
	没有	有时	经常	（人）	（相关系数）
完整	56.8	36.7	6.5	444	
不完整	32.8	53.4	13.8	204	
器械支持生活自理能力					*** (0.218)
完整	57.3	37	5.7	405	
不完整	35.8	50.2	14	243	
慢性病					
关节炎或风湿病					*** (0.175)
不知道	30.8	64.1	5.1	39	
有	43.9	44.2	11.9	294	
没有	56.5	37.2	6.3	315	
高血压					** (0.144)
不知道	30.8	53.8	15.4	39	
有	43.4	47.8	8.8	228	
没有	54.6	37.3	8.1	381	
胃病					* (0.128)
不知道	44.6	49.2	6.2	65	
有	43.1	41.5	15.4	130	
没有	51.7	41.1	7.2	453	
代际支持					
生活照料					NS (0.055)
有	48.7	42.3	9.0	624	
无	62.5	33.3	4.2	24	
经济支持					NS (0.068)
有	48.5	43	8.5	596	
无	57.7	30.8	11.5	52	
情感支持					** (0.108)
有	49.7	41.9	8.4	634	
无	28.6	42.6	28.6	14	

续表

影响因素	孤独感（%）			样本数	LR 检验
	没有	有时	经常	（人）	（相关系数）
社会交往					
交往频率					*** (0.189)
经常	53.2	40.2	6.6	301	
有时	49.3	43.2	7.5	278	
没有	31.9	44.9	23.2	69	
社区环境因素					
老年人活动中心					NS (0.048)
有	49.8	43.6	6.6	181	
没有	49	41.3	9.6	467	
敬老院					NS (0.035)
有	40	53.3	6.7	15	
没有	49.4	41.7	8.9	633	

注: *** $P<0.001$　** $P<0.01$　* $P<0.05$　+ $P<0.1$　Ns 不显著。

数据来源:"S 省农村地区养老方式变动及保障模式研究"状况调查问卷。

从表4—12中数据分析结果可以看出,性别、社区因素与孤独感之间没有显著的相关性,而且它们的线性相关程度也不高,也就是说,男性、女性对于孤独感的感受程度差不多,有没有敬老院或者老年人活动中心,对于老年人口孤独感的感受影响不大,这可能与调查的对象大都是家庭养老方式有关。

同时研究结果显示,年龄、婚姻状况、经济状况、文化程度、生活自理能力以及器械生活自理能力对老年人是否有孤独感的影响较大,它们之间分别呈现出显著的相关性。关于慢性病对于孤独感的显著影响,可能是随着身体状况变差,人的心情会跟着变坏,那么孤独感自然会加强,而其中的胃病对于日常生活的影响较小,因此对于孤独感的显著性就会没有那么强。

研究结果显示,代际支持中的生活照料和经济支持对于孤独感的影响都是不显著的，而情感支持对于孤独感有着显著性影响。这也说明了老年人也许并非需要太多物质和金钱，或许真正需要的是来自子女及亲人们情感上的慰藉和关心，只有精神上的抚慰才能减少老年人内心的孤独感。

（2）回归分析

影响农村老年人心理健康的个人因素相对固定且难以短期改变，然而影响其心理健康的社会支持因素则存在着较大的变化，可以通过干预和倡导来提高老年人的社会支持，从而改善老年人的心理健康。

研究框架：结合已有研究成果和研究目的，社会支持对老年人孤独感影响因素分析框架见图4—2。

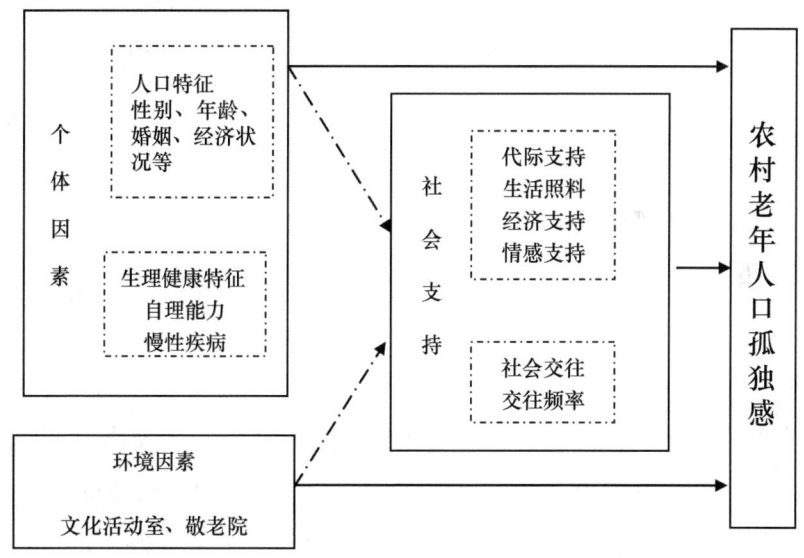

图4—2　社会支持对老年人孤独感影响因素分析框架图

图4—2反映出老年人的心理健康受到多因素影响。个体因素和环境因素不仅会直接影响老年人的心理健康，同时两者通过影响社会支持状况间接影响心理健康。首先老年人的个体因素，个体的

人口学特征如性别、年龄、婚姻状况和经济状况都会对心理健康产生影响，同时个体的身体健康水平也会对心理健康产生影响；同样，老年人所处的环境因素，如养老生活社区的文化活动设施等环境因素对心理健康同样产生很大影响，社会支持也可以有效降低老年人孤独感，提高生活满意度。

变量设计和测量：本书中的因变量是孤独感，孤独感分为"没有、有时和经常"3个类别，与问卷中题目选项变量的分类等级一致。自变量是社会支持，分为代际支持和社会交往2个变量，其中代际支持分为生活照料、经济支持和情感支持3个变量；社会交往主要通过交往频率变量体现。

代际支持方面，生活照料、经济支持和情感支持构成了家庭代际支持的主要内容，问卷中采用3道题目来测量农村老年人的代际支持状况。生活照料变量问卷设计了"经常、偶尔和从不"3个选项，情感支持依据是否愿意分为"经常、偶尔和从不"。鉴于问卷设计和研究目的，将3个选项均分为2个等级"有"和"没有"。经济支持方面调查中获取的是具体钱数的款额，便于统计分析，只要子女给过经济支持，无论数额多少，都认为经济支持选项为"有"，否则为"无"。特别说明的是，为了后期的深入研究，在前期问卷中针对子女对老年人的代际支持方面采取对老人的每个子女逐一调查的方式，因此，为了有利于数据的汇总，在老年人的若干子女中，只要有至少一个及以上子女提供了代际支持，即认定老人的代际支持选项为"有"，否则就为"无"。社会支持方面，问卷中通过设计老年人社会交往的频率来测量农村老年人的代际支持状况。农村老年人社会交往的频率分为"没有、有时、经常"三类。

根据已有研究成果，此处将影响孤独的个体因素和环境因素作为控制变量引入模型。其中，个体因素包括个体的社会人口特征和生理健康特征；环境因素主要是所在村的文化活动设施状况和有无敬老院两个变量。

个体因素中，由于孤独感与个体的年龄阶段密切相关，本研究将年龄分为 60 岁及以上和 60 岁以下 2 个组别；婚姻状况根据配偶是否健在分为无配偶和配偶健在 2 类；经济状况根据问卷数据分为"较差、一般、较好"三个等级；文化程度分为"有文化和没文化"，生活自理能力的测量评定同前文所述，其中每项活动都得 1 分的为能够完全自理或自理能力完整，其余为不能完全自理或自理能力不完整；慢性病的范围较广，问卷给出了 11 种常见慢性病供其选择，本研究选择了高血压、胃病、关节炎或风湿病 3 个发病比较高的病种作为慢性病的变量，分为"有和无"2 个类别。

环境因素中，文化活动设施状况主要是考察老年人生活的周围有没有可以去休闲娱乐、与其他人沟通和交流的场所，研究将文化活动室、敬老院作为体现老年人文化活动设施状况的变量，分别分为"有和无"2 个类别。

研究方法：首先通过描述性分析，利用 LR 统计检验，比较不同代际支持和社会交往下农村老年人的孤独感，来考察不同的社会支持下老年人的心理健康是否存在显著差异；其次采用 Ordinal Logistic 回归分析，在控制个体因素和环境因素的影响下，考察代际支持和社会交往对农村老年人心理健康的影响。在多元回归分析中建立了 4 个回归模型，分别将社会支持因素、个体因素和环境因素各类变量逐一引入模型。其中，模型 1 是代际支持对孤独感的粗影响；模型 2 是社会交往对孤独感的粗影响；模型 3 是代际支持和社会交往共同对孤独感的粗影响；模型 4 是在模型 3 的基础上，加入个体因素和环境因素后考察代际支持和社会交往对农村老年人孤独感的净影响。

分析结果：老年人孤独感影响因素的 Ordinal Logistic 回归分析见表 4—13。

表4—13　　　　　　老年人孤独感影响因素的 Ordinal Logistic

回归分析表（n = 648）

研究变量	模型1	模型2	模型3	模型4
自变量				
社会支持				
代际支持				
生活照料（有）	0.718NS		0.756 +	0.732NS
无				
经济支持（有）	0.447NS		0.447NS	0.14NS
无				
情感支持（有）	− 0.1614 **		− 1.546 **	− 0.899 +
无				
社会交往				
交往频率（经常）		1.088 ***	1.077 ***	0.559NS
无				
控制变量				
个体因素				
社会人口特征				
性别（女）				
男				− 0.12NS
年龄（50—60 岁）				
60 岁及以上				0.527 *
婚姻状况（无配偶）				
有配偶				− 0.716 ***
经济情况（困难）				
一般				− 0.744 ***
较好				− 1.35 ***
生理健康特征				
ADL（完全）不完全				− 0.093NS
IADL（完全）不完全				− 0.28NS
关节炎风湿病（不知道）				
有				− 0.525NS
没有				− 0.554NS
高血压（不知道）				

续表

研究变量	模型 1	模型 2	模型 3	模型 4
有				−0.737*
没有				−0.847*
胃病（不知道）				
有				0.69*
没有				0.228NS
社区环境因素				
老年活动中心（没有）				
有				−0.012NS
敬老院（没有）				
有				0.231NS
−2LL	46.869*	32.918***	87.23***	992.830***

注：***P<0.001　**P<0.01　*P<0.05　+P<0.1　Ns 不显著。

数据来源："S 省农村地区养老方式变动及保障模式研究"状况调查问卷。

表 4—13 中，模型 1 是代际支持对孤独感的粗影响，研究结果显示，情感支持对农村老年人孤独感有着显著的负向影响，没有情感支持的农村老年人孤独感明显上升。而经济支持和生活照料对于孤独感的影响并不显著，这和本书通过交叉分析得到的结论相同，也符合调研中农村老年人养老的实际情况；模型 2 是社会交往对孤独感的粗影响，在以"不进行社会交往"的情况为对照组时，频繁的交往对农村老年人的孤独感有显著的影响，而对偶尔进行社会交往的老年人，其孤独感影响不大；模型 3 是将社会支持的 2 个因素全部纳入模型，分析代际支持和社会交往频率共同对孤独感的粗影响。可以看出代际支持和社会交往对农村老年人孤独感的影响几乎没有发生变化，其中情感支持和频繁的交往对于孤独感的影响仍然很显著；模型 4 是在模型 3 的基础上，进一步引入控制变量后，考察代际支持和社会交往对农村老年人孤独感的净影响，从结果可以看出情感支持和频繁的交往对于孤独感的影响不显著，这可能和选

择的控制变量有关，由于它们之间自身的一些相关性导致结果发生了较大的变化，但这是符合实际情况的。而在控制变量中，只有婚姻状况和家庭经济状况对于老年人的孤独感有较为显著的影响。说明不完整的婚姻对于农村老年人孤独感的影响比完整婚姻中的老年人影响更大，经济困难的老年人比经济条件较好的老年人更容易产生孤独感。

3. 健康自评质量影响因素分析

从 20 世纪 80 年代初开始，关于老年人健康自评的应用研究越来越广泛并日趋深入。研究表明，健康自评很大程度上取决于个人实际的躯体健康状况，老年人在经历了严重的疾病或者长期被慢性疾病困扰之后会降低对自己健康状况的评价。国内学者大多也认为健康自评与躯体健康状况等客观指标有良好的一致性，随着日常生活能力的下降，老年人也会降低对自己的健康评价。可见，健康自评并不能摆脱最基本的老年人肌体功能的影响，两者之间存在很强的相关性。同时，消极的心理状态和情绪对健康自我评价产生负面的作用，和谐的婚姻则可能对健康自我评价产生积极的影响，充分的社会支持和积极的社会参与会提高健康自我评价。

（1）单因素交叉分析

综合来看，主要影响老年人健康自评的因素包括性别、年龄、婚姻、文化程度、养老方式、生活习惯、代际支持、身体健康（ADL、IADL、患病情况）等方面。结合问卷数据，分析了性别、年龄、文化程度、婚姻状况、养老方式、生活来源、生活自理能力、慢性病、社区环境等 9 个因素对农村老年人健康自评的影响。老年人的生活来源反映出老年人能不能通过自己的劳动获得收入，这自然与其身体健康状况紧密相连。问卷中设计了生活主要来源的若干选项，为了研究目的，统计中把 8 个选项共分为 3 类，即自己供给、子女供给和社会供给。其中自己供给包括退休金、劳动收入和个人储蓄，子女供给包括儿女提供和亲属提供，社会供给包括国家提供和集体提供。老年人健康自评在各种影响因素下的分布状况见表4—14。

表4—14　　老年人健康自评在各种影响因素下的分布状况表（n=648）

影响因素	健康自评（%）			样本数（人）	LR检验（相关系数）
	较好	一般	较差		
性别					NS（0.035）
男	26.7	41.6	31.7	356	
女	26	39.1	34.9	292	
年龄					****（0.294）
50—60岁	42	39.2	18.8	245	
60岁及以上	16.9	41.2	41.9	403	
文化程度					***（0.151）
没文化	19.7	38.2	42.1	233	
有文化	30.1	41.7	28.2	415	
婚姻状况					***（0.221）
有配偶	31.3	42.8	25.9	428	
无配偶	16.8	35.9	47.3	220	
养老方式					***（0.219）
完全自养	38	42.4	19.5	205	
家庭养老	21	39.5	39.5	443	
生活来源					***（0.286）
自己供给	33.3	45.0	21.7	373	
子女供给	16.3	33.5	50.2	251	
社会供给	25	41.7	33.3	24	
生活自理能力					
ADL					***（0.393）
不能自理	8.3	29.9	61.8	204	
能够自理	34.7	45.3	20.0	444	
IADL					***（0.382）

续表

影响因素	健康自评（%）			样本数	LR 检验
	较好	一般	较差	（人）	（相关系数）
不能自理	10.7	42.5	57.2	243	
能够自理	35.8	45.4	18.8	405	
慢性病					*** (0.328)
有	19.8	39.4	40.8	505	
没有	49.7	44.0	6.3	143	
社区环境					
老年活动中心					* (0.098)
没有	26.8	42.8	30.4	467	
有	25.4	34.3	40.3	181	
敬老院					NS (0.066)
没有	26.5	40.8	32.7	633	
有	20	26.7	53.3	15	
健康活动宣传					+ (0.091)
没有	29	36.8	34.2	372	
有	22.8	45.3	31.9	276	

注： *** $P < 0.001$ ** $P < 0.01$ * $P < 0.05$ + $P < 0.1$ NS 不显著。

数据来源："S省农村地区养老方式变动及保障模式研究"调查问卷。

从表4—14中发现，年龄、文化程度、婚姻状况、养老方式、生活来源、生活自理能力、慢性病这几个因素对于老年人的健康自评均有显著影响。随着年龄的增加，身体各方面机能逐渐老化，健康状况必然下降；文化程度的提升使老年人的健康自评更加具有说服性、更加客观；生活自理能力和慢性病都通过影响老年人的生理状况来影响老年人的健康自评；生活来源和养老方式都是通过影响老年人的日常生活水平来影响老年人的健康自评，它们都和老年人的健康自评有较大的相关性。性别和社区环境因素对于老年人的健康自评没有显著的影响，这可能和选择的这些社区因素并未包含相关的医疗设施有关。

（2）回归分析

健康自评是衡量老年人养老质量的一个重要方面，也是老年健康问题的核心之一。对于老年人健康自评的研究大多数是针对高龄老年人的健康自评状况以及影响因素，而专门针对农村地区老年人健康自评的研究并不多见。

老年人的健康自评会受到各种因素的影响，这些因素包括年龄、信仰、健康状况、病史、心理状态、日常生活能力、生活习惯和社会支持等。目前已有学者就以上这些因素对健康自评的影响进行了分析研究。

固定频率的良好社会交往可以促进老年人的心理健康，可以提高老年人的生活质量，改善老年人的健康状况。所以社会交往也是影响老年人健康的一个重要因素，回归分析中就社会交往对健康自评的影响进行回归，分析交往频率这个社会交往变量对农村老年人健康自评的影响。

研究框架：结合已有研究成果和研究目的，社会交往对老年人健康自评影响因素分析框架见图4—3。

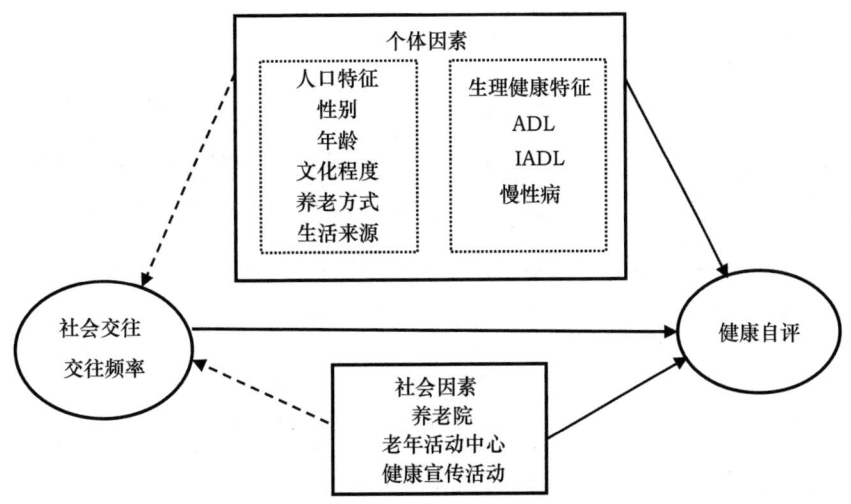

图4—3　社会交往对老年人健康自评影响因素分析框架图

图4—3表明老年人的健康自评受到多因素多元化的影响。个体因素和社会因素不仅直接影响老年人的健康自评，而且还通过社会交往对健康自评产生间接影响。老年人的个体因素主要包括个体的人口学特征（性别、年龄、文化程度、生活来源）和生理健康特征（ADL、IADL、慢性病）及养老方式对健康自评的影响。社会因素主要是社区环境变量（敬老院、老年活动中心和健康活动宣传）对健康自评的影响，而且社会交往也可以积极地促进老年人的健康自评。此处的研究是在控制其他主要影响老年人健康自评因素的前提下，分析农村老年人社会交往（选取交往频率为自变量）对其健康自评的影响。

变量设计和测量：此处选取调查问卷中交往频率作为反映农村老年人社会交往的指标，对于已有研究中影响老年人健康自评的其他相关因素，本书结合中国农村老年人的生活实际和调查问卷所得数据分析后进行选择，并将其作为控制变量引入回归分析模型中。

研究方法：研究采用 Ordinal Logistic 回归分析，在控制了个体的人口和健康、养老方式等相关特征后，考察交往频率对健康自评的影响。

有序回归分析中，分别采用四个模型进行分析，模型1是将反映社会交往的交往频率自变量引入回归模型，分析社会交往对老年人健康自评的影响。模型2是在粗影响分析的基础上加入控制变量中的个体因素变量，分析社会交往对健康自评的影响。模型3是在模型2的基础上加入个体因素变量中生理健康特征（ADL、IADL、慢性病）。模型4是在模型3中加入社区环境因素（老年活动中心、养老院和健康宣传活动）进行社会交往对健康自评的净影响分析。

分析结果：社会交往对老年人健康自评的 Ordinal Logistic 回归分析见表4—15。

表4—15 社会交往对老年人健康自评的 Ordinal Logistic
回归分析表（n = 648）

变量	模型1	模型2	模型3	模型4
自变量				
社会交往				
交往频率（有）				
偶尔	0.263 +	0.326 **	0.179NS	0.187NS
没有	1.698 ***	1.476 ***	0.862 ***	0.864 ***
控制变量				
个体因素				
人口学特征				
年龄（60 岁以下）				
60 岁及以上		0.881 ***	0.482 **	0.455 **
文化程度（文盲）				
有文化		− 0.074NS	0.117NS	0.1NS
养老方式（家庭养老）				
完全自养		− 0.204NS	− 0.039NS	− 0.021NS
生活来源（社会供给）				
自己供给		− 0.157NS	− 0.309NS	− 0.432NS
子女供给		0.441NS	− 0.086Ns	− 0.183NS
生理健康特征				
ADL（不能自理）				
完全自理			− 0.807 ***	− 0.823 ***
IADL（不能自理）				
完全自理			− 0.7 ***	− 0.708 ***
慢性病（没有）				
有			1.171 ***	1.231 ***
社会环境因素				
敬老院（没有）				
有				0.368NS

续表

变量	模型 1	模型 2	模型 3	模型 4
老年活动中心（没有）				
有				0.28NS
健康宣传活动（没有）				
有				0.3*
−2LL	34.937***	251.771***	500.812***	771.547***

注：*** $P<0.001$　** $P<0.01$　* $P<0.05$　+ $P<0.1$　Ns 不显著。

数据来源："S 省农村地区养老方式变动及保障模式研究"状况调查问卷。

表 4—15 中，模型 1 分析了自变量交往频率对农村老年人健康自评的影响，回归分析发现偶尔进行社会交往的老年人健康自评的影响不显著，而从来不进行社会交往的老年人健康自评影响比较显著，这可能和老年人长期独自生活造成的心理压力有关。

模型 2 加入控制变量中的个体因素变量，即把年龄、文化程度、养老方式、生活来源加入回归模型。从模型 2 的结果可以看出，原来对健康自评具有显著影响的交往频率仍然显著，而且偶尔进行社会交往的老年人对于健康自评的影响也加强了。年龄对于老年人的健康自评影响最显著，60 岁及以上的老年人认为其自身的健康状况相对差一点，而 50—60 岁的老人认为其自身的健康状况相对好一点，这也符合老年人的生理特点。另外，文化程度、养老方式、生活来源这几个控制变量对于老年人的健康状况的影响由之前交叉分析中的显著变为不显著，说明这几个控制变量对于老年人的健康自评可能只有简单线性关系而不是 Logistic 相关。

模型 3 是在模型 2 的基础上加入个体因素变量中生理健康特征（ADL、IADL、慢性病）。加入这 3 个控制变量以后，交往频率对健康自评的影响仍然很显著，只是偶尔进行社会交往的老年人健康自评不再受其显著影响。从前面 3 个模型可以发现，社会交往中只有偶尔进行社会交往的老年人健康自评发生了变化，这可能是因为加入了一些控制变量后产生的影响。其他的几个控制变量对老年人健康自评的显著性影响程度和模型2相比并未发生较大变化，只有年龄这个变量对于老年人健康自评的显著性水平稍微有所下降。而ADL、IADL和慢性病对健康自评的影响均比较显著。

模型4是在模型3的基础上加入了社会因素（敬老院、老年活动中心和老年健康宣传活动）。在加入这三个控制变量后，自变量和其他控制变量对健康自评的影响均没有发生改变，与模型3中的影响程度一致。可以看出敬老院和老年人活动中心对于老年人的健康自评均没有显著影响，只有老年健康宣传活动对其产生了显著的影响，说明丰富老年人的健康知识，提升老年人的健康意识能有效改善老年人的健康自评状况。

（三）经济状况

经济状况是老年人养老的物质基础，是决定养老质量的核心内容。有可供支配的收入和稳定的经济来源是衡量老年人能否保证基本生活正常运转的重要标志。老年人的经济状况对其物质生活、精神生活等有着广泛的影响，直接关系到老年人的养老质量。

调查问卷从主观和客观两个角度设置了4道问题调查了S省农村老年人的生活来源、经济状况等信息。老年人经济状况与生活来源统计见表4—16。

表4—16　　　　老年人经济状况与生活来源统计表（n＝648）

经济状况与生活来源		样本数	百分比
经济状况	较好	171	26.39
	一般	313	48.30
	较差	164	25.31
生活来源	子女、亲属供给	250	38.58

续表

经济状况与生活来源	样本数	百分比
本人收入	334	51.54
组织补贴	24	3.70
个人储蓄	36	5.56
其他	4	0.62

数据来源:"S省农村地区养老方式变动及保障模式研究"调查问卷。

表4—16调查数据显示,S省农村老年人经济状况一般。只有26.39%的老年人认为自己经济状况较好,近一半老年人认为自己经济状况一般。一半的老年人养老主要靠个人收入及个人储蓄,仍有三分之一以上的老年人需要依靠子女、亲属的经济物质供给来支撑养老。而老年人中依靠政府、集体等组织供给养老的比例仅占3.7%。

（四）经济状况影响因素分析

影响老年人经济状况的因素较多,与其年轻时从事的职业、积蓄、身体健康状况、劳动能力、子女的收入、社会的转移支付等都有关系。

1. 单因素交叉分析

结合问卷数据,研究选取性别、年龄、文化水平、职业、婚姻状况、生活自理能力、代际支持中的经济支持、健康自评、家庭养老方式9个因素对老年人经济状况的影响给予分析。鉴于研究目的和农村现状,统计中将职业分为农业和非农业,"养殖和务农"合并为农业,"待业或家务、打工、个体户、乡镇干部、村干部、教师或医生、其他"等合并为非农业。老年人经济状况在各种影响因素下的分布状况见表4—17。

表4—17　老年人经济状况在各种影响因素下的分布状况表（n＝648）

影响因素	经济状况（%）			样本数（人）	LR 检验（相关系数）
	较好	一般	较差		
性别					NS（0.06）
男	27.2	45.6	27.2	356	
女	25.3	51.4	23.3	292	
年龄					*（0.117）
50—60 岁	33.1	44	22.9	245	
60 岁及以上	22.3	50.6	27.1	403	
文化程度					***（0.171）
没文化	16.3	56.2	27.5	233	
有文化	32.1	43.6	24.3	415	
职业					***（0.202）
农业	20.5	49	30.5	419	
非农业	37.1	46.7	16.2	229	
婚姻状况					***（0.144）
有配偶	30.4	47.6	22	428	
无配偶	18.6	49.1	32.3	220	
ADL					***（0.173）
能够完全自理	31.5	45.8	22.7	444	
不能完全自理	15.2	53.4	31.4	204	
IADL					***（0.174）
能够完全自理	32.1	46.2	21.7	405	
不能完全自理	16.9	51.4	31.7	243	
经济支持					NS（0.05）
有	26.5	48.7	24.8	596	
没有	25	42.3	32.7	52	
健康自评					***（0.352）
较差	15.8	45.1	39.1	215	
一般	19.1	58	22.9	262	
较好	50.9	36.8	12.3	171	
家庭养老方式					*（0.125）
老人完全自养	32.2	39	28.8	205	
传统家庭养老	23.7	52.4	23.9	443	

注：*** $P<0.001$　** $P<0.01$　* $P<0.05$　+ $P<0.1$　Ns 不显著。

数据来源："S 省农村地区养老方式变动及保障模式研究"调查问卷。

表4—17显示,文化程度、职业、婚姻状况、ADL、IADL以及健康自评对于老年人的经济状况有非常显著的影响。可能是这几个因素间接影响老年人是否可以继续参加有收入的生产劳动,从而决定老年人的经济状况。

性别和经济支持对于农村老年人的经济状况并未有显著的影响。一方面,对于性别这个因素影响不显著,说明老年人的经济状况不受性别影响。另一方面,对于经济支持因素的分析,认为在S省农村,老年人生活简朴、勤俭节约,花费较少,依靠自己的积蓄或者少部分的劳动所得已经可以支持日常生活花销,所以有没有经济支持对于老年人的经济状况影响不是很大。

年龄和养老方式对于老年人的经济状况相比其他因素有较显著的影响。50—60岁的老年人的经济状况要较好于60岁及以上的老年人的经济状况,可能是因为50—60岁的老年人大多还可以从事一些生产劳动获得报酬从而改善自己的经济状况。而传统家庭养老方式对于老年人经济状况的影响,可能主要依靠这个家庭自身的经济状况,主要取决于子女的经济状况。

2. 回归分析

将单因素交叉分析中的变量引入Ordinal Logistic回归分析,分析其与农村老年人经济状况之间的关系。老年人经济状况影响因素Ordinal Logistic回归分析见表4—18。

表4—18   老年人经济状况影响因素 Ordinal Logistic
回归分析表 (n = 648)

研究变量	经济状况	
	模型1	模型2
自变量		
ADL (不能完全自理)		
能够完全自理	− 0. 34NS	− 0. 162NS

续表

研究变量	经济状况	
	模型 1	模型 2
IADL（不能完全自理）		
能够完全自理	−4.39*	−0.35NS
控制变量		
性别（女）		
男		0.185NS
年龄（50—60岁）		
60岁及以上		−0.31NS
文化程度（没文化）		
有文化		−0.237NS
职业（农业）		
非农业		0.9***
婚姻状况（无配偶）		
有配偶		−0.365+
经济支持（没有）		
有		−0.84NS
健康自评（较差）		
较好		−1.611***
一般		−0.386*
家庭养老方式（传统养老）		
完全自养		0.367+
−2LL	43.879***	741.601***

注：*** $P<0.001$　** $P<0.01$　* $P<0.05$　+ $P<0.1$　NS 不显著。

数据来源："S省农村地区养老方式变动及保障模式研究"状况调查问卷。

在表4—18老年人经济状况影响因素 Ordinal Logistic 回归分析中，模型1仅选择 ADL 和 IADL 作为自变量引入模型，通过回归分析发现，这2个变量对于老年人经济状况的影响不显著，只有 IADL 对于经济状况有较显著的影响，这种变化可能是因为这2个变量与老年人的经济状况之间只是简单的线性相关关系，而并非

Logistic 相关。

模型 2 是在模型 1 的基础上，加入了性别、年龄、文化程度、职业、婚姻状况、经济支持、健康自评以及家庭养老方式等作为控制变量构建回归模型。从模型分析中可以看出，年龄、文化程度这几个变量对经济状况的影响由交叉分析中的显著影响变得不显著，说明这些变量和老年人的经济状况之间可能只是简单的线性相关关系，或者是它们之间的自相关性影响了老年人的经济状况。职业和健康自评这 2 个变量对于老年人的经济状况仍然有显著的影响，而婚姻状况和家庭养老方式对于老年人的经济状况影响较显著，这些结果和交叉分析得到的结果基本一致。

（五）代际支持状况

从家庭养老维度研究，代际支持的内容包括经济支持、生活照料和家庭内日常服务的互惠以及亲情、情感的沟通和慰藉，即一般所指的经济支持、生活照料和情感慰藉三个方面。其中，经济支持指老年人与子女之间提供的现金、衣物、食品等实物帮助；生活照料包括子女与老年父母之间提供的洗衣、做饭、打扫卫生等日常家务帮助和穿衣、喂饭、洗澡等日常生活起居照料；情感慰藉指老年人通过倾诉、谈心等交流行为获得的感情慰藉，是子女与老年人之间感情融洽程度的重要标志。情感慰藉是一个双向交流、代际互动的过程，既包括父母、长辈对子女、晚辈的情感支持，也包括子女、晚辈对父母、长辈的情感支持。

鉴于研究目的，问卷主要就子女对父母的代际支持进行了调查。已有研究表明，良好的代际支持有助于老年人的心理健康、生理健康、健康自评，提高老年人的生活满意度，进而提升老年人的养老质量。

生活照料、经济支持和情感支持构成了家庭代际支持的主要内容，问卷中通过设置三道题目来测量农村老年人养老质量中的代际支持状况。生活照料和情感支持调查设计了"经常、偶尔和从不"
3个选项，将三个选项均分为两个等级"有"和"没有"。便于统
计分析，经济支持调查只要子女给过父母钱款，无论数额多少，都
认为经济支持选项为"有"，否则为"无"。特别需要说明的是，
为了后期的深入研究，本书在前期问卷中针对子女对父母的代际支
持调研采取对老年人的每个子女逐一调查的方式，因此在前期的研
究中，为了有利于数据的汇总，在老年人的若干子女中，只要有至
少1个及以上子女提供了代际支持，即认定老年人的代际支持选项
为"有"，否则为"无"。老年人代际支持状况统计见表4—19。

表4—19　　　　　　老年人代际支持状况统计表（n＝648）

代际支持		百分比（%）	样本数（人）
经济支持	有	92.0	596
	没有	8.0	52
生活照料	有	96.1	623
	没有	3.9	25
情感支持	有	97.8	634
	没有	2.2	14

数据来源："S省农村地区养老方式变动及保障模式研究"调查问卷。

　　表4—19统计结果显示，S省农村老年人的代际支持状况总体
较好。92.0%的老年人（或其配偶）得到过子女给予的钱、食品或
其他物品；96.1%的老年人得到过子女在干农活或料理家务等方面
的帮助。高达97.8%的老年人得到过子女的情感支持，比如子女愿
意听其说自己的心事、想法、意见或困难等；可见，S省农村地区
尊老敬老传统美德传承较好，代际支持状况良好，老年人的家庭养
老质量从其子女中得到了较好的支持。

　　（六）代际支持状况影响因素分析

　　影响代际支持的因素主要是相互支持的老年人的状况和子女的

状况。前者如老年人婚姻状况、健康水平、文化程度等，后者如子女经济收入情况、文化程度、健康状况等。

1. 单因素交叉分析

结合问卷信息，选择性别、年龄、婚姻状况、文化程度、养老方式、生活自理能力、经济状况 7 个因素分析其对 S 省农村地区养老质量代际支持的影响情况。老年人代际支持在各种影响因素下的分布状况见表 4—20。

表 4—20 显示，年龄、性别、养老方式、ADL、IADL 对于代际支持中的经济支持具有显著性的影响。随着年龄的增加，农村老年人获得的经济支持也随之增多，60 岁及以上的老年人获得的经济支持多于 50—60 岁的老年人所得；女性获得的经济支持多于男性得到的经济支持；传统家庭养老的老年人比完全自养的老年人获得的经济支持多，这可能是因为完全自养的老年人大多是因为子女不在身边或没有子女，得到的经济支持相对比较少；而对于 ADL 和 IADL 而言，生活自理能力较好的老年人获得经济支持少于自理能力较差的老年人，这是因为后者需要更多的钱用来看病或者照顾自己。

婚姻状况、文化程度和老年人自身的经济状况对于老年人获得经济支持没有显著性的影响。针对多数农村老年人在 60 岁以后很少参与有收入的劳动现状，无论是其有无配偶或有无文化，对于其获得经济支持没有大的影响，可能只会影响到获得经济支持的多少，研究只是针对是否得到了经济支持，因此可能没有太大的影响。对于老年人自身的经济状况，不管是经济状况好的还是差的老年人，大多都会从子女那里得到经济支持，这反映了尊老爱幼的传统文化在农村养老中发挥着重要的作用。

对于代际支持中的生活照料，只有年龄这个因素有显著性的影响。60 岁及以上的老年人获得的生活照料要比 50—60 岁的老年人

表4—20 老年人代际支持在各种影响因素下的分布状况表（n=648）

影响因素	经济支持（%）		LR检验	生活照料（%）		LR检验	情感支持（%）		LR检验	样本数（人）
	有	没有		有	没有		有	没有		
性别										
男	87.9	12.1	***（0.163）	96.3	3.7	NS0.003	96.6	3.4	*0.092	356
女	96.9	3.1		96.2	3.8		99.3	0.7		292
年龄										
50—60岁	86.5	13.5	***（0.154）	95.5	4.5	***	98	2	Ns0.006	245
60岁及以上	95.3	4.7		96.8	3.2		97.8	2.2		403
婚姻状况										
有配偶	92.5	7.5	NS（0.028）	96.5	3.5	NS0.015	99.3	0.7	***0.139	428
无配偶	90.9	9.1		95.9	4.1		95	5		220
文化程度										
文盲	94.4	5.6	+（0.067）	96.6	3.4	Ns0.011	96.1	3.9	*0.087	233
有文化	90.6	9.4		96.1	3.9		98.8	1.2		415
养老方式										
完全自养	83.4	16.6	***（0.21）	95.1	4.9	NS0.042	95.6	4.4	**0.104	205
家庭养老	95.9	4.1		96.8	3.2		98.9	1.1		443
ADL										
能够完全自理	89.6	10.4	***（0.126）	96.6	3.4	NS0.025	97.5	2.5	*0.032	444

续表

影响因素	经济支持（%）		LR检验	生活照料（%）		LR检验	情感支持（%）		LR检验	样本数（人）
	有	没有		有	没有		有	没有		
IADL										
不能完全自理	97.1	2.9	**（0.111）	95.6	4.4	NS0.034	98.5	1.5	Ns0.049	204
能够完全自理	89.6	10.4		95.8	4.2		97.3	2.7		405
不能完全自理	95.9	4.1	NS（0.05）	97.1	2.9	Ns0.032	98.8	1.2	*0.111	243
经济状况										
较差	89.7	10.3		96.4	3.6		95.2	4.8		165
一般	92.9	7.1		96.8	3.2		98.4	1.6		312
较好	92.4	7.6		95.3	4.7		99.4	0.6		171

注：****$P<0.001$ **$P<0.01$ *$P<0.05$ +$P<0.1$ Ns不显著。

数据来源："S省农村地区养老方式变动及保障模式研究"调查问卷。

得到得多。而对于其他几个因素，不管是男性还是女性、生活能否自理、婚姻是否完整、经济状况是否良好以及有无文化等，大多数老年人都获得了子女提供的生活照料，这可能也是和年龄有关，随着年龄的增加，大多数子女对于老年人的照顾会逐渐增加，因此这些因素对于老年人的生活照料影响并不显著。

对于代际支持中的情感支持，表4—20中数据分析显示，婚姻状况和养老方式对于老年人获得的情感支持影响显著。一方面，对于婚姻完整的老年人，因为有配偶的照料，子女付出的情感支持可能会相对少一点，而对于婚姻状况不完整的老年人，子女会重点关心老年人的心理，因此会给予较多的情感支持；另一方面，传统家庭养老方式子女更方便给老年人提供较多的情感支持，而对于完全自养的老年人，子女一般不在身边，因此获得的情感支持会相对少一点。除此之外，性别、文化程度、ADL、经济状况对于老年人的情感支持影响也较为显著，可能与这些因素决定一个家庭的生活氛围有关。

2. 回归分析

将单因素交叉分析中的变量引入二元 Logistic 回归，分析其与农村老年人代际支持状况之间的关系。老年人代际支持影响因素 Logistic 回归分析见表4—21。

表4—21　老年人代际支持影响因素 Logistic 回归分析表（n = 648）

变量	经济支持	生活照料	情感慰藉
性别（女）			
男	1.461***	-0.035NS	2.008*
年龄（50—60 岁）			
60 岁及以上	-0.863**	-0.457NS	-0.227NS
婚姻状况（无配偶）			
有配偶	-1.444***	-0.325NS	-2.477***

变量	经济支持	生活照料	情感慰藉
文化程度（文盲）			
有文化	- 0.12Ns	- 0.029NS	- 1.444 +
养老方式（家庭养老）			
完全自养	1.057 **	0.464NS	1.737 *
ADL（不能完全自理）			
能完全自理	0.916NS	- 1.266 +	0.119NS
IADL（不能完全自理）			
能完全自理	0.245NS	0.967NS	0.929NS
经济状况（较差）			
一般	- 0.065NS	- 0.078NS	- 0.468NS
较好	- 0.325NS	0.305 NS	- 1.482 NS
-2LL	133.894 ***	116.178 ***	56.209 ***

注: *** $P<0.001$　　** $P<0.01$　　* $P<0.05$　　+ $P<0.1$　Ns 不显著。

数据来源:"S 省农村地区养老方式变动及保障模式研究"调查问卷。

表4—21 显示,性别、年龄、婚姻状况、养老方式对于老年人的经济支持有显著的影响,其中婚姻状况这一个因素是从交叉分析中的不显著影响变为显著影响,其他的都未发生明显改变。而 ADL 和 IADL 的显著影响变得不再显著,这可能是因为它们和老年人的经济支持之间只是简单的线性相关,而并非 Logistic 相关。

对于代际支持中的生活照料,发现变量的显著性影响都变得不再显著,可能是因为选择的变量之间存在较强的自相关性,因此影响了最终的结果。而对于代际支持中的情感支持,性别、婚姻状况、养老方式这三个变量对于老年人的情感支持有显著的影响,这和交叉分析中的结果是一致的。因此,女性比男性获得情感支持多,婚姻不完整的老年人比婚姻完整的老年人得到的情感支持多,传统家庭养老的老年人得到的情感支持要多于完全自养的老年人。

（七）养老精神生活状况

由于大量年轻劳动力不断外流，缺乏自理能力的农村留守老年人出现了生活和精神上的双重问题。农村老年人养老问题也成为社会亟待解决的问题。

改革开放以来，农村经济得到了极大的发展，农民收入不断增加，农村老年人物质生活得到了极大的改善，同时社会转型中，家庭结构的小型化、多元化以及农村空巢家庭的出现，农村老年人的精神生活问题突出，农村老年人自身对精神生活的需求也逐渐增强，因此老年人的精神生活质量已成为更多学者关注的问题。精神生活包括老年人的文化休闲娱乐活动和社会交往活动，精神生活质量直接影响着老年人的养老质量。

为了全面掌握老年人养老的精神生活质量，研究选取 2 个维度来设计问卷展开调查。通过调查老年人的休闲文化娱乐活动及主观生活满意度来反映其精神生活质量。老年人休闲文化生活现状与满意状况统计见表 4—22。

表 4—22　老年人休闲文化生活现状与满意状况统计表 （n = 648）

休闲文化生活现状与满意状况		百分比（%）	样本数（人）
看电视	有	91.2	591
	没有	8.8	57
打牌/麻将	有	39.4	255
	没有	60.6	393
串门聊天	有	82.3	533
	没有	17.7	115
琴棋书画	有	5.2	34
	没有	94.8	614
旅游	有	5.0	33
	没有	95.0	615
唱歌跳舞看戏	有	16.5	107

续表

休闲文化生活现状与满意状况		百分比（%）	样本数（人）
	没有	83.5	541
参加公益活动	有	5.6	36
	没有	94.4	612
没有什么娱乐，在家	有	45.0	292
	没有	55.0	356
平时锻炼身体	经常	8.2	53
	偶尔	22.4	145
	从不	69.4	450
生活满意度	非常满意	4.0	26
	满意	37.0	240
	一般	48.2	312
	不满意	10.2	66
	非常不满意	0.6	4

数据来源:"S省农村地区养老方式变动及保障模式研究"调查问卷。

表4—22显示，S省农村老年人的休闲生活总体比较单调，多数老年人休闲生活主要是看电视、串门聊天和打牌。55%的老年人基本没有娱乐活动。69.4%的老年人从来没有参加过慢跑、步行、登山、散步等城市老年人经常参加的锻炼活动，只有41%的老年人对自己现在的生活感到满意。

结合农村生活实际和调研情况，本书认为，农村老年人的社会交往状况是其精神生活状况的重要体现。社会交往是人们日常生活中的普遍行为和方式，是在一定的社会历史条件下，人与人之间进行物质、精神交流的社会活动。已有研究表明，良性的社会交往及和谐的人际关系可以促进社会的发展，积极健康的社会交往可以促进人们的身心健康。社会交往满足了人类的物质需求和精神需求，是人类特有的存在方式和活动方式。老年人在社会交往中得到满足不仅仅体现在文化、娱乐等精神需求方面，更体现在老年人的情感需求方面。良好的社会交往有助于减少老年人的孤独寂寞、抑郁或焦虑，丰富晚年生活。所以，社会交往状况是老年人精神生活的重要组成部分。

结合农村老年人养老生活实际，选取农村老年人的社会交往状况维度进行调查，试图从另一方面反映其精神生活质量。本研究通过调查老年人的交往频率来体现其社会交往状况。交往频率即交往活动是否频繁，问卷中通过题项"您现在经常到邻居家串门聊天，或出去和村里的人聊天吗？"来获取农村老年人社会交往的频率，分为"没有、有时、经常"3 类。老年人口社会交往状况统计见表4—23。

表4—23　　　　　　　老年人社会交往状况统计表（n＝648）

交往状况		分布百分比（％）	样本数（人）
交往频率	没有	10.6	69
	有时	42.9	278
	经常	46.5	301

数据来源："S 省农村地区养老方式变动及保障模式研究"调查问卷。

表4—23 老年人社会交往状况统计中频数统计分析表明，有10.6％的 S 省农村老年人几乎不出门，经常出去交往的老年人占调查样本的46.5％，说明 S 省老年人社会交往频率一般，农村老年人的社会交往状况有待改善。

（八）精神生活状况影响因素分析

1. 单因素交叉分析

结合农村生活实际和调研情况，本书认为，农村老年人的社会交往状况是其精神生活状况的重要体现。选取性别、年龄、文化程度、职业、婚姻、生活自理能力、经济、健康自评、养老方式、社区环境十个因素对社会交往状况的影响给予分析研究。老年人社会交往在各种影响因素下的分布状况见表4—24。

表4—24　　　　　老年人社会交往在各种影响因素下的
分布状况表（n=648）

影响因素	交往频率（%）			样本数（人）	LR 检验
	没有	有时	经常		
性别					+0.084
男	11.0	46.3	42.7	356	
女	10.3	38.7	51.0	292	
年龄					** 0.096
50—60 岁	6.9	46.1	47.0	245	
60 岁及以上	12.9	40.9	46.2	403	
文化程度					+0.088
文盲	14.2	39.9	45.9	233	
有文化	8.7	44.6	46.7	415	
主要职业					NS0.046
农业	11.7	42.5	45.8	419	
非农业	8.7	43.7	47.6	229	
婚姻状况					** 0.126
有配偶	7.9	43.0	49.1	428	
无配偶	15.9	42.7	41.4	220	
ADL					*** 0.283
能够完全自理	4.7	43.0	52.3	444	
不能完全自理	23.5	42.6	33.9	204	
IADL					*** 0.244
能够完全自理	5.2	41.7	53.1	405	
不能完全自理	19.8	44.9	35.3	243	
经济状况					*** 0.2
较差	18.8	49.1	32.1	165	
一般	9	41.0	50	312	
较好	5.8	40.4	53.8	171	
健康自评					*** 0.259
较差	21.9	42.8	35.3	215	
一般	5.3	42.8	51.9	262	

续表

影响因素	交往频率（%）			样本数（人）	LR 检验
	没有	有时	经常		
较好	4.7	43.3	52	171	
养老方式					* 0.111
完全自养	5.9	47.8	46.3	205	
家庭养老	12.9	40.6	46.5	443	
社区环境					
老年活动室					NS0.062
没有	11.8	41.8	46.4	467	
有	7.7	45.9	46.4	181	
敬老院					
没有	9.6	43.3	47.1	633	*** 0.209
有	53.3	26.7	20	15	
老年人宣传活动					NS0.065
没有	12.4	41.9	45.7	372	
有	8.3	44.2	47.5	276	

注：*** $P<0.001$　** $P<0.01$　* $P<0.05$　+ $P<0.1$　Ns不显著。

数据来源："S省农村地区养老方式变动及保障模式研究"调查问卷。

表4—24显示，年龄、婚姻状况、经济状况、ADL、IADL、健康自评、敬老院对于老年人的交往频率有显著的影响。60岁及以上的老年人相比50—60岁的老年人社会交往更少，这可能受老年人的健康状况和生理情况的影响；有配偶的老年人比没有配偶的老年人交往的频率高一点，经济状况较好的老年人参与社会交往的频率要高于经济状况一般的老年人；而对于ADL和IADL而言，生活能够完全自理的老年人比生活不能够完全自理的老年人参与的社会交往活动要多，这和老年人的生理情况是相符的；健康自评是老年人对自己健康状况的了解，在一定程度上可以反映老年人的健康状况，因此，它也是通过老年人的生理现状来影响老年人的交往频率；社区中有敬老院的老年人的交往频率要高于

社区中没有敬老院而在家养老的老年人的交往频率。

2. 回归分析

将单因素交叉分析中的变量分别引入 Ordinal Logistic 和二元 Logistic 回归分析,分析其与农村老年人精神生活即社会交往状况之间的关系。社会交往中的交往频率运用 Ordinal Logistic 回归分析。老年人社会交往影响因素回归分析见表4—25。

表4—25 显示,年龄、ADL、IADL、婚姻状况、健康自评、敬老院对于老年人交往频率仍然具有显著的影响,只是其中年龄和 IADL 的显著性有所下降,其他变量并未发生变化,这可能和加入的其他变量有关。在这些变量中 ADL 和敬老院对于老年人的交往频率影响较大,说明老年人的生活自理能力和周围的生活环境是影响老年人社会交往的主要因素。婚姻状况对于老年人的交往频率由交叉分析中的显著性影响变得不再显著,可能是因为婚姻状况对于老年人的交往频率存在线性的相关性而并非 Logistic 相关。而文化程度、职业、养老方式、社区环境中的老年活动室对于老年人的交往频率没有显著的影响。

表4—25 老年人社会交往影响因素回归分析表

变量	交往频率
性别（女）	
男	− 0. 294 +
年龄（50—60 岁）	
60 岁及以上	0. 458 *
文化程度（没有文化）	
有文化	− 0. 17NS
职业（非农业）	
农业	− 0. 16NS
婚姻状况（无配偶）	
有配偶	0. 135NS

续表

变量	交往频率
ADL（不能完全自理）	0.779 ***
能够完全自理	
IADL（不能完全自理）	0.551 *
能够完全自理	
经济状况（较差）	0.765 ***
较好	0.734 ***
一般	
健康自评（较差）	0.3NS
较好	0.458 +
一般	
养老方式（家庭养老）	0.064NS
完全自养	
社区环境	
老年活动室（没有）	− 0.06NS
有	
敬老院（没有）	− 2.675 ***
有	
−2LL	932.953 ***

注：*** $P < 0.001$ ** $P < 0.01$ * $P < 0.05$ + $P < 0.1$ Ns 不显著。

数据来源："S省农村地区养老方式变动及保障模式研究"状况调查问卷。

五 养老现状分析小结

调查结果显示，依靠与子女同住的家庭养老方式仍是 S 省农村现有的主要养老方式。S 省农村老年人家庭养老质量较低，其生活的社区环境、自然环境等支持状况不容乐观。S 省农村老年人对自己养老现状满意度较低。

2012 年 S 省农村老年人人均经济收入只有 2576 元，S 省农村地区自然环境受水资源不足、水质污染、大气污染影响比重相对较高。调查中有 79.1% 的村庄没有妇幼保健站，有文化活动室的村庄只占44.2%，有敬老院的村庄仅占2.3%，村子里有公共健身器材的仅占20.9%，有51.2%的村庄没有针对老年人的健康教育宣传活动。

在S省农村中，养儿防老依然是主流养老观念，居家养老仍被多数老年人认为是最好的养老方式，本次调查中，希望老年生活与子女一起居住的老年人占到了调查人口的58.5%，只有3.2%的老年人希望住养老院，而社会养老方式还有待于逐步被老年人接受。由于农村社会养老保险改革刚刚起步，多数农村老年人受文化程度、政策宣传等因素影响，对社会养老保险政策的了解较少，多数老年人仍希望有自己的储蓄和子女的供养来实现养老。虽然有近一半的老年人对新农保政策不太了解，但仍有39%的老年人对新农保政策持有信任。

养老质量评价指标之一——健康状况

生理健康方面，S省农村有31.64%的老年人日常生活不能完全自理。37.19%的老年人器械支持生活自理能力不完整。总的来看，S省农村老年人中日常生活自理能力（ADL）比器械支持生活自理能力（IADL）的完整性要好。慢性病中高血压、胃病、关节炎或风湿病发病比例较高。心理健康方面，S省农村老年人的心理健康质量整体水平一般，41.8%的老年人有时感到寂寞、绝望、焦虑、忧郁，48.1%的老年人对自己生活满意度评价一般。S省农村老年人的健康自评状况一般，认为自我健康状况较好的只有6.2%。统计回归分析表明，生理健康方面，年龄、健康自评和养老方式对于ADL和IADL的相关程度最高。完全自养的老年人生活自理能力较强，家庭养老的老人生活自理能力较差。健康自评和心理健康自评越好，生活自理能力越强。心理健康方面，长期的慢性病导致老年人的生理健康质量逐渐下降，随之老年人的心情会跟着变坏，孤独感增强；代际支持中的生活照料和经济支持对于孤独感影响均不显著，而情感支持对于孤独感却有显著性影响。健康自评方面，从来不进行社会交往的老年人对健康自评的影响比较显著，敬老院和老年人活动中心对于老年人的健康自评没有显著性影响，只有老年健康宣传活动对其产生了显著性影响。

养老质量评价指标之二——经济状况

调查数据显示 S 省农村老年人经济状况一般。2012 年农村老年人（及其配偶）平均收入为 7782.79 元，从其他渠道获得的物品、金钱等收入平均为 2331.63 元。只有 26.39% 的老年人认为自己经济状况较好，近一半老年人认为自己经济状况一般。一半的老年人养老主要靠个人收入及个人储蓄，仍有三分之一以上的老年人需要依靠子女、亲属的经济物质供给来支撑养老。而依靠政府、集体等组织供给养老的比例仅占 3.7%。统计回归分析表明，影响老年人经济状况的因素多种多样、非常复杂，文化程度、职业、婚姻状况、ADL、IADL 以及健康自评等因素对于老年人的经济状况也有非常显著的影响。年龄和养老方式对于老年人的经济状况显著性影响较弱。传统家庭养老方式对老年人经济状况的影响主要依靠家庭自身的经济状况，即取决于子女的经济状况。

养老质量评价指标之三——代际支持状况

S 省农村老年人的代际支持状况总体较好。92.0% 的老年人或其配偶得到过孩子们给予的生活费、食品或其他物品；96.1% 的老年人得到过子女在干农活或料理家务等方面的帮助。高达 97.8% 的老年人得到过子女的情感支持；可见，S 省农村地区养老传统文化环境较好，多数老年人的家庭养老质量从其子女中得到了较好的支持。统计回归分析表明，年龄、性别、养老方式、ADL、IADL 对于代际支持中的经济支持具有显著性的影响。随着年龄的增加，农村老年人获得的经济支持也随之增多，女性获得的经济支持高于男性；传统家庭养老的老年人比完全自养的老年人获得的经济支持多；而对于 ADL 和 IADL 而言，生活自理能力较好的老年人获得经济支持少于自理能力较差的老年人。婚姻状况、文化程度和老年人自身的经济状况对于老年人获得经济支持没有显著性的影响。结果显示，无论是经济状况好的还是差的老年人大多都会从子女那里得到经济支持，这反映了尊老爱幼的传统文化在养老中发挥着重要的作用。

代际支持中的生活照料，只有年龄对它有显著性的影响，60岁及以上的老年人获得的生活照料要比 50—60 岁的老年人得到得多。而对于其他的因素，无论是男性还是女性、生活能否自理、婚姻是否完整、经济状况是否良好以及有无文化等，大多数老年人都获得了子女提供的生活照料，随着年龄的增加，子女对于老年人的照顾会逐渐增加，因此无论其他一些因素怎样，大多数子女都会对老年人提供生活照料。

代际支持中的情感支持，婚姻状况和养老方式对老年人获得的情感支持有显著性的影响。一方面，婚姻完整的老年人，子女付出的情感支持可能相对会少一点，婚姻不完整的老年人，子女会重点关心老年人的心理，会给予较多的情感支持；另一方面，传统家庭养老方式中子女会给老年人提供较多的情感支持，完全自养的老年人从子女身上获得的情感支持会相对少一点。除此之外，性别、文化程度、ADL、经济状况对于老年人的情感支持影响不显著。

养老质量评价指标之四——精神生活状况

相对于 S 省农村老年人的代际支持状况，S 省农村老年人的精神生活质量不容乐观。多数农村老年人的休闲生活比较单调，55%的老年人基本没有娱乐活动。有娱乐活动的老年人也主要是看电视、串门聊天和打牌。69.4% 的农村老年人从来没有参加过诸如慢跑、步行、登山、散步等城市老人经常参加的锻炼活动。有 10.6%的农村老年人几乎不出门，经常出去交往的有 46.5%，说明 S 省农村老年人社会交往频率一般，只有41％的老年人对自己现在的生活感到满意。

统计回归分析表明，年龄、婚姻状况、经济状况、ADL、IADL、健康自评、社区有无敬老院对于老年人的交往频率有显著性的影响。60岁及以上的老年人相比50—60岁的老年人，其社会交往少；有配偶的老年人比没有配偶的老年人交往的频率高一点，经济状况较好的老年人参与社会交往的频率高于经济状况一般的老年人；而对于ADL和IADL而言，生活能够完全自理的老年人比生活不能够完全自理的老年人参与的社会交往活动更多；社区敬老院中的老年人交往频率要高于社区中没有敬老院而在家养老的老年人。文化程度、职业、养老方式、社区老年活动室对于老年人的交往频率无显著性的影响。

第二节　中国老年教育发展历程与现状分析

老年教育是教育养老实现的重要手段和途径。了解中国老年教育的发展历程和发展现状，有助于保障教育养老的制度设计立足于中国的老年教育国情，有助于教育养老的制度设计最大限度发挥老年教育的功能和价值。

一　老年教育发展历程分析

老年教育的思想在中国有着悠久的历史渊源，早在先秦与春秋战国时期就已经出现了老年教育的雏形，如"设庠养老"就是"老有所养、老有所学"的典型模式。老年人是过往历史的经历者，更是国家文明的先行者。为了研究教育养老，需要研究新中国成立后老年教育的发展历程。本研究将老年教育的发展分为以下三个阶段。

　　第一阶段:老年教育发展起步阶段——20 世纪 80 年代至 90 年代。20 世纪 80 年代,中国社会改革开放步伐加快。社会经济文化取得了较快发展,人民对受教育的渴望越来越强烈。1983 年中国第一所老年大学——山东省红十字会老年大学正式成立。之后,全国各地老年大学数量不断增加。1988 年,中国老年大学协会成立,标志着中国老年教育发展全面起步,老年教育迈入了一个新阶段。从 20 世纪 80 年代末到 90 年代近 10 年间,各地政府、企事业单位、科研院校等都加入到老年教育事业中,老年教育体系构建初具规模,老年教育参与人数不断增加,老年教育学校数量不断增加,到 90 年代初期,全国老年大学有 2000 多所,学员 20 多万人。

　　第二阶段:老年教育快速发展阶段——20 世纪 90 年代至 21 世纪初。20 世纪 90 年代初,老年教育受到政府的高度重视和大力支持,老年教育进入飞速发展阶段。首先是政策方面的推动,国家连续出台了一系列文件推动老年教育发展。1994 年,中央机关 10 个部委联合制定《中国老龄工作发展纲要 (1994—2000)》,提出"老年大学、老年学校是老年教育的重要形式,它应成为老年人实现老有所学、老有所为、老有所乐的重要场所。"1995 年,《中华人民共和国教育法》颁布实施,规定在全国"建立和完善终身教育体系"。这表明老年教育被纳入中国国民教育体系。1996 年《老年人权益保障法》规定:"老年人有继续接受教育的权利",并指出"国家发展老年教育,鼓励社会办好各类老年学校。各级人民政府对老年教育应当加强领导,统一规划。"截至 20 世纪末,中国的老年教育发展取得了前所未有的成绩,仅老年大学数量就达到了 17000 多所,老年人学习人数超过了 130 万人。随着老年人受教育程度的提升,老年人积极学习,参与社会,不断贡献自己的力量,为中国的老年教育注入了新生的活力,同时使中国的老年教育事业迈向了另一个春天。

第三阶段：老年教育发展与挑战并存阶段——21 世纪初至今。进入 21 世纪以来，人口老龄化不断加剧，老年教育与养老等问题日益突出。这一时期，一方面，老年教育不断向前迈进。老年教育的覆盖面和参与人数不断增加。全国老龄办发布的《2009 年度中国老龄事业发展统计公报》显示，中国老年教育事业迅速发展，截至 2009 年年底，全国各类老年大学、老年学校已有 40161 所。2005 年西藏建立老年大学，标志着中国老年教育已经普及全国，同时延伸到了中国港澳台等地区。老年学校规模的扩大也带来了教学手段的多样化，远程教育在老年教育的发展中起到了重要的推动作用。在老年教育研究理论方面，这一时期也积累了一定的研究成果。另一方面，老年教育的发展滞后于社会整体的发展，老年教育面临诸多困难和挑战。首先，老年教育现有资源、环境和条件等无法满足人民群众不断增加的老年教育需求。其次，老年教育难以应对人口老龄化带来的各种挑战。最后，老年教育在满足老年人养老精神文化需求，提高养老生活质量方面，其价值和作用无法充分发挥。

二　老年教育现状问题分析

（一）老年教育现状分析

近年来老年教育的发展速度突飞猛进，发展规模不断壮大，发展形式也逐渐多样化，老年教育成果丰硕。

老年教育在中国的教育体系中占据举足轻重的作用，其所涉及的学科范围已经和中国很多高校所设立的学科专业有了非常相似的契合度；各地老年教育借助现代网络和信息技术的发展，设立远程教育；同时结合自身的教育优势，立足于实践，大力发展具有老年教育特色的教育体系；专业规划老年教育的教材大纲和学习内容；加强对老年教育基础设备的改善；初步形成了省、地、社区老年教育网络①。老年大学和老年学校是中国老年教育中极具特色的教育模式。

老年大学是面向社会的非学历教育，目前多数老年大学由政府主导建立、实行宏观管理，老年大学针对不同的老年群体，开设不同的专业课程。丰富的老年教育资源和稳定的经费来源推动了老年大学教学的多元化和规模化。在发展老年教育的同时也丰富了老年人的精神文化生活。如组织文艺会演、书画大赛、体育竞技等以丰富老年人的生活，增加老年人的社会交往，陶冶养老生活情操。随着1983年第一所老年大学在山东的建立，老年教育发展速度如雨后春笋。值得关注的是，无论是学校还是学员的增长速度，乡村老年学校都远远大于城市老年大学。据相关统计资料表明，2008年12月与1993年3月相比较，老年大学数量省、地（市）两级增长565%，学校数量和学校学员的增长率分别为883%和565%，乡（镇）两级增长为1167%②。尽管如此，农村老年人的入学机会仍远远低于城市老年人，农村大部分老年人学习愿望强烈，需要政府和社会提供给他们更多的学习机会和条件。历年全国老年大学学校数与学员数统计见表4—26。

表4—26　　　　　　历年全国老年大学学校数与学员数统计表

年份	学校数（所）	学员数（人）	入学率（%）
2002	19309	1810000	1.37
2004	25060	2313600	1.69
2007	32697	3335039	2.32
2009	40161	4302365	2.59
2012	49289	5870000	3.03

数据来源：《中国城市老年教育研究》及各年老年事业发展统计数据整理。

---

① 上海老龄大学：《老年教育的实践与思考——上海老年大学论文集》，上海世界图书出版公司2010年版，第59页。

② 中国老年大学协会：《中国城市老年教育研究》，高等教育出版社2010年版。

老年学校和老年大学有质的区别，设立老年学校主要是满足老年人受教育和学习的需要。在街道、社区和乡村等建立的面向老年人的学校，大多以社区老年学校或者老年人活动中心为主要组织形式，多为街道社区或者乡镇有关部门主办。老年学校相对于老年大学经费来源少，资金有限，多数是聘请专业人才担任教师，定期上课。社区老年学校的教育水平还处于初级阶段，教育资源少且教育形式单一，各类教育设施均需改善。

（二）老年教育问题分析

1. 组织管理方面

中国老年教育组织管理可划分为四种形式：一是地方政府直接管理。二是由各地政府部门及其分管组织和下设机构的相关部门管理。三是由国家教育部门和地方教育机构管理。四是由地方企业或者是联办性质的学校管理。目前，全国有82%的老年大学由老干部局分管。对实施老年教育的机构进行统计，政府所占比例最高为49%，其次是教育行政管理部门，比例是15.6%，个人与社团比例均为9.8%①。说明政府部门仍是老年教育管理的主体，其他形式的社会力量则明显不足。

中国老年教育组织管理机构责任主体不明确，责权划分不清晰，导致名义上各部门都负责，实际上各部门都不负责的现状。再加上管理不善，统筹混乱，担责机制不健全，各种问题层出不穷。造成这一现状的原因主要是：现行立法中对老龄工作执法主体的表述不清，老龄工作机构设置不规范和不统一，导致老年教育在各地发展不均衡。现阶段政府对于老年教育的主体——"老年人"的权益保障，相关法律没有明确的规定，只是形式上的保障，具体的实施策略并没有落实到位。因此，这一规定十分含糊，模棱两可，造

---

① 秦希笛：《基于内容分析法对老年教育的政策法规解析》，《当代继续教育》2014年第8期。

成目前全国各地老龄工作机构设置混乱，有些地方老龄工作机构没有单设，而是和地方的一些部门机构合办，机构内部人员的配置存在很大的不均，员工关系没有理顺，这为各地开展老龄工作形成了巨大的阻碍。同时，老年教育作为社会公共教育事业，缺乏非政府组织，如民间公益团体、慈善团体等有效的参与，局限了老年教育的发展空间。而为数不多的民办老年教育机构也因资金保障不足等因素处境艰难。

2. 资金筹集方面

由于中国地方老年教育运行经费大都来源于政府部门的财政拨款，其他渠道筹资数额有限，无法满足老年教育的发展需求，有限的老年教育经费也只是针对老年教育的硬件建设。现阶段国民生产总值不断提高，人民的物质生活质量得到了很大的提高，但是政府对老年教育的经费投入不足，加之中国老年教育所需经费开支庞大，仅靠政府拨款不能从根本上解决问题。尤其是一些偏远的农村地区，老年教育的发展速度远不及城镇地区，完全跟不上现代老年教育发展的步伐。

3. 形式内容方面

调查结果显示，中国老年人在接受老年教育方面，多数以居家自学为基本形式，部分老年人选择参加社会组织或老年人自发组织的学习活动。还有少数老年人以旅游等其他形式来实现自我学习。总体来看，尽管老年教育形式多样化，但发展很不均衡。分析老年教育的载体，社区及附近公园开展的老年教育活动最为活跃。老年教育的场所和设施以运动场、公园、老年活动室最为普及，其他依次是老干部活动中心、图书馆和阅览室、老年大学、博物馆。分析使用利用率，公园、老年活动室、运动场地、老年大学的利用率较高。老干部活动中心、图书馆和博物馆等场所利用率较低，偶尔参加这些场馆活动的比例却相对较高①。老年教育虽然设有相关的学习课程，但是整体比较零散，缺乏系统性的职业指导。现有的老年教育课程安排已经不能满足老年人日益增长的精神文化需求。

4. 师资构成方面

就师资结构而言，中国的老年教育呈现下滑趋势。专业教师的缺乏使社区推销员往往成为老年教育的主力，他们主要以推销自己产品为目的，而教授知识只是其次；兼职教师对老年教育普遍不重视，以盈利为目的且自身所受的教育非常有限；老年人自发担任老师，往往其视野非常有限，而且因为各类杂务扰神，几乎没有敬业的可能。老年教育缺乏系统性和整体性，专业教师的素质不能较好地胜任老年教育职业。

（三）老年教育面临的挑战

目前，中国老年教育发展的形势并不乐观。首先，随着中国社会经济的飞速发展，人民生活水平不断提高，社会各项事业的发展突飞猛进，老年教育事业的发展并没有随着经济的快速发展而有质的变化，甚至还停留在最初阶段。老年教育资源比较匮乏，现有的教育资源远远不能满足老年教育的需求。其次，中国的人口基数大，人口年龄断层现象严重，人口老龄化问题突出导致现有老年教育资源远远跟不上老年教育的需求。随着人民物质生活水平的提高，老年人对精神文化生活需求迫切，在解决了吃穿住行等基本生活的基础上，物质需求已经不能满足老年人的日常生活，精神需求则会越来越强烈。特别是随着老龄化的加剧，逐渐退出工作岗位的城镇老年群体，他们的文化程度普遍较高，对养老精神文化需求更为迫切。

---

① 王英、谭琳：《赋权增能：中国老年教育的发展与反思》，《人口学刊》2011 年第 1 期。

第三节　中国教育养老实践雏形的范例分析

通过研究分析老年教育在中国 30 多年的发展变迁，特别是老年教育在全国各地实施的成功举措，发现老年教育的发展极大地推动了养老事业的发展，全面提高了老年人的养老生活质量。本研究试图通过整理国内老年教育促进教育养老发展的成功范例，来探寻老年教育如何与社会养老紧密结合，从而思考教育养老制度实施具体路径如何选择。从梳理文献中发现，各地实践中实施教育养老的主体涵盖了县级政府、社区街道、企业、志愿者、社区居民等不同个体或组织，因此，关于老年教育促进教育养老的成功范例分析，依据实施主体不同而分类展开研究。

一　成都：精神养老"3＋N"模式

（一）成都高新区芳草街道概况

中国第六次人口普查数据显示，成都高新区芳草街道 60 岁以上的老龄人口约 1.3 万，约占常住人口的 14%。辖区困难老年人 600 余名，面对这样一个庞大的老年人群，成都高新区芳草街道在养老助老服务体系构建中走出了一条特色之路。

当地政府以"全面建成小康社会"为目标，实施"文明和谐首善工程"，努力建设"宜业、宜居、宜人"的国际化现代化新城区。在此背景下，占地 3.89 平方公里的成都高新区芳草街道社区将改革焦点聚焦在了养老服务体系改革上。

（二）精神养老"3＋N"模式主要内容及成效

成都高新区芳草街道社区在已形成特色的芳草养老助老服务体系基础上，通过创新改革再前行，以家庭为单位，实行居家养老，对分散的社会资源和零散的社会组织实行有机重组，构建精神养老

"3＋N"模式。实现多位一体、互动合作，为辖区老年人提供全方位的配套服务，形成芳草街道可持续发展的养老助老新格局。

3＋N养老助老服务体系中，"3"即政策体系、载体建设、信息平台。在"政策体系"上，2015年，芳草街道《芳草街道困难及失能老人居家养老服务方案（暂行）》新政出台，从制度机制上构建起养老助老服务体系的政策基石；在"载体建设"上，芳草街道已形成一个助老中心、一个微型养老院、两个日间照料中心，一个"国字号"综合文化活动中心、一个芳草老年大学的养老助老硬件服务载体平台，养老社区覆盖率超过一半；在"信息平台"上，芳草街道探索构建全省首个基于"互联网＋"居家养老助老服务平台，这个"互联网＋"平台实现了养老助老服务数据化、流程化且可追溯，社区居家养老服务，只需要点击手机"下单"，服务便会自动"上门"。

3＋N养老助老服务体系中，"N"即多项助老服务，其核心则是以老年人需求民意指向为基础，以"老有所依"为基本原则，努力构建多元化，多渠道，多服务的老年教育体系；大力整合社会资源，合理配置教育资源；同时加大对老年教育的高层次认识，抓住老年教育发展的实质性问题，从其根本着手，促进中国养老体系更加完善。坚持从"老有所依"到"老有所乐"再到"老有所养"的发展历程，逐步实现中国养老的目标。

依照3＋N养老助老服务体系，芳草街道创建了"互联网＋"平台。该平台首先应用于辖区600余名困难及失能老年人的居家养老服务。一改以往困难老年人救助帮扶购买服务的方式，通过该平台，将政府购买服务投入转化为困难及失能老年人用户积分"电子币"，服务机构通过服务时长多寡和服务评分优劣获得相应"币值"。通过困难老年人料理"先服务、后打分、再兑付"的方式，实现政府购买服务的模式创新。

高新区芳草街道养老助老服务体系的深化创新，其成效一直备受各方关注和认同。创建的芳草街道养老助老服务提档升级的2.0版开创了全省先河，投用的"互联网＋"居家养老助老服务O2O平台，覆盖到辖区100%的60岁及以上低收入及80岁及以上失能老年人。社区居家养老服务，只需要点击手机"下单"，服务便会自动"上门"。打开芳草街道养老助老服务平台个人终端界面，送餐服务、修剪（趾）甲、室内保洁、物品整理、衣物洗涤……居家养老助老服务一应俱全。点击服务事项，系统自动连接到服务后台，确认时间，服务人员主动"上门"。每位老年人都有个人档案，家庭地址、联系电话、健康状况非常清晰。考虑到并不是每个老年人都会使用智能手机，平台设计的服务端口也是多元化的。"互联网＋"平台同时还设计了二维码钥匙扣、微信呼叫服务等方式，让辖区老年人轻松使用，钥匙扣设计还加入了贴心"防走失"功能，辖区老年人一旦迷路，扫描他们独有的二维码，即可确定他们的身份信息，并可与社区或紧急联系人取得联系。家住紫薇社区的王红雁老人，通过平台点击了"门窗清洁"选项，很快社会组织"紫薇花"工作人员就按响门铃，从下单到抵达，仅用了20分钟。家政服务通过平台端口上传服务图片、追溯服务时长、追踪服务获评指数，从而解决居家养老服务难监管、难溯源的"短板"之痛。

3＋N养老助老服务体系致力于构建芳草街道老年人精神共享家园，芳草"夕阳文化"百花齐放。2013年，高新区芳草街道"综合文化活动中心"就摘得"国字号"牌匾，跻身第五届全国服务农民、服务基层文化建设先进集体。从健身房、展览区、棋牌室、美丽芳草书画工作室，到图书阅览室、电子阅览室、绿色网络室、排练厅、器乐排练厅，再到面积达800平方米的室内羽毛球、篮球场等活动场所，这个总面积3200余平方米的文化交流平台，已成为芳草街道老年人"精神养老"的核心共享平台。

以老年人"老有所学、老有所乐"为核心主体,高新区芳草街道老年大学的投用和综合文化活动建设,成为当地老年教育平台的双翼。在"一体两翼"的平台下,通过设立芳草园区书画、摄影和武术等各类社会活动来促进当地老年教育事业的发展。成立芳草社区乒乓球协会、毛泽东诗词研究学会、"情暖百家"艺术团,社团间有机共融,形成"牵一发、动全身"的老年人"夕阳文化"资源共享池。

根据辖区老年人诉求,芳草老年大学已开设合唱、舞蹈、英语、养生、书法及绘画等课程,同时聘用专业教师,积极组建教师团队,对老年教育实行专业化的指导,力求打造富有发展潜力的老年教育人才。"家门口"的大学,让80多岁的向长秀婆婆成了一名"大学生",她在老年大学里学习绘画,师从成都市知名国画名家张重民老师。在张重民眼里,芳草老年大学将名师请到课堂的方式,其核心是整合了社会资源,通过"政府搭台、社会参与、老年人共享"的方式,让更多优势资源向老年人聚集,促成老年人"夕阳文化"百花齐放。

2015年,高新区芳草"情暖百家"艺术团创建的花甲合奏曲,放在网络视频上引来"追捧"热潮,甚至来自北海舰队的士兵们也来函,邀请共享改编的曲子同奏。这支器乐队队员都是辖区老年人,最初是2支队伍,70余人,现在则涵盖了声乐、舞蹈、合唱13支队伍,队员500多名,其平均年龄均在60岁以上。这支乐队的指挥是一位73岁的专业指挥家①。

(三)精神养老"3＋N"模式的启示

随着人口老龄化步伐加剧,居家养老已成为社会热点话题,老年人如何更好地"居家",政府服务如何更好地融入居家养老?老

---

① 缪晓琴:《3＋N构建芳草"精神养老"之基——高新区芳草街道探索打造从"老有所依"到"老有所乐"的养老助老服务2.0版》,《成都日报》2015年12月15日第5版。

年人服务理念和方式的创新,正在"倒逼"政府服务自加压力的改革创新。"互联网 + "居家养老助老服务平台的核心,是通过"互联网 + "技术应用,实现居家养老服务便捷化、标准化;同时,通过困难老年人购买服务的"先服务、后打分、再兑付"模式,倒逼、重塑政府服务模式创新。这种社区养老服务"政府搭台、社会参与、老年人共享"的方式,实现了养老服务"精准靶向、深度覆盖",极大丰富了老年人的精神文化生活,满足了不同老年人的养老服务需求,值得推广和借鉴。

二 绥德:"政府主导"文化养老模式

(一)绥德县概况

绥德县是历史上有名的文化之乡,有着极具地方特色的民间文化资源,作为革命老区,绥德县有着丰富的红色文化资源。绥德县老年人口接近 5 万,占总人口的 13.6% 。由于受地域文化的影响,当地老年人多是文艺爱好者,对于文化休闲活动具有非常浓厚的兴趣。在人口老龄化进程下,绥德县结合老年人的养老需求和当地丰厚的群众文化资源,积极探索文化养老,成效良好。

(二)"政府主导"文化养老模式实施的内容及成效

绥德县以老年文艺团队为依托,以基层老年活动室为平台,通过示范引导、重点培训、大范围推广,广泛开展老年文娱活动,实现老年人老有所为、老有所乐。通过文娱活动,老年人的精神面貌发生了很大变化,身体素质普遍加强,医药费用支出明显减少。

绥德县注重老年文艺团队的培育,发挥他们对老年文化娱乐活动的引领带头作用。2011 年,绥德县老龄办将 4 个老年文艺团队整合为"绥德县中老年群众文化艺术团"。该团有成员 60 余人,累计编排舞蹈、曲艺、小品、相声等节目 120 多个。在民间传统庙会、集贸市场和传统节假日,艺术团深入各乡镇、村巡回演出,同时该县组建了一支"金秋合唱团"，在固定的时间段内到不同的地方演出，对于丰富当地老年人的精神娱乐有非常积极的作用。

绥德县群众性的中老年文化娱乐团队快速发展，仅老年舞蹈队就有130多支。为了加快绥德县基层文化活动平台的建设，自2010年以来，该县累计投入100多万元用于老年福利服务设施建设，在不同的社区成立了近100个老年活动场所和270个老年活动协会，扩大了老年活动的规模，同时也调动了老年人参加社会活动的积极性。除了积极开展文娱活动，该县也注重开展书法、绘画、摄影等老年文化活动，满足不同老年人的爱好需求。

（三）"政府主导"文化养老模式的启示

公共养老服务是政府社会公共服务的主要内容，政府是公共服务的主体。正如绥德县老龄办负责人所言："养老不仅是生活的服务和照料，还包括老年人的精神文化需求满足，文化养老是养老生活的重要内容，也是中国破解人口老龄化的关键所在。"[1] 绥德县作为县级政府，因地制宜，发挥优势，构建符合地方特色和老年人需求的文化养老服务，所取得的成效无疑对地方政府养老服务改革具有积极的借鉴和启发意义。

三　山东："企业主导"文化养老模式

（一）山东兖矿集团企业概况

2014年年底，山东兖矿集团有离退休职工、遗属约4.35万人，其中离退休干部6591人，并且以每年2000人左右的速度递增。尽管兖矿集团获得"山东省老年大学示范学校"的荣誉称号，养老工作得到了兖矿集团的肯定和赞许，但集团离退休职工管理中心却有更高的追求目标，就是让老年人实现文化养老。在物质生活得到满

---

① 韩治鹏：《陕西绥德文化养老让夕阳更绚》，《中国老年报》2015年12月2日第2版。

足的情况下，不断整合利用社会资源，以多渠道、多形式、多元化为基准，丰富老年人的精神世界。提升他们对于精神健康的需求，同时传播传统文化，树立良好的社会道德风范，提升老年人精神文化生活品质。

（二）"企业主导"文化养老模式的内容及成效

以文化养老为目标，兖矿集团立足于实际，以矿区老年人的精神需求为基准，以促进养老精神健康为理念做了大量卓有成效的探索，努力使离退休老年人的晚年生活更加丰富多彩。

兖矿集团离退休职工管理中心为了给老年人营造一个温馨的养老环境，致力于养老载体"管理中心"的硬件建设，修缮后的兖矿集团离退休职工管理中心是一座有前后院落、中庭回廊的独立建筑，宽敞、安静、整洁，宛如一个温馨的家。这个"家"设施齐全，环境优美，在兖矿集团像这样的"家"还有 10 余处。

文化学习需要阵地，兖矿集团创办的老年大学顺势而为，成为兖矿"文化养老"的主阵地。学校坚持"增长知识、丰富生活、陶冶情操、促进健康、服务社会"的办学宗旨，基础设施不断完善，师资力量逐渐壮大，管理水平日益提高，老年教育的质量和专业化程度均有明显提高，老年教育事业整体向前迈进，走出了具有兖矿特色的老年教育之路。老年大学增设音乐、美术、摄影等不同课目 50 多个，新增班级 100 多个，在校学员近 4000人，已形成 1 所总校、9 所分校、2 个教学点的 3 级教育网络；学校实行校委会、学委会、班委会 3 级管理，教学管理日趋规范；以专业化的授课机制促进老年教育的质量，坚持学员、教师和学校三位一体的教学模式，教学成果显著。兖矿老年大学学员先后参加省、市及全国煤炭系统文体比赛并屡获佳绩。

帮助老年人选择科学有效的健身途径、培养健康向上的兴趣爱好，成为兖矿集团"文化养老"的一项重要内容。拥有健康的身体、阳光的心态，是老年人晚年幸福、快乐的根本。为此，兖矿集团准确把握时代脉搏，在文体活动的内容和形式上不断与时俱进。

在设计上，改变以往集中的、大型的、固定的活动模式，突出个性化，采取集中与分散、传统与创新"双结合"的方式，根据老年人的年龄阶段、爱好特长、文化素养、生活环境、健康状况等，按照活动项目分类分组。除每年固定组织矿区老年人进行乒乓球、门球、台球、太极拳、象棋、书画、歌舞等传统比赛项目外，还及时根据老年人的兴趣发展，不定期地组织空竹、健身秧歌、健身腰鼓、韵律操等小型比赛和展演活动。大小互补、繁简相衬的活动形式让老年人各取所需、各展所长、各得其乐，尽可能地参与到文体活动中来。

在组织上，坚持教学合一的新理念。加大对专业人员的专业化培训，由点到面，依次带动发展；阶段性组织展演和比赛活动，检验学练成果，边赛边学边提升。兖矿集团组织举办各类教练员、裁判员培训班共计 42 次，培养各类文体骨干 1200 余人，培养国家级教练员 240 余名、国家级裁判员 96 人。各类文体比赛、展演活动做到了长年不断线。"教、学、练、赛"一体化的运作，极大调动了老年人的参与热情，使兖矿集团文体工作水平得到了大幅度提升。2014 年山东省第三届老年人运动会上，兖矿集团参赛选手获得了 2 项团体金奖、1 项团体银奖、4 项个人金银铜奖。其中陈氏太极拳参赛共获得 4 个一等奖、5 个二等奖、6 个三等奖、1 个表演奖和 1 金 1 银 6 铜等多个奖项。

在发展上，注重"整分结合"，发挥各类老年团体、老年协会的辐射延伸作用。老年书画研究会、太极拳协会、票友会、摄影协会、象棋协会等都实现了规范运作。在引导各协会自我管理、自我完善、自我发展的基础上，积极帮助他们解决资金、场地、器材等困难，每年用于协会开展活动的资金不少于 50 万元，保证了协会工作的连续性、常效性，使协会充满生机和活力。2014 年 9 月，太极拳协会成功举办了首届太极论坛，将优秀作品收入《迈步太极》集册中，把矿区太极拳事业从实践层面提升到了理论与实践密切结合、相互促进的更高层面。

兖矿集团还充分利用老年人的自身优势，努力打造老年工作"六个老有"的核心目标，文化引领实现夕阳生辉。兖矿集团老年书画研究会在行业内外赫赫有名，拥有国内各级书画协会会员 950 余人。仅 2014 年，兖矿集团老年书法家协会就自办展览 84 次，展出作品 5000 余幅，参观者近 4 万人次；单位之间互办联展 20 次，展出作品近 1500 幅，参观者近 1.3 万人次；组织各种笔会 50 余次，参加创作近千人次，创作各类作品 4500 余件。

老年书画研究会还积极发挥政治、文化引领作用。每逢春节、七一、国庆、敬老日等节日，都要组织以歌颂党、歌颂祖国为主题的作品展，每逢五一劳动节、安全生产月，他们更是深入区队、车间、井口，向一线员工送祝福、送警示漫画、举办安全主题作品展，为安全敲警钟，为生产鼓足士气。

老年书画协会只是兖矿集团老年人社会活动的一个缩影。在兖矿离退休干部职工中，绝大多数退休职工仍情注企业，心系发展。退休干部张鸿林就是一位为老年人解决问题的专业户，同时他也参与了国家煤气化工项目研究。不远千里奔赴贵州、新疆等地，为工程技术人员讲授专业知识，诲人不倦，尽心尽责。退休干部赵启江是兖矿"公共道德模范"，不论左邻右舍谁有困难，都会伸出援助之手。他还十年如一日无微不至地照顾 80 多岁的独居老人葛福燕，就像对待自己的亲人一样……这正是"斜阳夕照红满天，两鬓白霜赋诗篇"。

（三）"企业主导"文化养老模式的启示

国有企业作为准政府组织，也是养老服务的重要责任主体，在政府行政管辖较远的地区，企业在自身发展条件许可的条件下，应肩负起提高企业退休职工养老生活质量的重任。实践证明，企业在实施文化养老时，由于企业社区养老的便利和同一企业工作的"业缘"感情，使得企业实施文化养老更有利于丰富老年人的精神生活，提升老年人的养老质量①。

四　深圳："九九学堂（社工＋义工）"养老模式

（一）深圳市坪地社区概况

深圳市是中国较早实施社会志愿者服务的城市。作为沿海开放城市和经济特区，深圳市经济文化较为发达，人口素质普遍较高，老年人对养老普遍有着更高的需求。深圳市社会志愿服务者真诚奉献，形成合力参与养老服务的模式，成为深圳市独有的养老服务特色。相比 2000 年中国第五次人口普查，深圳市坪地社区 65 岁及以上老年人所占比例上升了 0.5 个百分点。就深圳坪地社区的基础设施建设而言，仅各种不同类型的社会团体就有很多，而且还专门设有监管部门对其运行进行监督。除此之外，社区硬件设施的投入力度也非常大，有市级达标的运动场地和健身设备，为坪地社区老年人社会活动提供了便利。相对于社区物质生活条件的完备，社区老年人的精神活动略显单调。

深圳市在 2007 年设立了非营利性社会服务组织——"深圳龙祥社工服务中心"，并以当地的政府民政部门作为监管单位。中心服务范围比较广，主要有：青少年服务、残障服务、养老服务、低保服务等。坪地社区的社会服务中心"九九学堂"是在 20 世纪 90 年代初期成立的，其特色是志愿者以"社工"＋"义工"形式开展老年服务工作。

---

① 谢伟：《上海市社区老年教育研究——以宝山区为例》，硕士学位论文，华东师范大学，2012 年，第 26—40 页。

社会志愿服务工作者结合坪地的实际情况，积极了解老年人生活和精神所需，及时向政府部门和社工机构反映情况。社会志愿服务工作者努力扩大自身的服务范围，身兼多职，他们既是义工也是社工，以特色的服务模式赢得了坪地社区老年人的信任，为深圳市老年教育注入了新的活力，同时也推进了老年教育事业的发展。

（二）"九九学堂（社工＋义工）"养老模式的内容及成效

九九学堂的工作目标定位为使老年人充分体验到自身养老生活的精彩，通过让他们积极投身于社区的精神文明建设，使其能充分感受到亲切而乐足的养老氛围；强调要爱戴老人，鼓励老年人不断学习与时俱进，提升老年人的精神风貌，推动社区老年文化的健康发展。

九九学堂以推动社区整体文化健康发展为工作切入点开展养老服务。在为老年人提供社区服务的过程中，学堂工作人员总结出一套很有效的"实战"经验，包括针对不同的组类，开展针对性工作。为了加强老年人之间的联系和互动，成立"快乐无止境夕阳更迷人"沟通小组、"迎大运—长者英语"爱好小组、"欢乐诵诗"夕阳安康型小组。通过开展固定性的社工活动，调动学堂老年人的积极性，使其积极融入老年活动。如："整洁有序迎大运"的坪地社区宣传活动、"整洁有序迎大运"论坛开幕活动、"赞美我们的新中国"活动等。

（三）"九九学堂（社工＋义工）"养老模式的启示

不仅是社工人员，还有义务工作者，二者一起努力，壮大了老年服务者的队伍，提升了老年工作的服务水平。在经济文化较发达的地区，且志愿者服务管理较为完善的条件下，尝试社会工作者介入养老服务，是一种有益的尝试。社工人员开展老年工作，必须以自身的职业守则为基础，同时应具备较强的个人职业素养。首先要以人为本。社工人员提供服务，应以善良和真诚的心态去对待老年人。充分认识到老年人的"教育缺口",尽己所能加以"填补"。同时要体现公平,应对不同老年人"因材施教",以便能更加准确地为其服务。在老年人的需求具有趋同性的情况下,则应体现服务内容的普遍性。社区服务工作者进行老年人社会服务应当以老年人自身的意愿为前提,在履行自身服务义务的同时,要保证老年人自愿性。老年人拥有是否接受社工服务的选择权,社会工作者要以服务老年人的自身需求为基准点,再根据具体情况制定相关的服务策略,以此设定方案并予以实施,才能得到较佳的效果①。

五 上海:"绿主妇老年工作室"养老模式

（一）上海梅陇三村居民区概况

20 世纪 90 年代,上海梅陇三村居民区常住人口有 6500 余人,辖区内大多数人口为动迁安置户。小区的特点呈现"三多":楼房结构复杂户型多,人口密集且众多,困难人群多。大多住户的文化素质普遍偏低。早期梅陇三村有一个由 5 名干部组成的居委会,之后成立了"绿主妇老年工作室"。

"绿主妇老年工作室"于 2011 年正式成立,是由上海的"环保达人"姜玫瑰以及梅陇三村的一些妇女发起,其人员加上姜玫瑰一共为 10 人,这些人全部是已退休的妇女。工作室根据不同的工作内容和职责设立"凌云街道绿主妇环境保护指导中心"和"绿主妇议事会"。指导中心的主要职责是通过宣传环保知识以及组织一些环保活动,使居民拥有良好的环保意识,让人们能够自觉对环境进行保护。议事会的具体工作是对社区的一些事务进行自治管理。

"绿主妇老年工作室"活动的设计:怎样吸引社区的老年人加

---

① 王雯:《社会工作介入社区老年教育模式的实践与探析——对深圳市坪地社区九九学堂（社工＋义工）模式的再思考》,硕士学位论文,郑州大学,2012 年,第 9—11 页。

入社区建设，参与"绿主妇"相关活动，并使老年人对工作室产生信任和依赖，逐步让他们改变一些不好的生活习惯，自觉进行环保，"绿主妇老年工作室"从老年人的自身身体状况以及平时习惯出发设计工作室活动。

（二）"绿主妇老年工作室"养老模式的内容及成效

举办环保讲座

就像"绿主妇"的名字一样，工作室的主妇们从环保入手，由此逐步开展系列老年活动。如何让更多的老年人加入环保这个行列里，首先是理念转变，"绿主妇工作室"先从党员干部进行宣传，通过党员干部进行层层传递，使居民明白环保是非常重要的事，是对全人类有益的事，只有理念转变了才能更好行动。工作室组织成员认真准备宣讲资料和内容，宣传演讲主要由创始人姜玫瑰担当。通过组织会议和讲座，老年人了解到了环保的重要性，知道如果不及时对环境进行保护会带来巨大的后果，同时给老年人讲授垃圾的具体分类，并且在会议的现场，演示怎样才能把垃圾给予减量，让老年人能够自觉地实施垃圾分类。"绿主妇"刚开始成立的时候，每周三都要举行相应讲座，以此来扩大人数，以便让更多志同道合的人加入，这为后来所进行的相关活动提供了人数上的保障。

开展垃圾减量回收活动

在大多数老年人对环保和垃圾分类有了相关的了解之后，工作室就开展了系列垃圾减量活动。2011年6月，"绿主妇工作室"举行了第一次塑料袋以及相关物品的回收活动，在这次活动过程中，有42人加入活动，仅塑料袋就回收了10.35千克。从回收塑料袋活动之后，梅陇三村住户养成了一种生活习惯，每个月的第四周的星期四确定为塑料袋以及其相关物品的回收活动日。通过"绿主妇工作室"针对所有住户的回收情况进行调查、管理等一系列活动，用了350多天，该工作室就动员了300位左右住户参与"垃圾分类回收日"活动。同时"绿主妇"通过多种形式对居民进行"垃圾分类"宣传指导，居民们的参与度日渐高涨。

2012 年 5 月，"绿主妇"和北京地球村环境教育中心就垃圾减量和垃圾回收等工作签订了相关的协议，同时也制定了相关的制度保证协议完成，并且把每月的 28 日定为垃圾回收日，每到 28 日，"绿主妇"所有成员都要参与垃圾回收工作，同时"绿主妇"还运用了"零废弃回收卡"以此来对每家每户的垃圾回收状况进行记录。"绿主妇"由起初的每个月回收可用垃圾几十公斤，到现在能每月回收几百公斤，一年就可以减少垃圾几千公斤。经过工作室成员不断推广，参与"绿主妇"的成员目前已经有 400 余人。不仅达到了工作室的初期目标，而且对保护环境起到了积极的促进作用。

利用回收的可利用物品，"绿主妇工作室"组织居民制作各种工艺品，和以前的打牌、下棋之类的活动相比较，人们用回收的可利用物品做出工艺品更有意义，有价值。最为重要的是，其活动提供给老年人一个可以相互沟通，相互交流的场所，居民对社区的归属感也不断增强。

成立"绿主妇议事会"

"绿主妇"所进行的环境保护工作为其树立了良好的公众形象，工作中吸引了更多的老年人为社区服务。这些志愿者老年人随着活动的参与，知识的积累，工作能力也越来越强，为后续小区的管理带来了极大的帮助。随着"绿主妇"社区影响力越来越大，当社区居民遇到不容易解决的事，大家也慢慢地向"绿主妇"寻求帮助。

当该小区街道的拓宽由于某些阻力而无法进行时，有不少居民便与"绿主妇"展开了相关事项合作，"绿主妇"对居民意见以及看法进行了调查，在居委会的支持下，"绿主妇议事会"自此成立，党组织以及相关的组织负责监督管理，并在居委会建立了专门的工作室。工作室成员由"绿主妇"中的 8 名骨干加上居委会工作人员组成。

事件回放一：他们在工作中发现，私家车越来越多，小区内经常出现车把绿化带及一些公共设施破坏的现象，同时也对人们的安全造成危害。经过商议，并取得居委会等相关部门的同意，工作室提出对马路进行改造的建议。首先，工作室向居民征求意见，反映最为强烈的是7号楼附近的一片绿化地，如果把这片绿化地打通，这片小区就可以与主干道相通，会对这片小区交通和消防安全带来较大便利。在掌握相关信息后，"绿主妇"就对住在7号楼周围的居民进行逐个调查、拜访、宣讲和疏导，让居民了解到道路拓宽的重要性以及给居民带来的便利，在"绿主妇"的努力之下，大家都同意了对道路拓宽，这一问题得到了顺利解决。

事件回放二：2011年年底"绿主妇"们工作闲谈时，其中一位说她准备在过新年时送她婆婆一件羽绒服，这样并不起眼的一句话，便让其工作室的人们想到了对老年人的关爱。经过大家一段时间的研究后决定，成员出钱或出力，同时经过宣传，邀请同样有爱心的人士加入，在三十天的时间里，工作室的成员在闲暇的时候编织了几十套帽子手套，在2012年春节来临之际，"绿主妇"举办了"迎新年团拜会"活动，把帽子手套送给了参与这次活动的几十位年过八十的老年人，并且对老人们送上最真挚的祝福。

组织"家庭一平米小菜园"活动

为了让工作室的工作更加有意义，让小区老年人能够在更好的环境中学习，工作室组织了"家庭一平米小菜园"活动，这项活动具有"四个一"特点。一是把活动建设成"一门开放多元的种植体验课程"，活动中对一些植物种植进行研究；二是形成"一个由居民自己组成的学习共同体"，因为大家都有同样的喜好，小区上百人组建了一支种植队伍，其中一个小组10户人，同时每组安排2位担任技术指导的志愿者；三是撰写"一份体验种植过程的日记",要求所有参加这一活动的人写出一个植物的成长过程,无论是写还是画,拍照还是摄影都可以;四是组织"一次别开生面的学习成果分享会",把参与这次活动人员的相应作品放在小区内进行展示,志愿者和工作室骨干参与整个活动的服务管理。

为了让这项活动更好地开展下去,工作室还在上海妇女联合会申请了 4 万元的资金资助,成为妇女联合会的一个公益项目,以此加快"一平米小菜园"项目持续开展。因为没有更多的资金来源,工作室考虑怎样才能用最少的钱来办更大的事,"绿主妇"们运用项目与项目对接的办法,把"零废弃回收卡"的功效发挥到最大,让垃圾回收做得好的家庭参与到"菜园"活动当中以此来作为奖励,这样做不仅可以让居民更加愿意参加环保工作,同时也能够让人们对"菜园"更加感兴趣。尤其是社区老年人不仅是积极的垃圾回收者,也是"菜园"活动的最好参与者。现实中,还有一些商品赞助也全部用于活动中。例如,北京地球村对接的一家电子温度计制造商对工作室捐赠了 100 支电子温度计,"绿主妇"依旧用"回收卡"作为一个标尺,垃圾回收做得好的前 100 名居民可以用自家的汞液温度计换取 1 支电子温度计,这样不仅一举两得,还能让更多的居民积极参与到环保的队伍中来,公益活动价值得到实现①。

(三)"绿主妇老年工作室"养老模式的启示

"绿主妇老年工作室"从起名到工作室老年服务活动的设计、实施,均由社区居民自主管理,自主实施。"绿主妇老年工作室"成功的最大启示在于,养老服务中应积极发掘服务资源潜力,发动老年人积极参与。"绿主妇老年工作室"成功实施的第二个启示是,只有深入实际,开展调研,了解现状,才能设计出符合老年人需求

---

① 万莉丽:《在社区中开展老年教育模式的研究——以"绿主妇"老年工作室为例》,硕士学位论文,上海师范大学,2013 年,第 10—19 页。

的养老服务产品。老年人不同养老需求下，养老服务应实现个性化发展。各地应因地制宜，科学研判养老实际，使养老服务能真正有效地促进老年人养老质量的提高。

六　上海:"老年读书会"养老模式

(一) 上海 X 区 Y 街道概况

Y 街道位于上海市 X 区中心位置，Y 街道下属 23 个居委会，面积不到 4 平方公里，2012 年该街道常住人口约 8.5 万人，其中 60 岁及以上的老年人有 1.6 万余人，占总人口的近五分之一，老龄化逐年呈上升的趋势。该街道人口稠密，资源有限，人口环境特征在上海具有一定的典型性。在老龄化比例高，老年人活动空间狭小的环境下，怎样使老年人过上幸福安康的养老生活，Y 街道开展了老年读书会养老模式的有益探索。

在充分调研基础上，街道社会发展科牵头成立老年读书会。社会发展科日常职能主要是促进街道的社会发展和文化教育。社会发展科下属 2 个文化中心，一个是西文化中心，为街道政府投资过万元改造重建的社区文化中心，文化中心配备有基本的办公硬件设施，爱看书报的老年人经常聚集在这里。此外，社会发展科还不定时地在社区文化中心组织社区群众文艺会演，放映热播电影等，并邀请心理医生为社区居民提供免费心理咨询服务。西文化中心定位为老年人休闲养老场所。另一个是东文化中心，街道的图书馆、社区老年学院教学点，均位于东文化中心。东文化中心定位为老年人的学习读书场所。随着政府对社区投入的加大，两年时间里，社区不断修缮两大文化中心，满足了社区居民基本的精神文化需求，为社区老年人养老提供了良好的物质环境条件。社区老年学院下设社区老年教育部，主要负责推动该社区街道老年人文化与教育等各项工作。软、硬件设施的齐全配备，加之政府的大力投入和高度重视，短期内，该社区街道的老年教育与文化工作就走在了前列，这也为街道老年读书会的成立打下了坚实的基础。

（二）"老年读书会"养老模式的内容及成效

老年读书会的创立：

随着 Y 街道图书馆及社区活动中心的增多，在社区老年人的呼声下，社区街道图书馆向街道政府提议成立"老年读书会"。1996年 4 月"晚晴读书会"在社区政府的大力支持下正式注册成立。该读书会位于街道图书馆内，是街道第一个老年读书会。"晚晴读书会"取名即意味着老年人寄读书会而希望有一个美好的晚年生活。读书会为老年人读书交流提供平台，坚持"老有所学、老有所乐、老有所为"的宗旨，鼓励老年人学为所用，将所学回馈社会，实现自身价值。"晚晴读书会"自成立到 2016 年年底，共组织各类老年读书活动 300 余场，仅读书讨论就有 100 多个专题，参加活动的社区街道老年人累计达到上万人次。"晚晴读书会"的发展壮大，辐射影响了一批新的社区读书会的诞生和发展，社区的文化读书活动因老年读书会而丰富多彩，蓬勃发展。截至 2012 年年底，社区有老年读书会 40 余个，社区下属 23 个居民区内，区区均有读书会，全年经常参加老年读书会的老年人达上千人，形成了自身的特色养老模式，产生了很大的社会影响。

老年读书会的类型：

分析 X 社区 Y 街道 40 余个社区老年读书会组织及运行模式，主要分为以下几种类型：第一类，社区老年读书会以社区名称命名：如"水霞读书会""仙逸读书会"等。40 余个社区老年读书会近 80% 都是这种类型，其模式是在社区老年读书会内下设 2—4 个读书小组，如水霞读书会下设"水霞第一读书会小组""水霞第二读书会小组"。第二类，社区老年读书会主要面向特殊群体，如"华侨读书会""残疾人读书会"，这类读书会多是自发组织，读书会的活动和形式较为零散,其不属于街道社会发展科职能管辖,往往是由相应的归口部门引导和扶助,如"残疾人读书会"即由 X 区民政部门管理和帮扶。第三类的社区老年读书会相比较前两类读书会,更有文化寓意的同时,承担了更多引领核心价值观的社会责任。这类读书会的名称也更彰显个性,如"阳光读书会""晚晴读书会"等均属于这类读书会。

尽管依据不同社区、会员特征、特殊内涵等不同,X 社区 Y 街道社区老年读书会形式多种多样,读书会起名也各有不同,但在读书会具体开展活动中,各读书会之间的辨识度仍然有待提高,读书会之间从本质上差异并不太大,它们的区别体现于各自侧重点不同而形成不同的特色和价值。

老年读书会的活动内容:

总体来看,X 社区 Y 街道老年读书会读书活动形式多样,以老年人喜闻乐见的报告讲座、趣味知识问答、老年征文比赛、学习讨论热点问题等形式为主。老年读书会学习的内容也涵盖了陶冶生活、技能培养、兴趣发展等诸多领域。既有如"两会"精神、经济走向、文化强国、大国关系、国际风云等社会热点话题,又有慢性病防治、养生健康、养老照料等老年人普遍关心的养老健康话题,还有书法绘画、旅游参观、奥运比赛、社区发展等反映老年人多种兴趣爱好的话题。社区老年读书会的活动内容依此分为时政板块、文化板块、社区板块和老年生活板块 4 个板块。

老年读书会的成效:

X 社区 Y 街道老年读书会成立于 20 世纪 90 年代,20 多年来,随着社会变迁、老年人生活方式、养老需求的变化而不断变革,至今已成为该街道众多社区社会组织中的一个标杆,成为百花丛中的"一枝独秀",特色强劲的发展势头对社区老年人乃至社区全体居民生活产生了积极深远的影响。有了读书会的活动,社区社会治安、邻里关系、文化氛围得到全面提升，社区老年读书会已成为 X 社区的一面文化旗帜，成为社区居民的精神乐园①。

（三）"老年读书会"养老模式的启示

X 社区 Y 街道老年读书会位于经济发达的上海市中心，反映了城市老年人高质量养老的精神文化生活。社区学院的成立及职能履行，为教育养老如何与社区养老有效融合提供了路径借鉴。

X 社区 Y 街道老年读书会实施的成功经验。首先，政府作为主体，有序的指导和扶助，给予资金、场地等大力投入，对于老年读书会的长足发展起着关键性的作用。X 社区 Y 街道老年读书会运行中，社区政府、街道居委会、读书会组织管理成员（尤其是负责人）对读书会的发展起到了积极的推动作用。尽管各国政府都在积极探讨多元化的养老主体，但是政府作为养老公共服务的主体和养老政策制定和实施的主体，是多数学者较为认可的主流观点。读书会的成功实施验证了教育养老实施的可行性和价值性。政府作为教育养老的主体，有利于促进教育养老模式的稳定长效实施。

其次，政府主导，多元化的参与主体是读书会实施的重要保障。老龄化加剧，养老责任由政府单一承担已越来越不具备现实性。老年读书会的成功印证了"政府、社区、读书会"三位一体管理模式的可行性。社区老年读书会与政府、居委会是一种相互合作，共存共赢的共生关系。在政府职能转变中，社区老年读书会间接承担着部分行政化的政府公共服务职能。老年读书会承担着管理社区居民和服务社区居民的双重职能。社区老年读书会从组织功能、运行机制乃至服务宗旨上是对社区管理中政府职能的有效补充和发展。

再次，老年读书会为老年教育的发展提供了新思路，为老年教

①　曾莉婵：《社区老年教育中的读书会研究》，硕士学位论文，华东师范大学，2013 年。

育的目标选择指明了方向。社区老年读书会是老年教育的全新载体，社区老年读书会非强制性、自愿参与的特色发展为老年教育如何创新提供了积极的借鉴与启示，也为政府如何实施公共教育养老服务提供了模式上的积极借鉴。

最后，社区老年读书会之所以能长足发展，取决于其成立之初的服务老年人理念，提升老年人养老精神生活质量的清晰目标定位。X社区Y街道老年读书会之所以对社区老年人有着强大且持久的吸引力，主要源于其强大的内生动力——即满足社区老年人的人际交往需求、尊重需要、自我实现等精神需求，这也引发了对新时期中国老年教育如何发展，如何定位的深入思考，促使老年教育从理论体系到实践路径实施全面的变革。

第 五 章

中国教育养老的制度设计

中国人口老龄化问题不仅是人口年龄结构的老化，还是人口老龄化与经济、社会、文化等发展表现出的种种不适应的总和。人口老龄化背景下2亿多中国老年人的养老问题已引起政府和全社会的普遍关注。以往学界大多视养老问题为社会问题，从管理学、社会学等学科视角探求社会养老政策的完善。本书发现老年教育具有促进养老质量改善的重要功能，提出实施教育养老的新思路，从而破解养老精神生活困境。教育养老制度的设计是教育养老实施的核心。本章将围绕教育养老制度如何设计展开讨论。

第一节　教育养老制度设计的政策渊源

教育养老制度设计不是无源之水，促进和发展老年教育是教育养老制度设计的主要内容。梳理老年教育政策发现，"重视和发展老年教育"的认识和政策在现行教育政策体系和老龄政策体系中均有体现。显然，老年教育在现行政策中已被认为具有双重价值和功能，即老年教育的发展既能推动教育的发展，又能促进人口老龄化问题的解决。

一　老龄政策中重视老年教育

梳理国内老龄政策法规体系，发现其对老年教育日益重视，老龄政策中涉及的老年教育政策主要包括国家立法和政府法规。

（一）国家立法

1996 年，全国人大通过了《中华人民共和国老年人权益保障法》。该法第三十一条规定："老年人有继续受教育的权利"，标志着中国的老年教育有了法律保障。2012 年底《老年人权益保障法》的修订和实施针对老年教育做出了进一步的法律保障。明确了老年教育在自身保障、服务、政策优待和区域环境等各项社会事业方面所应享受的权利，为中国老年教育事业的发展提供了立法支持，成为其前进的动力之源。

2013 年新修订的《老年人权益保障法》高度重视老年教育。第七十条规定："老年人有继续受教育的权利。国家发展老年教育，把老年教育纳入终身教育体系，鼓励社会办好各类老年学校。各级人民政府对老年教育应当加强领导、统一规划、加大投入。"第七十一条规定："国家和社会采取措施，开展适合老年人的群众性文化、体育、娱乐活动，丰富老年人的精神文化生活。"

《老年人权益保障法》同时重视和鼓励老年人的社会参与。第六十五条规定："国家和社会应当重视、珍惜老年人的知识、技能、经验和优良品德，发挥老年人的专长和作用，保障老年人参与经济、政治、文化和社会生活。"第六十六条规定："老年人可以通过群体组织，开展有益身心健康的活动。"第六十八条规定："国家为老年人参与社会发展创造条件。根据社会需要和可能，鼓励老年人在自愿和量力的情况下，从事下列活动：（一）对青少年和儿童进行社会主义、爱国主义、集体主义和艰苦奋斗等优良传统教育；（二）传授文化和科技知识；（三）提供咨询服务；（四）依法参与科技开发和应用；（五）依法从事经营和生产活动；（六）参加志愿服务、兴办社会公益事业；（七）参与维护社会治安、协助调解民间纠纷。"

（二）政府法规

从政府层面梳理老年教育政策，需要找准行政体制中负责老年工作的主要政府机构。全国老龄工作委员会办公室经党中央、国务院批准成立，主要职能有：研究提出全国老龄工作发展的方针、政策和规划，拟订实施办法；督促、检查全国老龄工作委员会决定事项在有关部门和各地的落实情况并综合上报；开展调查研究，收集、整理老龄工作的有关情况和信息，总结推广先进经验。因此，选择全国老龄工作委员会办公室关于老年教育的政策法规作为分析对象，具有权威性与全面性。

中国老年教育的政策法规最早颁布于 1988 年，其相关内容有 61 条。以全国老龄工作委员会的调查原始数据作为基础，采取抽样分析，以其部分数据作为研究对象，发现 2011—2013 年中国老年教育政策的颁布频率，从后往前分别占到了 21.3%、19.6% 和 14.7%，而之前的年份都低于 7%。从中国老年教育所占比例分析，除了中国港澳台地区，山东省和江苏省老年教育所占的人口比例最高，分别占到了 14.7% 和 18%，而其他省份老年教育人口所占比例不到 5%。由此可见，中国老年教育起步晚，发展的时间短。以江苏省和山东省老年教育为例，老年教育政策可分为：（1）老年教育的作用；（2）老年教育的规模及教学内容；（3）老年教育的宏观统筹。老年教育实施内容包括老年教育机构及其教学规模的扩大、具体教育策略的实施、相关教育科目的规划、老年教育基础设施建设等。

梳理全国老龄工作委员会颁布的老年教育政策文件，核心内容主要有：1984 年提出并确立了以"老有所学"为老年教育核心的五个"老有"工作目标。20世纪末期,结合中国老年教育发展的实际情况在原来五个"老有"的基础上添加"老有所教",确定了六个"老有",并以此作为中国老龄工作委员会工作的核心目标。明确以"老有所养"作为六个"老有"的核心思想,其他"五个老有"必须以此为发展前提和基础。2002年十六大明确提出"形成全民学习、终身学习的学习型社会",要求"构建终身教育体系",强调"全面推进素质教育""促进人的全面发展",为老年教育提供了新方向。2013年,全国老龄工作第15次全会上明确提出"大力推动老年人社会参与"、"深入开展老年教育",强调老年人在经验、知识、技能方面具有独特的优势,是全社会的宝贵财富,是经济社会发展可以依靠的重要力量。会议要求牢固树立积极老龄化理念,完善体制机制和相关政策措施,保障老年人参与经济、政治、文化和社会生活。会议要求高度重视深入开展老年教育,支持社会办好各类老年学校和老年课堂,鼓励老年人接受多种形式的继续教育,学习专业知识技能,为参与社会、融入社会创造良好条件。

随着中国立法的不断完善,国家与各地《老龄事业发展"十三五"规划》相继出台并实施,落实《老年人权益保障法》,各地制定了《老年人保护条例》,老年人受教育的权利不断得到重视和加强。

二 教育政策中重视老年教育

梳理中国教育政策法规体系,重视老年教育被明确提出。1999年6月,中共中央、国务院在《关于深化教育改革,全面推进素质教育的决定》中明确提出了"实施素质教育应当贯穿于幼儿教育、中小学教育、职业教育、成人教育、高等教育等",其中也包含老年教育。2010年7月8日,中共中央、国务院印发的《国家中长期教育改革和发展规划纲要（2010—2020）》把老年教育纳入其中，明确要求各级党委和政府要"重视老年教育"。虽只有 6 个字，但意义深远，是中国老年教育史上一个崭新的里程碑，充分体现了党和国家对发展老年教育事业的重视。从此，中国老年教育从国家教育制度层面进入了一个新的发展阶段。2012 年 11 月，《中国共产党第十八次全国代表大会》明确提出："要努力办好人民满意的教育；积极发展继续教育，完善终身教育体系，建设学习型社会；大力促进教育公平，合理配置教育资源，重点向农村、边远、贫困、民族地区倾斜，鼓励引导社会力量兴办教育。"从十八大报告中可以看出，党和国家对大力发展老年教育及终身教育的态度是十分明确的，中国的老年教育事业即将迎来一个大的飞跃。

2002 年，中国颁布第一部老年教育地方性法规《天津市老年人教育条例》，并于同年 9 月 1 日起正式实施。《天津市老年人教育条例》明确了老年教育的属性，指出老年教育是一项社会公益性事业，是中国老龄事业的重要组成部分，也是终身教育实践的重要组成部分。该条例第二条明确规定："本条例所称的老年人教育，是指以提高老年人思想道德和科学文化素质，使受教育者增长知识、丰富生活、陶冶情操、增进健康、服务社会为目的所实施的非学历的老年人学校教育和其他形式的老年教育活动。"2007 年，江苏徐州也颁布了《徐州市老年教育条例》，其第二条明确规定："本条例所称老年教育，是指对六十周岁以上公民实施的非学历教育。"这些法律法规的出台对于推动中国老年教育发展产生了积极作用，标志着中国老年教育正在向科学化、规范化、系列化的方向发展①。

---

① 李洁：《老年教育理论的反思与重构——基于西方现代老龄化理论视野》，《开放教育研究》2015 年第 6 期。

第二节　教育养老制度设计的现实意义

教育养老制度设计研究目的在于破解中国养老精神生活困境，教育特别是老年教育对于提高老年人的精神生活质量有着重要的影响。设计教育养老制度并实施教育养老，对于促进老年教育和学校教育的发展以及推动养老保障事业无疑具有重要的现实意义。

一　有助于弥补老年教育对养老关怀的缺失

中国老年教育自20世纪80年代开始，至今已有30多年的发展历史。老年教育隶属于教育体系，虽然是其重要的组成部分，但长期以来老年教育发展没有得到足够重视，老年教育发展经费不足，老年教育城乡地区间发展不均衡问题普遍存在。老年活动场所建设、老年教育课程内容与老年教育形式落后于教育的整体发展，无法满足老年人的养老需求。特别是老年教育课程内容设计、老年教育活动还没有形成自身特色，缺乏对老年人养老的关怀。老年教育促进老年人养老的作用还未真正发挥。教育养老制度设计将养老放在目标首位，促进养老质量的全面提升是教育养老的终极目标。教育养老制度的全新设计有效地弥补了现行老年教育中对养老关怀的缺失。

二　有助于促进学校教育与老年教育的有效衔接

新中国成立以来，中国的学校教育为社会主义现代化建设输送了大量的优秀人才，学校教育十分注重对专业知识的传授和职业技能的培养，忽视了对个体生命价值与意义的教育、忽视了尊老爱老的传统文化教育，缺乏为养老生活而准备的幸福教育。这些学校教育中的种种缺失，导致很多老年人，一旦退出工作岗位，往往很难快速调整心态。因缺乏对养老生活的心理准备和养老幸福生活的技能，他们的养老生活质量普遍令人担忧，表现为生活无所事事，没有兴趣爱好，缺少养老生活中必要的交往，养老情绪悲观低落。教育养老制度设计关注养老问题，而养老问题产生的根源又与现行学校教育中缺乏系列的养老教育有着必然的联系。教育养老制度设计试图通过完善学校教育中养老教育的内容设计而促进学校教育和老年教育的有效衔接。

三 有助于推动养老精神生活保障制度的顶层设计

教育养老研究关注老年人的养老精神生活困境问题，试图通过实施教育养老来促进老年人的身心健康和全面发展。制度设计理念坚持"以人为本"，将老年人视为养老生活中重要的主体，通过教育养老制度的设计和实施，使老年人养老健康生活习惯得以养成，乐观养老情绪得以树立，养老精神生活世界得以丰富，促使老年人发挥主观能动性，变被动养老为积极养老。帮助老年人掌握养老理财技能，培养养老生活兴趣，学习健康养老保健知识，提升老年人自我养老生活的掌控能力，从而全面提升养老生活质量。教育养老的制度设计，对于学界探讨养老精神生活保障以及政府养老精神生活保障制度的顶层设计，无疑具有重要的推动作用。

第三节 教育养老制度的属性和功能界定

教育养老制度是为实现教育养老，以政府为责任主体，以完善和创新老年教育为主要内容，将老年教育、学校教育制度与养老制度有机融合而形成的一项全新的养老保障制度。

一 教育养老制度的属性

（一）上层建筑属性

上层建筑属性是教育养老制度的本质属性。教育养老制度是老年教育制度与社会养老制度的有机融合，老年教育和社会养老制度上层建筑的属性，决定着教育养老制度也必然具有上层建筑属性。不同国家不同政治制度下，教育养老制度本质属性有着根本的不同。在中国，教育养老制度具有鲜明的社会主义性质，具体体现在：首先，教育养老制度建设的目的在于巩固社会主义成果，促进中国社会主义现代化发展；其次，教育养老制度的直接目的在于保障老年人的权益，增强老年人的国家归属感和荣誉感；最后，教育养老制度充分体现了中华民族传统尊老文化美德和中国社会主义核心价值观的时代精神。作为上层建筑的教育养老制度，在制度设计时，首先应该明确教育养老制度区别于养老制度和老年教育制度的差异性，教育养老制度应具有教育制度和社会制度的双重属性，是二者的全新设计与融合，教育养老制度的研究是社会养老制度和老年教育制度研究的新发展和新内容。

（二）公共政策属性

公共政策属性是教育养老制度的具体属性。教育养老制度设计内容涵盖教育制度和养老制度，教育养老制度围绕教育养老公共产品和服务体系构建而设计。教育养老公共政策属性的明确，为教育养老制度如何设计明确了方向。教育养老制度设计需遵循公共政策理论与方法。公共政策理论认为，政策制定和政策实施是政策过程中两个非常重要的环节，两者缺一不可。因此教育养老研究应重点关注制度设计环节和制度实施环节。当然，完整的公共政策还应有政策实施的监督、反馈等内容，教育养老制度实施中也应包含制度的监督与反馈。

二 教育养老制度的功能

从系统论出发对功能进行定义，功能是系统所具有的作用和能力、行为和功效。功能有内部功能和外部功能之分，内部功能，指系统整体对其内部系统诸要素的作用和能力、行为和功效。外部功能，指系统整体对其外部系统（环境）的作用和能力、行为和功效。教育养老制度包含教育和养老等诸多要素，诸要素之间构成一个有机的整体，发挥着系统的整体功能。教育养老制度的功能具体包括内部功能和外部功能。

（一）内部功能

教育养老制度的内部功能，具体表现在：教育养老制度的实施有助于促进老年人的全面发展，有助于推动老年人养老质量的全面提升。教育养老制度的实施，通过鼓励老年人积极参与丰富多彩的教育养老活动，帮助老年人树立积极乐观的养老心态，养成良好的养老生活习惯，培养健康的养老生活情趣，实现老年人养老精神生活的身心愉悦和享受。

（二）外部功能

教育养老制度的外部功能是指教育养老制度系统对政治、经济、文化等外部环境的影响。这一影响是由内向外扩展而成的，只有先实现教育养老制度的内部功能，才能发挥教育养老制度的外部功能。教育养老制度系统的外部功能表现在：教育养老制度能有效促进老年教育的发展；教育养老制度能推动养老保障事业进入一个全新的时代；教育养老制度有助于教育体系内学校教育、成人教育与老年教育的有效衔接。教育养老制度通过提升老年人的养老质量，从而促进家庭和社会的和谐健康发展。

第四节　教育养老制度设计的思路和原则

尽管教育养老作为一个全新的概念，成为本书研究的主要内容，但并不意味着教育养老制度的设计无须考虑现有的养老制度和老年教育制度。事实上，当明确了教育养老制度归属于社会公共政策属性时，就应清醒地认识到，任何公共政策的制定都是在已有政策基础上基于新的社会公共问题的不断完善和修正。教育养老制度设计缘起于社会养老出现的新问题，教育养老制度如何设计，老年教育实践中的成功探索无疑起着重要的启发借鉴作用。教育养老制度设计的最终目的是解决养老新问题和新困境。教育养老制度设计如果脱离现有老年教育和养老制度，制度设计将成为无源之水，失去生命力。同样道理，教育养老制度设计只局限于现有养老制度和老年教育制度的修修补补，缺乏创新，制度设计就会失去本色，背离制度设计初衷，使教育养老制度难以与其他制度相区别。

一 教育养老制度设计的思路

教育养老制度设计的定位，既不能局限于教育，又不能局限于养老。如果只偏重教育而忽视养老，就无法和老年教育区分开来。教育养老的提出，将其目标定位为通过实施老年教育促使老年人养老生活质量提升，教育养老制度设计的落脚点在于养老，制度实施的手段是教育。如果只偏重于养老而忽视教育，则使研究又陷入现有养老问题的既有视野中，无法从理念、方法、手段上突破养老问题的瓶颈。因此，教育养老制度设计应是教育与养老理论与实践的完美结合，是现行教育政策与养老政策的重新整合，应是整体性治理理念下一个全新的教育养老制度的政策设计。

在清晰了教育养老制度设计的政策渊源和现实意义，对教育养老制度属性和功能形成统一认识之后，首先，需要对教育养老制度如何设计清晰定位，提出制度设计需要坚持的基本原则；其次，需要制定教育养老制度实施的目标，构建制度设计的基本框架与内容体系；最后，围绕教育养老制度设计的核心内容，即教育养老的课程设计应重点展开研究，研究内容应包括课程设计的目标与要求、具体内容、课程教学方式与手段等。

二 教育养老制度设计的原则

(一) 整体性设计原则

整体性设计原则是基于目前养老政策和老年教育政策相互独立、孤立分散的现状而提出的。整体性设计原则是教育养老制度必须遵循的一个重要原则。整体性设计原则既是原则，又是方法。整体性设计原则强调将养老与老年教育等诸多碎片化的问题整合起来，立足于实现教育养老的高度，去整合社会资源，完善组织架构，促进教育养老的制度设计更加合理化和高效化。科学合理的制度是解决问题的关键，尤其对于养老问题，更应该综合考虑社会养老各方面因素，用系统论整体性的方法来构建教育养老制度体系。教育养老制度体系设计应该具有层次性、结构性和关联性，这样才能确保整个制度体系各要素紧密衔接、有效运转，保障教育养老制度功能价值的最大化实现。

(二) 多元差异化原则

中国国土面积辽阔，地区经济文化发展水平差异化显著。教育养老制度设计应坚持差异化、多元化的原则。中国教育发展城乡之间不均衡，经济较为落后的中西部地区以及农村地区，应是教育养老制度实施关注的重点。政府应通过财政补贴的方式，来弥补中西部教育投入的不足，确保教育养老制度实施实现公平普惠。同时，教育养老制度设计中应鼓励因地制宜的多样化发展，使教育养老制度实施能满足不同年龄、文化素质和经济条件的老年人的教育养老需求。

(三) 公平普惠性原则

教育养老制度作为教育公共产品，其制度设计应追求公共服务均等化目标，即制度设计要尽可能覆盖到不同的老年人群体。普惠性的原则并非教育资源服务于养老时的绝对平均，而是应使尽可能多的老年人享受到相对公平的教育养老资源。结合中国国情，就是要坚持面向基层、面向社区、面向农村的原则，坚持公益性的方向。政府应承担实施教育养老的主体责任，不能采取市场化的方式来实现教育养老。教育养老制度作为上层建筑，只有教育养老制度设计坚持公平普惠性原则，才能保证制度的公共政策属性，才能避免制度实施偏离方向，才能实现让更多老年人从教育养老实施中受益。

（四）兼容可行性原则

随着中国人口老龄化的加剧，养老问题变得越来越复杂，因此教育养老将成为未来中国相当长一段时期需要持续努力的事业。教育养老的政策设计不可能一蹴而就，教育养老制度设计作为国家一项长期的公共政策选择，需要根据人口老龄化不断出现的新问题而不断调整完善。教育养老制度设计走渐进式改革道路更适合于中国的国情，更具有可行性。教育养老制度需要与现行养老和教育制度相互融合。教育养老制度设计既需要考虑现实国情，又要有一定的前瞻性，即能对未来养老问题做出预判并在制度设计中予以涵盖。

第五节　教育养老制度设计的目标

一　促进老年人终生全面发展

21 世纪以来，终身教育理念在各国影响深远。老年人是社会成员的重要组成部分。老年人的受教育权利应该得到重视和保障。当前教育体系中学校教育阶段关于养老教育内容的缺失，或许在个体生命中的早期和中期阶段，其负面作用并不显现，只有在其退出工作岗位后，这样的消极影响才会慢慢浮现。如果缺乏相关养老制度设计的干预和弥补，其消极影响将会贯穿于老年人漫长的养老生涯，直至生命终结。现实生活中，很多老年人退休前和退休后判若两人，离开了熟悉的岗位和工作环境，没有了正常的人际交往，生活习惯和内容等的改变，心理落差逐渐形成，养老质量慢慢下降。教育养老制度设计的目标正是为了弥补个体受教育中关于如何养老的内容缺失，在老年阶段为老年人提供养老教育服务，通过对老年人进行生命教育、休闲教育和幸福教育等活动，来促进老年人的身心健康，促进老年人终身全面地发展，提高老年人自我养老保障能力，帮助老年人应对养老生活中面临的诸多挑战。

二　促进老年人养老生活质量的提升

老年期是人一生中重要的生命阶段。人口老龄化和家庭结构小型化的影响决定着未来很长一段时间，随着子女长大成家相当多的中国老年人将成为空巢老人。老年人养老的精神困境将成为一个普遍并长期存在的社会问题。尽管政府对老年人养老精神生活高度重视，但是至今为止，关于提升养老精神生活质量政府顶层的制度设计还未形成。教育养老制度即是基于此问题的一次制度设计的全新突破。教育养老制度目标定位为促进养老，这就决定了有助于老年人养老生活质量提升的教育内容都应是制度内容设计的组成部分。教育养老制度内容的设计应随着老年人养老需求的不同而有所区别，教育养老制度设计不能一劳永逸，应随着社会养老的发展而不断改变和提升。

三　促进社会和谐可持续发展

中国是一个有着悠久尊老历史文化传统的大国，老年人在家庭和社会中的至尊地位通过家庭成员和社会成员尊老爱老行为得以体现。老年人是一个国家的宝贵财富，对于家庭而言，老年人在传承家风，促进家庭和谐发展方面发挥着重要的典范作用。老年人乐观向上的养老生活心态有助于维护家庭的团结和稳定，促进家庭成员间关系和睦融洽。老年人积极有为主动参与家庭事务，对家庭隔代孙子女的养育代际支持，可以大大减轻子女的负担，使他们能从家庭事务中适当解脱，更好地投身于社会，贡献社会。老年人积极参与社会，利用其所长发挥余热，服务和贡献社会，能有效缓解老龄化造成的诸多社会矛盾，有助于重塑老年人的形象，促进社会成员间的相互理解和信任。教育养老制度设计的目标正是通过对老年人实施教育养老活动，促进老年人自身的发展，进而推动每个家庭和全社会的和谐可持续发展。

第六节　教育养老制度体系的基本内容

一　明确教育养老制度的责任主体

政府是教育养老服务的供给者和实施者，是教育养老制度体系中最重要的主体。明确了政府在教育养老制度体系中的主导地位和主体责任，则教育养老走产业化发展是不可行的。教育养老产业化与教育养老制度的本质区别在于实施的主体不同，以追求盈利为目的的企业等组织在提供教育养老服务中，很难做到将老年人的公共利益放在首位。教育养老实施对象是中国上亿的老年人，保障老年人的养老权益，政府是责任主体，鉴于中国老年人的养老现状，若教育养老制度责任主体只有政府，则单一化的主体难以满足老年人日益增长的教育养老需求，因此应该在坚持政府是教育养老制度第一责任主体的基础上，通过政府出台政策吸引和鼓励各类社会其他组织以及社会各界人士积极地投身于教育养老事业中。同时，可以加大老年学校的建设，完善基层社区、街道办以及农村村委会的职能，使他们成为实施教育养老重要的组织载体。

政府作为教育养老制度设计的主体，具体由哪个部门负责制定教育养老制度，本书认为，教育养老致力于解决养老问题，养老问题是老龄事业的重要内容，因此负责老龄工作的全国老龄委和各级政府的老龄办应负责教育养老制度设计的总体规划。目前全国各地老龄工作机构设置五花八门，有些地方老龄工作机构没有单设，而是和地方的一些行政部门联合办公，老龄工作机构内部人员的配置各地也存在很大的不均，老龄机构员工关系还未理顺，这些因素极大地阻碍了老龄工作的顺利开展。老龄机构如果责任不明确，权力不清晰，全国老龄委与各地老龄办之间管理体制不健全，隶属领导管理关系不明确，老龄委与政府财政部门、社保部门、教育部门之间缺乏横向的协作沟通，教育养老制度设计就无从谈起。因此，应通过立法赋予老龄机构实施教育养老的领导和管理权限，明确其职责和义务。在中央及地方老龄机构内部组织管理中，应对机构设置及职责权限统一规范，做到分工合理，权责清晰；同时，应加强老龄机构与政府横向各部门的职能协作，最终形成以全国和各级政府老龄机构为制度责任主体，以政府各级教育部门、社保部门和财政部门等其他职能部门为制度补充的多元化教育养老制度主体。

二　构建教育养老组织管理机构

教育养老组织管理机构应负责教育养老制度的制定、实施和监管等各项工作。教育养老组织管理机构为教育养老制度实施提供政策支持，提供经费保障，培训教育养老管理人才和教育养老专业人才。教育养老的组织管理应实施分级管理，即国家老龄委负责制定教育养老政策，负责教育养老实施的内部管理和监督，负责协调政府财政部门向地方提供教育养老实施的经费拨款。各地地方政府或老龄办负责制定制度具体实施方案和实施细则，负责组织开展教育养老活动。各地老年大学和老年学校应成为教育养老实施的重要主体。教育养老组织机构应隶属于老龄委，成为老龄委养老工作的重要机构。社会团体、企事业单位、公益组织也应积极参与到教育养老事业,并履行教育养老实施的第三方监督责任,保证教育养老实施朝着制度设计目标前进。

为保障教育养老组织管理机构有效工作,还应制定相应的组织运行管理制度。制度需明确教育养老的责任主体,明确老龄委与各级地方政府以及与地方老龄办等层级之间的隶属管理关系。明确教育养老组织管理机构与政府教育部门、财政部门等机构之间的权责义务关系。教育养老组织运行管理制度内容应包括教育养老制度管理办法、实施细则、监督考核办法、人事管理办法和经费管理办法等。

三　培养和开发教育养老专业人才

为应对中国老龄化严峻局面,满足老年人多样化教育养老需求,有必要培养和开发专业化、高素质、相对稳定的教育养老管理与服务人才。教育养老管理人才应是从事这一事业的专职人员,可分为初、中、高级人才三类。初级人才主要面向基层社区和农村,他们应具备社区或农村工作经验,热爱养老事业,工作直接面向老年人群体。中级人才可以来自现有的老龄管理部门,也可以来自文化教育等相关企事业单位,从事的是教育养老的管理工作。高级管理人才主要是省市以上教育养老工作部门的管理者,他们的职责是制定地方教育养老的具体实施方案,优化整合教育养老实施中的各种养老资源。教育养老服务人才主要职责是提供公共养老教育服务,这部分人才应是有一定文化程度或一技之长的中高级专业人才,为满足老年人不断增长的养老需求提供专业化服务。教育养老服务人才可以是专职,也可以是兼职,或是社会上的专业志愿者,甚至可以是老年人群体中的一部分,他们可以来自医生、教师、工程师等不同的社会职业。但为了保障教育养老实施的有效性和持续性，教育养老服务专业人才应以专职人员为主，兼职人员为辅。

中国老年教育专业人才的缺乏在很大程度上局限了教育养老活动的开展。需要关注的是，由于教育养老专业人才的缺乏，社会上以营利为目的老年产品推销员乘虚而入，占领了老年人养老的精神文化活动阵地，这种畸形的老年教育现状在中国较为普遍。电视上各种养生节目鱼龙混杂，广播里随处可听到老年病防范预防讲座与服务热线，小区里各种老年保健品的推销、试用，这些负能量的老年教育宣传，对老年人的养老生活造成了很大的影响。有的老年人因为买保健品而花光养老积蓄，有的老年人陷入各种养生误区，对自身身心造成了极大的伤害。因此，教育养老制度设计中教育养老专业人才的培养和开发十分重要，应加大教育养老专业人才培养力度，高等院校在有条件下可设置相关专业，联合培养具备教育养老服务意识与能力的高级管理人才和专业技能人才。

四　筹集和管理教育养老经费

教育养老作为公共养老事业，其实施不能离开政府公共财政的支持。教育养老经费来源稳定，保障充足，可以有效保障教育养老的可持续发展，是教育养老实施的重要基础。老龄化的加剧，教育养老的财政预算和拨款应成为政府公共财政供给的重要内容，有条件的地方政府在财力许可的前提下，应加大教育养老财政投入，创新教育养老资金筹集管理办法。政府财政经费投入的同时，应鼓励和创新其他筹资方式，确保教育养老经费来源的稳定性。教育养老是养老保障的组成部分，因此其经费来源也可探索性地从社会养老保障金中通过科学核算按一定比例划拨，设立教育养老财政专项基金，并明确基金管理、运行和监督办法，针对基金管理，可以引入第三方实施监管。同时，应制定政策吸引和鼓励民间闲散基金或其他社会养老资金投入教育养老事业中。

为确保教育养老经费的合理使用，还应制定相应的教育养老经费管理办法，在经费管理办法中明确经费来源，经费预算、经费管理、经费使用等具体内容。教育养老经费的使用与管理，可以借鉴非营利组织的财务管理办法，对于社会渠道筹集的教育养老基金，应引入独立的第三方组织进行管理监督，做到基金运行公开透明，高效有序。

第七节　教育养老的课程设计

教育养老课程是教育养老制度体系框架中最为核心的内容，教育养老课程设计合理与否，决定着教育养老能否有效实施，决定着教育养老促进养老生活质量提升的目标能否实现。教育养老课程设计反映着教育养老制度设计核心的理念和要求。

一　教育养老课程目标设计

（一）提升老年人生活掌控能力

教育养老课程设计应有助于提升老年人生活掌控能力。教育养老课程设计应注重提高老年人的生活自理能力和人际沟通能力。通过教育养老课程教学，让老年人学会合理安排自己的生活时间，积极参与社会，让老年人学会享受休闲时光，注重培养兴趣和爱好，从学习中得到身心愉悦。教育养老课程设计需注重加强老年人和家庭成员的交往互动，致力于消除老年人与子女之间的代沟，增进亲情融合，提升老年人的幸福指数，让老年人通过与子女的和谐相处，颐养晚年。教育养老课程还应注重培养老年人科学的养生观、消费观和理财观。引导老年人不被社会上盲目的养生宣传和保健品所诱惑，学会理性消费。只有教育养老的课程内容紧贴养老生活实际，老年人才会积极选择教育养老并从中受益，才能提升老年人对自身生活的掌控能力。

（二）提升老年人社会适应的能力

教育养老课程设计应有助于提升老年人社会适应的能力。人的一生，不仅前半生的职业生涯需要努力奋斗，为社会家庭做出贡献，而且后半生的养老生活更要有质量地度过。现行的教育体系围绕促进人的全面发展目标，更多关注的是为职业而设计的教育，教育体系中课程设计多是为未来职业生涯打基础，勤恳工作默默奉献一辈子的中国老年人在离开工作岗位后，面对全新的养老生活变得无所适从。教育养老课程设计应弥补现行教育的不足，为老年人迎接养老生活做好知识文化铺垫。即使同是老年人，不同年龄阶段教育养老课程内容的安排也应不同。退休时的心理调适，疾病时的精神慰藉以及生死面前的坦然面对，这些豁达智慧的养老理念需要通过教育养老课程的设计来实现。迈入老年后，个体的社会、家庭角色与作用等都会发生变化，如何很快适应角色，与家庭成员、社会成员建立和谐友善的关系，如何应对由地位身份等变化而带来的心理危机，如何面对突如其来的养老困境和压力等，关于这些问题的思考，应在教育养老课程设计中有所体现。

（三）鼓励老年人参与和奉献社会

教育养老课程设计应鼓励老年人参与和奉献社会。在积极老龄化理念下，老年人被视为家庭、社会和国家重要的财富。老年人地位的提高、作用的发挥，可以减轻家庭和社会的养老压力；老年人变被动养老为主动养老，对其自身个体乃至国家都具有积极的意义。西方国家养老实践研究表明，多数老年人对参与社会、奉献价值、实现自我有着强烈的愿望，因此教育养老的课程设计不仅要满足老年人个体养老质量的提升，更要在积极老龄化理念下，将老年人视为社会人力资源重要的组成部分,依据社会需求和老年人自身的特点而开发设计教育养老课程。教育养老课程设计应鼓励老年人积极有为地参与社会活动;应有助于提升老年人自身的知识技能水平,增强其适应社会变革的信心和能力。

二　教育养老课程内容设计

处在不同年龄阶段的老年人,身体心理状态也不尽相同,对养老生活的需求、面对的养老问题都不尽相同。教育养老课程设计也应有所不同。本书将老年人的养老阶段按年龄特点分为三个阶段,每一阶段教育养老课程内容的侧重点各不相同。

第一阶段(50—60 岁):为养老做准备的课程设计

这一阶段,课程设计主要是为养老做准备。多数中国人在步入老年时,往往没有做好充足的养老准备。如果一个人在退休前心里没有做好准备,一旦从繁忙的岗位上退出,又缺乏个人的兴趣和爱好,很容易陷入所谓的退休综合征。因此,教育养老课程实施涉及的对象不仅包括老年人,还应覆盖到 50—60 岁即将退休的人群。处于这一年龄阶段的人口,教育养老课程应涵盖如何调整心态迎接退休生活,培养兴趣爱好为退休生活做准备,合理投资理财应对养老生活等内容。

第二阶段(60—75 岁):学会角色适应的课程设计

这一阶段,教育养老课程主要是为养老的角色适应做准备。60岁至 75 岁的老年人在退休后多数存在角色适应的障碍。角色适应和调整是养老生活需面对的首要问题。教育养老课程设计应帮助老年人树立积极的养老心态,学会享受退休后的闲暇时光,学会合理安排养老生活,养成健康的养老生活习惯。既要引导老年人重新回归家庭,掌握家庭生活技能,又要鼓励老年人积极参与社会,发挥余热,为社会做贡献。

第三阶段（75 岁以上）：实现生命自由超越的课程设计

这一阶段教育养老课程内容应帮助老年人实现生命的自由和超越。这一阶段的老年人，经历了人生的风雨，他们的生理心理特点仿佛又回到孩童时期。教育养老课程的设计应能够帮助老年人获得从身体到精神的自由和超越，应引导老年人重新关注自我，爱护身体，自由自在地安享晚年。

三　教育养老课程教学手段与方式

教育养老课程教学手段与方式应坚持因地制宜、灵活多样的原则。在老年教育经费投入不足，老年教育教学资源有限的条件下，教育养老课程教学应合理使用教育资源，最大化发挥资源效用。利用现代远程教育教学优势，通过网络、微信、微博、移动终端、电视、广播等多种平台，推送教育养老课程。课程教学应注重老年人的生活规律和特点，在公园、社区活动中心和健身广场，以老年人喜闻乐见的形式开设教育养老课程。科学合理的户外活动可以促进老年人的身体健康、减轻老年人内心的孤独和寂寞，增进老年人之间的感情和交流，教育养老课程不应拘泥于教室和课堂，可以组织老年人参加户外活动，外出旅游，使老年人在轻松愉快的活动交流中，实现养老的身心愉悦，提升养老的生活品质。

教育养老目标能否实现，关键在于教育养老制度的设计，而制度体系的构建、教育养老课程的设计是教育养老制度最为核心的内容，它反映着制度设计的目标、属性，体现着制度设计的原则和意义。教育养老制度的责任主体、组织架构、人才开发、经费管理等研究的分析具有相对的稳定性，即教育养老制度框架体系一经确立，不易对其进行反复修改，否则势必影响教育养老制度实施的稳定性，不利于教育养老制度目标的实现。而教育养老制度课程的设计应反映时代性和个体差异性。课程设计应随着老年人素质的整体提升，养老生活质量的不断提高以及社会养老资源环境的不断发展变化而做出及时的调整、补充和完善。

第六章

中国教育养老制度实现的
路径选择

实施教育养老，不仅需要教育养老制度的科学设计，更需要教育养老制度的有效实施。依据公共政策理论，政策执行是政策运行的重要环节，政策执行质量对政策运行效果和政策目标实现有着决定性的影响。本章关注中国教育养老制度如何实施，主要研究内容包括：分析教育养老制度在中国实施的可行性，探讨教育养老制度实施的路径选择，思考教育养老制度在实施中如何与教育制度和养老制度有效融合，并在此基础上对教育养老制度实施的组织运行管理和方案规划等问题展开具体研究。

第一节　教育养老制度实施的可行性

一　政治制度保障

党的十八大以来，政府高度重视养老问题。2016 年 2 月，习近平总书记对加强老龄工作做出重要指示，他强调："有效应对中国人口老龄化，事关国家发展全局，事关亿万百姓福祉。要立足当前、着眼长远，加强顶层设计，完善生育、就业、养老等重大政策和制度，做到及时应对、科学应对、综合应对。"李克强总理做出批示指出:"要围绕科学应对人口老龄化问题,结合'十三五'规划编制实施,抓紧研究提出相关政策建议,并注重可操作性。"中国老龄委主任王勇指出:"要着眼于解决老年群众最关心最直接最现实的利益问题,让老年群众得到看得见、摸得着的实惠,切实增加获得感、幸福感。"教育养老制度设计为社会养老改革提供了一条全新的路径,教育养老制度实施对于老年个体、家庭乃至整个社会无疑将起到积极的推动作用。教育养老制度设计与实施为传承中华民族尊老爱老文化提供了可行路径,教育养老制度实施将有利于营造全社会关爱老人的良好氛围,教育养老制度作为维护社会稳定和谐的稳压器,其有效实施必将推进社会主义改革的全面发展。

二 物质经济保障

改革开放以来,中国社会经济发生了翻天覆地的变化。国家综合实力不断增强,人民生活水平不断提高。社会的发展成果为实施教育养老提供了坚实的物质基础。从国家层面上分析,政府财政实力的不断增强,无论是农村地区还是城市,公共财政对养老的投入不断增加,养老公共服务设施和条件得到了极大的改善。从老年人个体层面上分析,无论是老年人所在的家庭还是老年人自身,养老经济实力不断增强,他们有条件也渴望拥有更高质量的养老生活。

三 尊老文化传承

中国千年的文化历史长河中,尊年敬德的孝文化贯穿始终。从先秦到西周,儒家孝文化逐步形成并以国家制度得以传承。中华民族尊老爱老的文化传统是教育养老实施重要的文化渊源,中国古代教育与养老融为一体的养老制度为教育养老实施树立了典范。党的十一届三中全会后,人民群众物质文化生活得到了极大改善,对更高层次的文化精神生活追求不断增强。各地老年人开展的丰富多彩、形式多样的养老文化活动加快了教育养老制度的实施，为教育养老营造了氛围，创造了条件。随着生活条件的不断改善，健康水平的不断提高，寿命逐渐延长，老年人对高质量的精神生活越来越渴望，现实的养老困境和迫切的养老需求为教育养老发展研究提供了不竭的动力。

第二节　教育养老制度实施的路径选择

教育养老制度能否顺利实施，需要政府、社会和老年人个体共同努力。依据公共政策理论，探讨教育养老制度有效实施的路径选择，本书从教育养老制度涉及的主客体即政府、社会和老年人个体3个方面展开具体分析。

一　政府层面

（一）提高制度决策层对实施教育养老重要性的认识

教育养老理念的产生是社会养老发展到一定程度的产物，是中国全面实现小康社会进程中养老保障的新内容。教育养老作为一种全新的养老生活方式和养老理念，一经产生，不可能立即就被社会接受或认可，任何新思想和新制度被社会接受都需要一个过程，甚至需要有不同的认识或争论。因此，教育养老制度的顺利实施，需要得到制度决策层即各级政府教育养老管理部门的认可和重视。当前各级政府行政事务纷杂，工作任务重，职能部门疲于眼前的工作，势必造成对教育养老重要性和现实意义认识的不足，不利于推动实施教育养老工作。教育养老实施不仅对于中国养老问题的解决提供了全新的理念和具体的路径，而且推行教育养老对于当前服务型政府的构建意义重大，教育养老要顺利实施，首先政府应高度重视教育养老，加大对教育养老实施的认识和宣传。实施教育养老，应认真做好动员组织工作，营造良好的舆论环境，可以有效避免教育养老实施过程中各方因素产生的疑惑或顾虑，提高教育养老实施的效率和效果。只有政府在教育养老问题上思想统一，教育养老才能顺利贯彻执行。各级政府的主流宣传媒介应成为宣传教育养老制度的重要机构。电视、广播、报纸、杂志等传统媒体是老年人获取信息的主要渠道，因此要加大教育养老在此类媒介的宣传力度。要积极宣传教育养老在社会主义精神文明建设中的作用，宣传教育养老典型成功案例，宣传教育养老在促进老有所学、老有所乐和老有所为等方面的成就，吸引更多的老年人积极主动参与教育养老。同时，在教育养老宣传中，不能忽视新媒介的作用和价值。充分利用网络向年轻人和成年人宣传教育养老制度，形成全社会关爱老人关心养老的良好氛围，鼓励老年人以积极主动的心态，参与政府实施的各种教育养老活动，促进养老生活质量的全面提升。

（二）促进教育养老社会资源的最大化整合

教育养老的实施，需要政府借助行政权力去整合社会各种教育养老资源。教育养老的社会资源包括教育资源和养老资源。教育养老中教育资源的整合包括整合现有的高校教育资源、网络教育资源等。在高校扩招与高考招生生源逐年减少的情状下，应充分利用高等院校的教育资源开展高层次的教育养老活动。高等院校可以给教育养老提供教学设施、场地等硬件环境和师资力量等资源。中国有较多的高校因校区合并或新校区建设，教学用地出现闲置。政府应制定政策鼓励高校将这些闲置资源服务于社会，鼓励高校与地方政府及社区加强合作，共同实施教育养老。同时，应充分利用开放大学、电大系统与远程教育资源，发挥灵活方便、特色突出、费用低廉等优势，在人才培养、课程设置和养老服务等方面支持教育养老的实施与发展。教育养老中养老资源的整合应重点关注如何将市场大量的养老资本投资吸引到教育养老中来。

（三）加大教育养老的公共财政投入

中央政府和各级地方政府应加大教育养老的公共财政投入，把教育养老经费纳入各级政府养老事业经费或公共教育经费财政预算。教育养老组织管理部门应建立教育养老专项经费管理使用制度，以加强教育养老经费合理有效使用。同时，要发挥政府和市场双重作用，建立教育养老成本分担机制，探索"政府投入为主，社会教育养老投资为辅，受教育者老年人适当收费"的多渠道教育养老经费筹集机制。通过购买教育养老服务引导社会力量和企事业单位实施教育养老。同时搭建教育养老制度实施平台，鼓励社会成员或其他公共组织通过投入资金、场地或服务等多种模式一起参与到教育养老公共事业中。探索从社会养老基金中依据老年总人口数按比例划拨教育养老发展经费，以弥补教育养老财政投入的不足。

（四）教育养老实施应重点向农村地区倾斜

随着生活水平的不断提高，越来越多的农村人口脱贫致富，农村老年人对高质量的养老生活需求日益强烈。城镇化发展加快了农村人口向城市的大量涌入，农村空巢老人越来越多，教育养老在农村优先实施显得尤为重要和迫切。因此，教育养老实施应坚持公平普惠原则，实施重点应向农村地区和落后地区倾斜。中央及地方政府应加大农村教育养老财政投入的力度，整合社会教育养老优质资源向农村倾斜；应注重对农村教育养老专业人才的培养；各级乡镇政府及农村村委会应充分利用党员群众服务中心等开展各类教育养老活动。有条件的农村地区可以自己办养老学校，条件不完全具备的农村可以就近采取村村联合方式办农村养老学校；根据农村老年人的生活规律和生活习惯，可以在电视和广播节目中开办教育养老专题，方便农村老年人随时随地收看或收听养老节目。农村教育养老的实施关系着广大农村地区老年人养老的切身利益，农村实施教育养老，有助于扩大教育养老的覆盖面，实现教育养老制度的公平公正，推动教育养老事业全面健康发展。

二　社会层面

(一) 家庭成员的理解和支持

在尊老爱老传统文化影响下，中国老年人不仅在家庭中有着较高的地位，而且发挥着重要的作用。20 世纪 80 年代，中国开始实施人口计划生育政策，独生子女数量急剧增多。80 年代诞生的第一批独生子女现已长大成人，他们的父母也步入或即将步入老龄群体，这些老年人多数在家庭中承担着孙子女的代际抚养和照料的责任。实施教育养老希望唤起家庭成员间对老年人养老问题的重视，特别是应关注老年人养老的精神生活。教育养老实施，不能离开家庭成员对老年人的养老支持。家庭成员间的相互理解和支持尤为必要。日常生活子女应多体谅父母，加强与父母的沟通，尊重父母的兴趣爱好，满足其养老需求。比如，多支持老年人参与到社会养老活动中，支持老年人去老年大学学习，支持老年人参加各种有益于老年人身心健康发展的教育养老活动。同时子女们应该多承担家务，留给老年人更多的属于自己的养老休闲时间，享受晚年生活的乐趣。通过家庭成员间有效的沟通和交流，可以使老年人在居家养老生活中仍能拓宽视野和眼界，避免与社会脱节，增强老年人养老的自信。只有中国亿万个家庭成员关注和支持教育养老，才能唤起整个社会对教育养老的关注，最终推动教育养老的发展。

(二) 邻里的互助和帮扶

伴随独生子女长大，中国老年人养老来自家庭成员间的代际支持逐渐减弱。多数老年人养老生活内容单调，精神上缺乏来自亲人的关怀和体贴而显得较为孤独。中国自古就有远亲不如近邻的说法，邻里间的互助和关爱是社会主义核心价值观的主要内容。邻里间的帮助和关心可以有效弥补家庭成员对老年人养老照料的不足。

邻里间的互帮互助也有助于营造全社会尊老爱老相互信任的社会风尚。教育养老倡导实施主体的多元化，邻里间对老年人的养老照料和养老服务，是教育养老实施的重要形式，它以最低的成本完成了较高质量的教育养老保障。邻里间的互帮互助不仅保障了老年人的养老生活，更通过这种服务和关爱提升了老年人的精神生活品质。

（三）社区教育养老活动的创新

社区养老是中国当前主要的养老方式。社区在实施教育养老中有着天然的优势和条件，社区是中国老年人生活的固定场所，老年人退休后生活范围逐渐缩小，老年人生活的社区成为他们养老的重要活动地。在社区实施教育养老，老年人参与方便，容易接受。社区的环境条件、硬件设施和管理服务水平直接决定着教育养老在社区开展情况。在社区开展教育养老，应创新教育养老活动，使教育养老活动在社区的开展能有针对性地满足社区养老需求，符合社区养老文化，进一步形成鲜明特色的社区教育养老模式。社区教育养老既要突出对老年人的教育，又要兼顾老年人的养老。社区教育养老活动内容要致力于满足老年人养老的物质生活和精神慰藉需求，切实提升老年人的养老生活品质。

（四）社会尊老文化氛围的营造

教育养老区别于传统养老，既是一种养老方式，更是一种养老理念。教育养老实施成功的关键，取决于教育养老制度科学合理的设计，取决于教育养老实施组织管理的有序高效，更需要全社会创造良好的教育养老制度环境。教育养老将老年人视为社会成员重要的组成部分，视老年人为社会的宝贵财富，教育养老倡导全社会尊老爱老、关注养老。可以想象，一个视老年人为负担，漠视、嫌弃老年人的社会，教育养老何谈实施。政府应加大对老年人的正面宣传，多报道关于老年人的好人好事，对个别老年人的不良行为不夸大，对新闻媒体的过度炒作以及诋毁老年人等宣传报道应坚决制止，否则势必造成不良的社会影响，不利于社会成员间相互的信任和理解，不利于尊老爱老社会氛围的营造，更无助于教育养老的实施和发展。

三　老年人个体层面

（一）树立积极养老的理念

老年人自身的养老理念，对其养老质量有着重要的影响。积极老龄化不仅应成为全社会以及政府所倡导和贯彻的理念，更应成为老年人自身的养老生活方式。日常生活中，不难发现相似的境遇和环境下老年人行为表现各有不同，如面对疾病困扰，有的老年人悲观恐惧，有的老年人则豁达乐观，因此，老年人对自己养老生活的态度在某些程度上构成了影响其养老质量的重要因素，老年人树立积极养老的理念是教育养老实施的关键所在。老年人积极乐观主动养老，不仅有助于个人身心健康，家庭和谐幸福，而且对社会发展起着积极的正向引导作用；老年人积极乐观主动养老，有利于重塑老年人的形象，促进全社会成员对老年人的全面认识和理解信任，促进尊老敬老传统文化的发扬，促进社会的和谐发展。

（二）建立和谐的人际关系

多数老年人在退休后普遍存在人际交往的障碍。退出工作岗位，离开了熟悉的环境，有的老年人将自己封闭在家，足不出户，对社会关注越来越少，与周围人的交往与交流也逐渐减少，表现在怕出门，怕与人交谈，或者容易与人造成矛盾冲突，人际关系紧张，精神长期压抑，最后势必影响到身体健康和养老生活质量。教育养老关注老年人的精神生活，通过设计实施教育养老制度鼓励老年人走出家门，参与社会，积极构建和谐的人际关系。实施教育养老，有助于促使老年人正确认识人际交往的必要性和重要性，帮助老年人积极融入社会，增强与社会成员和谐相处的能力，培养老年人的社会认同感，促进老年人心理健康水平的提高。

（三）保持继续学习的热情和能力

老年人丰富的社会经验和阅历来自一生不断的积累和学习。如果长时间放弃学习，随着年龄的增长，老年人的记忆力、注意力、接受新事物的能力都会下降。读书学习可以陶冶老年人的情操，保持乐观的生活态度，通过愉悦身心来促进延年益寿。教育养老实施应激发老年人的学习兴趣，鼓励老年人参加各种学习养老活动。教育养老制度通过设计丰富多彩的养老学习活动，让老年人在学习新知识的过程中，开阔视野、培养兴趣，提高对养老生活的热情，老年人养老生活态度主观上的改变，无疑对老年人自身养老生活质量的提升起着关键性作用。

（四）倡导老年人积极发挥余热贡献社会

中国台湾地区曾经开展了一项旨在研究老年人代际支持的项目。这项研究在一所小学开展，学校将闲置的教室布置改造成玩具维修店，学生们可以将自己的玩具拿到店里维修，维修是免费的。这些孩子们眼里修理玩具的医生则是当地自愿报名的老年人。这项实验取得了很好的社会效果。一方面，老年人通过帮孩子修理玩具，不再孤单，从和孩子们的交流中得到快乐，在孩子们的赞美和感谢中体验到幸福。另一方面，孩子们从老年人修理玩具的专注中学到了做事认真的态度，学会了如何与人相处。事实上，这样的例证举不胜举，因此，教育养老鼓励老年人在有余力的情况下，积极发挥余热，贡献社会。鼓励老年人通过养老生活的老有所学和老有所为而实现老有所乐。

第三节　教育养老与教育相融合的实施策略

一　教育养老应成为学校教育的重要内容

每个人都会变老，每个人也都要作为子女赡养父母。教育养老的理念应贯穿于社会每一位成员。当前学校教育高度重视为职业而准备的知识技能教育,而忽视了生命教育、养老教育和幸福教育等促进个体全面发展的重要教育内容。如何面对人口老龄化,如何认识老年人群体,个体如何接受年龄带来的身体衰老、疾病困扰,甚至是死亡,如何理解生命,这些问题的研究在当前学校教育中很少涉及。教育养老在学校教育体系中的缺失,导致学生们往往很容易接受社会对老年人的不良评价,然后他们会有意识地和老年人保持距离。从"扶不扶老人"等社会话题的热烈讨论不难看出,相当一部分人群对老年人持怀疑不信任态度。因此,教育养老制度设计中的养老教育应当从人的童年开始,养老教育的理念和内容应在当前整个教育体系课程内容设计中有所体现和涵盖,尊老爱老的养老教育应成为当前教育体系中德育教育的主要内容。同时,教育养老制度设计中的养老教育,其内容应关注个体生命周期内所有涉及的与养老相关的问题。通过养老教育,理解了生命自然衰老的规律,才能坦然面对年龄带来的养老困惑。教育养老制度设计中的养老教育有助于社会成员树立对未来养老生活的信心,获得未来养老生活的智慧,而这种智慧又将促进全社会成员对老年人的尊重和关心。

二 加快教育养老专业人才的培养

教育养老专业人才的培养是教育养老实施的关键所在。教育养老专业人才包括教育养老管理人才和教育养老服务技能人才。教育养老专业人才的培养可以与高校人才培养工作紧密结合。国内高校应面向社会市场需求,开设老年服务与管理、老年护理等专业,为教育养老实施输送高级专业人才。同时,高校可以利用自身教育资源的优势,建立老年服务培训基地,为教育养老实施培训专门人才。目前中国老年服务专业人才数量少,多地出现了养老服务人员供不应求的局面，很多养老机构都缺乏专业的老年护理和服务人才。国家高等职业技术院校包括各类卫生专科学院等应积极调整专业方向，引导学生就业选择向养老服务产业倾斜。

三　深入开展教育养老理论研究

教育养老作为全新的事业，应引起更多学者关注和研究。教育养老理论研究的深化有助于推动教育养老实践发展的进程。国内高校可以借鉴德国在大学设立老年教育研究中心的做法，依托学校庞大的科研队伍和良好的科研条件，成立教育养老研究中心，开展教育养老理论研究活动，科学研判教育养老实施的可行性，开展教育养老调查研究，努力探索和解决教育养老实施中遇到的各种困难和障碍，从而不断完善教育养老研究的理论成果，为教育养老实施奠定坚实的理论基础。师范类院校或医科学院等可借鉴英国等第三年龄大学"协助式养老"的做法，为各类老年大学提供师资上的帮助，或通过新建教育养老专业等形式进一步加强教育养老的理论研究和师资队伍建设。

四　大学面向老年人逐步开放

随着国内大学不断扩招以及招生生源的逐年减少，国内高校逐步向老年人开放应有深入的操作与实际举措。尽管高校从招考制度上并没有对老年人上大学加以限制，但实际上，高校现有的教学方式、课程内容并不能很好地满足老年人教育养老的需求。未来社会，老年人进入高校接受正规教育应成为老年教育的一种补充形式，高校在招生老年人的同时，也应在课程设置、考核及学习方式上依据老年人的特点而有所调整。同时，高校也可借鉴西方国家老年教育做法，为老年人专门开设学历文凭班，只要完成规定学分，即可获得相应文凭。这正如1988年世界高等教育宣言所说："人在一生任何时候均可被录取，其以前所获实际能力须得到应有的认可。"各国高校"仍须无歧视性地尽可能为各年龄阶段具有相同学历的人或具有高等教育资格的人铺平跨入大学道路"。

第四节　教育养老与养老相融合的实施策略

一　实施教育养老应符合老年人自身的特点

教育养老是一种全新的养老理念与养老方式，教育养老实施的目的在于提高老年人的养老生活质量。因此教育养老实施需要始终坚持"以人为本"的原则，不尊重老年人的身心规律特点，强制性实施教育养老显然违背了制度设计的初衷。教育养老制度实施要尊重老年人的主体感受，遵循老年人特有的生理心理特征和老年人养老的生活规律。老年人最显著的特征是身体机能上的衰退，例如：记性差、老花眼、耳朵聋、手脚不灵便等，尤其是面对新事物时，他们接受较慢甚至有本能的排斥。鉴于以上因素，本研究提倡的教育养老，必须以实用性为基础，把目标定位于促进老年人的身心健康和提高养老生活质量上。在实施各类教育养老活动时，应符合老年人的身心特点，采用老年人易于接纳的方式，避免影响到老年人的身心健康。只有老年人都乐于参与教育养老并从中受益，教育养老的实施才有价值。从人文关怀、伦理道德等因素考虑，要尊重老年人的个体主观感受，教育养老活动既不能适得其反，让老年人感到厌烦，又不能影响到老年人个体的自由养老生活。不刻意强调教育养老的理念，而是在无形的教育养老活动中，让老年人的身心得到解放，体会生活的愉悦和幸福，感受社会的温暖和生活的美好。

二　在城镇地区构建教育养老公共服务平台

无论是探究中国教育养老的历史渊源，还是研究西方老年教育与养老实践，都会发现一个共同的特征，即中西方国家社会成员之间的互帮互助较为普遍。这样的互帮互助不仅来自成员间的自主意愿，更与各国政府的大力支持和鼓励倡导密不可分。例如德国规定："只要达到 18 周岁的公民，都有责任和义务为老年人服务。"教育养老制度实施同样需要社会成员间的互帮互助，而成员间的互帮互助需要政府积极构建教育养老公共服务信息化平台。探索教育养老如何与养老有效融合，在城镇地区，探索依托养老公共服务信息化平台实施教育养老。可以借鉴德国养老服务存储型互助养老方式，即鼓励社会成员在年轻时以志愿者身份到养老中心服务，存储自己的养老服务；同样鼓励老年人之间的互助互帮，这些服务通过平台管理人员登记记录，成为年轻人年老时或提供服务的老年人自身需要服务时的免费凭证，拿着凭证，可以根据凭证记录任选时间和内容获得养老服务且无须付费。提供教育养老服务应考虑提供者的专长和养老需求。服务的内容应覆盖老年人养老日常生活，比如外出活动、日常交通、饮食服务和医疗卫生等，还可以提供休闲娱乐、康复医疗和心理咨询等服务。所有的养老服务都可以通过教育养老公共服务信息化平台来实现管理。

三　在农村地区利用远程教育实施教育养老

随着互联网经济的到来，电脑网络在中国家庭越来越普及，网络使老年人的生活得到了极大的丰富，网络开阔了老年人的视野，为老年人退休后的再学习，提供了快捷的平台。如今，网络覆盖遍及中国大地，即便在偏远的农村，老年人也能通过网络了解社会。互联网的普及促进了远程教育的发展，远程教育具有收费低，操作便捷，学习不受时间地点局限，课程内容丰富多彩等优势，仅一部智能手机就能实现教育养老的在线学习。利用互联网开展远程教育养老可以有效弥补农村或落后地区养老服务资源不足的困境，实现教育养老实施的广覆盖。利用互联网大力发展现代远程教育，构建农村教育养老远程教育实施平台、设计教育养老网络课程等问题，应成为教育养老研究的新命题和新方向。

四 通过构建养老学校探索教育养老新形式

实施教育养老制度，教育是手段，养老是目的。物质生活、生活照料和精神慰藉是老年人养老生活重要的组成部分，教育养老实施关注养老的精神生活，但并不意味着忽视养老的物质生活和养老服务生活照料等基本内容。养老的物质生活质量和精神生活质量两者紧密相连，相互影响、相互促进。而分析现有的养老机构或老年教育机构发现，养老院等养老机构其功能往往仅局限于满足养老的基本物质生活，为老年人的日常生活照料提供服务；老年学校或老年大学等老年教育机构，其功能仅局限于针对老年人开展老年教育等文化活动。

思考教育养老如何实施，研究认为，成立养老学校应成为教育养老实施的一种积极有益的模式探索。养老学校的设置，既可以在现有养老院中通过增加养老精神服务而使养老院的功能更加完善，也可以是政府或其他社会组织出资新建。养老学校将老年人的养老教育教学与养老供养有效结合在一起，为老年人提供吃穿住等基本服务，保障他们能够衣食无忧地安享晚年。同时开设教育养老课程满足老年人的精神生活需求，提升他们的文化水平，使他们真正做到活到老、学到老，通过教育养老活动，使老年人精神生活需求得到高质量的满足。养老学校其功能类似于幼儿园，为老年人提供全方位的满足各方面需求的优质养老服务。养老学校将养老和教育融为一体，和普通的老年大学的区别在于它更像一个老年大学和养老院的结合体。教育学习活动是养老学校最重要的活动内容，养老学校的构建可以成为未来养老机构、老年大学以及老年学校发展的新方向。

第五节　教育养老制度实施的组织运行管理

一　教育养老制度实施责任主体

教育养老制度实施需要政府、社会、家庭和老年人个体等多个主体共同参与。教育养老制度实施中，政府是提供教育养老公共服务的主体。国家老龄委全权负责教育养老制度的总体设计和制度实施，中央及地方政府下设的老龄委、老龄办等部门应成为教育养老制度实施的组织者、领导者和管理者。当前，老龄部门在政府部门中的隶属关系和责权关系不清，各地老龄部门负责的事务不统一，责权利不对等，老龄部门工作无法有效开展。因此，实施教育养老制度，亟待国家通过法律形式明确老龄委及地方老龄办等涉老部门的组织性质，老龄部门的组织设置、职责权限、工作内容、归属管理等核心问题需要明晰和统一。同时，应进一步理顺国家老龄委和地方老龄办之间权责义务关系，促进实现老龄事业的统一领导与有效管理。

二　教育养老制度实施运行方式

教育养老制度的运行，应构建以政府为主导的多元化参与模式。教育养老制度的实施，需要政府老龄部门的统一组织与管理，更需要老年大学、老年学校、养老机构等积极参与。基层社区、街道办、村委会等部门应成为教育养老制度实施的主要载体。可以充分利用基层社区文化活动平台，做好教育养老的宣传和引导工作，将社区文化建设、老年活动的开展与教育养老紧密相连。社会各界广泛参与教育养老，为教育养老提供经费、智力和资源支持，将有效弥补政府教育养老实施中财力人力等条件的不足。社会力量的加入是教育养老制度实施必要和有益的补充。老年大学、老年学校以及高等院校，应进一步加强合作，为教育养老制度实施提供多元化的教育养老公共服务，满足老年人不断增长的精神养老需求。

三　教育养老制度实施运行管理创新

现有行政体制下，实现教育养老制度实施运行的管理创新的3种做法：（1）可以将教育养老的课程内容设计纳入教育体系，教育养老制度实施的课程教学管理以及考核监督评价等具体业务工作应隶属于教育部门来统一管理。（2）借鉴中央部委"大部制"改革的做法，整合政府"老"字口管理部门，在老龄委牵头下，成立教育养老管理机构，对教育养老实施统一领导与管理。避免教育养老多头领导，职责不清问题的出现。具体做法是对政府"老"字口的两个部门（老干局、老龄办）进行整合，重新命名，赋予新机构新的职能，负责管理教育养老。（3）由政府部门退休老领导、在任领导及相关部门负责人共同组成教育养老指导委员会，协助做好教育养老的实施与管理工作。

第六节　教育养老制度实施的方案规划

一　做好教育养老制度与现行制度的融入与衔接

教育养老制度设计是对现有老年教育和养老政策的突破和完善，不是否定和抛弃。教育养老制度的实施，需要与现行教育制度，特别是与老年教育以及养老保障制度有效衔接和融入。在教育养老制度实施之初，应在现有养老制度中，加大对养老精神慰藉的保障力度，将教育养老实施取得的成功经验凝练成具体措施写进养老保障制度中。同时，也需在现行教育政策中，重视和发展老年教育，突出老年教育的目的性，即老年教育的最终目的是促进养老生活的改善。当教育养老通过初期的制度实施得到老年人、各级政府以及全社会的认可，教育养老的功能得以发挥和体现时，有条件的各级地方政府可以突破现有养老制度和老年教育制度，使教育养老成为解决老龄化问题的重要制度，设计独立完整的教育养老制度，成立教育养老组织管理机构，统一全面实施教育养老。

二　选取典型地区试点实施教育养老

中国是一个有着千年文明发展史的人口大国，多民族聚居、文化风俗地区差异显著，城乡地区间发展不均衡。实施教育养老制度，应充分考虑这些差异性因素。中国的社会改革，多沿着"试点实施—经验积累—全面推行"的渐进式道路前进。教育养老改革的推进，同样应选取这样的政策路线。教育养老试点典型地区的选取应参考以下标准：（1）根据经济发展状况，在东、中、西部地区各选取一个试点地区开展教育养老。（2）根据文化传统和民俗生活的不同，条件许可的情况下，典型地区的选取可包含少数民族地区。（3）根据城乡发展差异，典型地区应在农村地区有所覆盖。（4）为了更好地积累成功经验，一些老年教育活动或养老活动开展较好的地区也可以先行试点实施教育养老。（5）政府对于教育养老制度强有力的推进对教育养老实施起着关键性的作用，凡是勇于担当，敢于创新，并且教育养老资源条件具备的地方政府，可以通过实施教育养老尝试地方政府社会改革的创新。试点实施中，教育养老制度的基本原则和目标不能改变，鼓励因地制宜的实践创新，最终形成各具特色的教育养老模式。应对制度实施中的犯错持包容态度。失败教训促使制度的缺陷或问题及早发现，为教育养老制度的修订完善提供宝贵的借鉴。

三　经验总结并全面推行教育养老

当推行教育养老已成为社会大多成员的需求和共识，当教育养老制度已在试点实施中取得了较好的社会成效，当教育养老制度实施的资源环境条件逐渐完备，这时教育养老制度就可以逐级实现不同地区的社会统筹，并通过立法形式将教育养老制度法律化。教育养老制度应依次从县到市、省乃至全国逐步推行，最终将教育养老制度纳入现行社会养老保障制度，成为社会养老保障制度中重要的组成部分。未来当教育养老制度成为一项国家社会养老保障制度时，其制度设计实施的主体，应与国家社会养老保障制度实施的主体保持一致，教育养老制度的实施管理，应纳入到养老保障事业的实施管理中。

结　语

老龄化已成为世界各国共同面临的问题。1990 年世界卫生组织提出了"健康老龄化"的目标，2002 年第二次世界老龄问题大会提出了"积极老龄化"口号。在"健康老龄化"和"积极老龄化"下，如何应对人口老龄化挑战，提升老年人的养老生活质量，帮助老年人度过健康、愉快、安详的晚年，已成为构建和谐社会的重要课题。为此，本书提出以实施教育养老来破解当前中国养老问题的新思路，试图通过教育与养老的有机融合，来推进健康老龄化的社会发展。

研究认为，教育养老是一种全新的养老理念与养老方式，它通过政府鼓励、支持和引导老年群体参与各种不同层次、内容与形式的教育文化活动的途径，实现老年人养老生活的愉悦与整体素质的提升，促进老年人养老质量的全面提高。教育养老，区别于传统自我养老、家庭养老、社区养老和机构养老等养老方式，是一种全新的养老理念重塑与养老方式创新。实现教育养老，不仅需要设计教育养老制度，还要探索制度如何在宽松的路径中有效地实施。

研究认为，教育养老制度是为实现教育养老，以政府为制度责任主体，以完善和创新老年教育为主要内容，将老年教育、学校教育与养老方式有机地融合而形成的一项全新的养老保障制度。研究设计教育养老制度，首先应明确教育养老制度的制度属性，教育养老制度为解决老年人普遍存在的养老精神生活困境问题而设计,制度设计和实施的主体都是政府。因此,教育养老制度毫无疑问应是一项社会养老公共政策。遵循公共政策的属性,教育养老制度设计应坚持整体性设计原则、多元差异化原则、公平普惠性原则和兼容可行性原则。教育养老制度设计应能够促进老年人终生全面发展和养老生活质量的提升。教育养老制度体系框架应明确教育养老制度设计的责任主体,构建教育养老组织管理机构,培养和开发教育养老专业人才,筹集和管理教育养老经费。教育养老课程设计是教育养老制度设计的核心内容,教育养老课程的设计应有助于提升老年人的生活管理能力和社会适应能力,并鼓励老年人参与社会和奉献社会。教育养老课程内容应细分老年人养老生活的不同阶段,根据老年人的生理心理特点而开设不同类型的课程,包括为养老做准备的课程、学会角色适应的课程和实现生命自由超越的课程等。

教育养老制度如何实施,需要从政府、社会和老年人个体三个层面研究实施的具体路径。教育养老制度实施需要借教育和养老发展之力与其有效融合。教育养老制度实施需要明确实施主体,制度运行应做到组织运行管理有效。教育养老制度实施应走渐进式道路,分步分阶段实施,最终实现教育养老制度的全面推广。

在中国人口结构与养老需求不断变化的社会背景下,教育养老制度设计无法一蹴而就,更不可能一劳永逸,它应在激烈的社会变迁中随着养老环境、养老社会资源以及老年群体养老需求的变化而不断对制度目标、方案措施等进行调整。但是,在教育养老制度设计和实施中,政府的主体地位不能缺位,政府的主体责任不能缺失,教育养老制度社会公共政策的属性不应有丝毫改变。

教育养老制度未来设计的关键问题是如何有效地将教育与养老结合起来,重塑并发挥学校养老与教育相统一的功能。教育养老制度内容设计将是教育养老未来研究的重点和难点。其中,政府主导的以课程形式提供给老年群体的教育养老公共产品或服务，应随着社会的发展与老年人需求的变化而相应做出调整；同时教育养老公共产品和服务的供给不能标准化，应根据老年人不同年龄、特征和需求而有所区别；未来教育养老的制度设计，既要统一规划，又要注意特色发展，使得教育养老的活动内容紧贴老年人养老需求，与地域文化、生活风俗等紧密结合。教育养老实施的理想是使每一位中国老年人从制度实施中公平受益，促进中国老年人养老质量的全面提升，推动养老保障事业进入一个全新的时代。

教育养老概念学界少有提出，教育养老制度学界尚无人研究，本书作为开创性的研究，在研究过程中遇到了重重困难。笔者多年聚焦于社会养老保障研究，教育养老研究将成为笔者后续学术研究中的一个重要命题和方向。在学界讨论未来如何养老时，相信教育养老的理念和制度设计会引起更多的关注，教育养老将与医养结合、互助养老等新论题一起成为又一个值得关注的养老方式。也希望本研究能够唤起学者关注教育养老，共同探讨教育养老如何发展，一起为中国老年教育、养老保障事业发展共同努力，为实现老年人幸福养老而共同奋斗。

由于笔者学术水平的局限，本书中还存在很多浅陋之处，未能完全达到研究的预期，殷切希望专家读者批评指正，以此作为学术道路上不断成长的动力。

参考文献

一　中文文献

（一）著作类

[1] 班固：《汉书》，中华书局 1962 年版。

[2] 范晔：《后汉书》，中华书局 1965 年版。

[3] 格诺德·兰德斯伯格：《纽约市老年人社区服务问题》，中国经济出版社 1998 年版。

[4] 郝文武：《教育哲学研究》，教育科学出版社 2009 年版。

[5] 栗洪武、朱智斌：《中国教育发展史》，陕西师范大学出版社 2000 年版。

[6] 刘次林：《幸福教育论》，人民教育出版社 2003 年版。

[7] 马克·贝磊：《比较教育学——传统、挑战和新范式》，华东师范大学出版社 2007 年版。

[8] 玛格丽特·米德：《文化与承诺——一项有关代沟问题的研究》，河北人民出版社 1987 年版。

[9] 梅陈玉婵、南希·莫罗—豪厄尔、杜鹏主编：《"老有所为"在全球的发展——实证、实践与实策》，北京大学出版社 2012 年版。

[10] 彭华民：《西方社会福利理论前沿——论国家、社会、体制与政策》，中国社会出版社 2009 年版。

［11］上海老龄大学：《老年教育的实践与思考——上海老年大学论文集》，上海世界图书出版公司 2010 年版。

［12］韶道生：《学会生存》，中国青年出版社 1997 年版。

［13］司晓宏：《教育管理学论纲》，高等教育出版社 2009 年版。

［14］司晓宏：《面向现实的教育关怀》，安徽教育科学出版社 2008 年版。

［15］孙星衍：《尚书今古文注疏》，中华书局 1986 年版。

［16］（清）孙希旦：《礼记集解》，中华书局 1989 年版。

［17］泰勒·本—沙哈尔：《幸福的方法》，当代中国出版社 2007 年版。

［18］汪沅：《中国农村养老保障制度改革研究》，东北师范大学出版社 2008 年版。

［19］汪受宽：《孝经译注》，上海古籍出版社 2004 年版。

［20］邬沧萍、姜向群：《老年学概论》，中国人民大学出版社 2006 年版。

［21］西奥多·舒尔茨：《人力资本投资——教育和研究的作用》，商务印书馆 1990 年版。

［22］杨伯峻：《论语译注》，中华书局 1980 年版。

［23］杨伯峻：《孟子译注》，中华书局 1960 年版。

［24］张媛：《休闲概论》，上海交通大学出版社 2012 年版。

［25］郑令德：《和谐社会与老年教育》，上海教育出版社 2007 年版。

［26］郑永廷、罗珊：《中国精神生活发展与规律研究》，中山大学出版社 2012 年版。

［27］中国老年大学协会：《中国城市老年教育研究》，高等教育出版社 2010 年版。

［28］周天游校：《七家后汉书》，河北人民出版社 1987 年版。

(二) 期刊报纸类

[1] 蔡锋:《从社会的发展看老年素质教育》,《市场周刊》2013年第2期。

[2] 查昌图:《西周"孝"意试探》,《中国史研究》1993年第2期。

[3] 陈建华:《教育为休闲生活做准备——兼论教育与休闲关系的历史嬗变》,《教育研究》2011年第10期。

[4] 陈智斌、江中三:《美国社会应对人口老龄化的经验与启示》,《湖北人口》2011年第5期。

[5] 丁海珍:《老年教育形式创新的思考与探析》,《继续教育研究》2015年第4期。

[6] 丁志宏:《城市退休老人精神需求现状及社区支持》,《南京人口管理干部学院学报》2012年第3期。

[7] 杜丽霞:《文化养老——做好老干部工作的重要方法》,《商情》2011年第5期。

[8] 樊改娟:《老年人的精神保障问题研究》,《山西青年管理干部学院学报》2006年第4期。

[9] 高成鸢:《"尚齿"尊老:中华文化的精神本原》,《传统文化与现代化》1996年第4期。

[10] 高成鸢:《中国烹饪之道》,《饮食文化》1994年第12期。

[11] 韩治鹏:《陕西绥德文化养老　让夕阳更绚》,《中国老年报》2015年12月2日第2版。

[12] 郝建平:《汉代尊老养老之风尚及其启示》,《信阳师范学院学报(哲学社会科学版)》2008年第2期。

[13] 扈中平:《教育何以能关涉人的幸福》,《教育研究》2008年第11期。

[14] 黄佳豪:《文化养老:养老保障体系建设的新视角》,《中共

贵州省委党校学报》2011 年第 2 期。

[15] 李洁：《老年教育理论的反思与重构——基于西方现代老龄化理论视野》，《开放教育研究》2015 年第 6 期。

[16] 李岩：《近二十年来中国古代尊老养老问题研究综述》，《中国史研究动态》2008 年第 5 期。

[17] 李岩：《周代的尊老尚齿制度》，《社会科学家》2003 年第 11 期。

[18] 梁臣凤、曾湄、蔡立丰：《幸福与教育关系研究综述》，《教育与社会》2009 年第 6 期。

[19] 刘冉冉：《试论中国古代的老有所为及尊老之意义》，《兰州学刊》2008 年第 10 期。

[20] 刘颂：《积极老龄化框架下老年社会参与的难点及对策》，《南京人口管理干部学院学报》2006 年第 10 期。

[21] 娄峥嵘：《国外老年教育政策的分析与启示》，《继续教育研究》2012 年第 8 期。

[22] 吕西红：《解读"孝"中的养与敬》，《洛阳师范学院学报》2008 年第 3 期。

[23] 缪晓琴：《3＋N 构建芳草"精神养老"之基——高新区芳草街道探索打造从"老有所依"到"老有所乐"的养老助老服务 2.0 版》，《成都日报》2015 年 12 月 15 日第 5 版。

[24] 穆光宗：《"文化养老"之我见》，《社会科学论坛》2009 年第 6 期。

[25] 穆光宗：《老龄人口的精神赡养问题》，《中国人民大学学报》2004 年第 4 期。

[26] 穆光宗：《论社区文化养老》，《人口与计划生育》2015 年第 10 期。

[27] 穆军：《我国老年人精神养老问题的分析》，《老龄科学研究》

2013 年第 9 期。

[28] 秦希笛:《基于内容分析法对老年教育的政策法规解析》，《当代继续教育》2014 年第 8 期。

[29] 曹海涛:《"教育养老"的新视域:老年教育与农村养老的互动》，《成人教育》2016 年第 3 期。

[30] 饶红霞:《近三十年来汉代尊老养老研究综述》，《东南大学学报（哲学社会科学版）》2011 年第 6 期。

[31] 苏保忠、张正河、林万龙:《中国古代养老制度及其对农村养老的启示》，《当代经济》2008 年第 11 期。

[32] 孙智昌:《公民教育的逻辑起点》，《教育研究》2011 年第 11 期。

[33] 唐晓英:《传统文化视阈下我国社区文化养老方式探究》，《西北工业大学学报（社会科学版）》2011 年第 2 期。

[34] 唐晓英:《东波社区文化养老方式的实施路径探析》，《西北农林科技大学学报（社会科学版）》2011 年第 3 期。

[35] 田佳:《终身教育理论视阈下老年教育的缺失》，《理论界》2008 年第 6 期。

[36] 王宏谋:《汉代尊老养老制度探微》，《重庆工商大学学学报（社会科学版）》2005 年第 12 期。

[37] 王文涛:《汉代尊老养老教育与社会和谐》，《河北师范大学学报（教育科学版）》2007 年第 7 期。

[38] 王兴亚:《明代的老年人政策》，《南都学坛（哲学社会科学版）》1994 年第 4 期。

[39] 王英、谭琳:《"非正规"老年教育与老年人社会参与》，《人口学刊》2009 年第 4 期。

[40] 王英、谭琳:《赋权增能:中国老年教育的发展与反思》，《人口学刊》2011 年第 1 期。

［41］王英：《中外老年教育比较研究》，《学术论坛》2009 年第 1 期。

［42］王志芬：《浅析中国古代的尊老养老体制》，《学术探索》2003 年第 7 期。

［43］韦庆辛：《"文化养老"初探》，《黑河学刊》2012 年第 9 期。

［44］韦艳、吴燕：《整体性治理视角下中国性别失衡治理碎片化分析及路径选择》，《人口研究》2010 年第 2 期。

［45］吴醒黎：《老年大学的文化养老功效》，《老年大学》2010 年第 7 期。

［46］吴燕：《教育养老：一条提升农村老年人精神生活质量的新路径》，《兰州学刊》2014 年第 4 期。

［47］吴燕：《西部农村家庭养老研究——以陕西省为例》，《西安财经学院学报》2013 年第 4 期。

［48］熊汉富：《独生子女家庭老人精神赡养问题与对策》，《郑州航空工业管理学院学报》2008 年第 6 期。

［49］徐晓阳：《"文化养老"理念需引起重视》，《绍兴日报》2013 年 9 月 22 日第 3 版。

［50］杨方龙：《老年大学与教育养老的思考》，《老年教育（老年大学）》2011 年第 6 期。

［51］杨淑娥、孙宝庆：《日本养老方式变迁及对中国的启示》，《河北学刊》2011 年第 2 期。

［52］杨志成、柏维春：《教育价值分类研究》，《教育研究》2013 年第 10 期。

［53］叶忠海：《老年教育若干基本理论问题》，《现代远程教育研究》2013 年第 6 期。

［54］余德华、麻朝晖：《欠发达地区的精神贫困与精神脱贫思路探析》，《社会科学》2001 年第 2 期。

［55］原新、李志宏、党俊武、孙慧峰:《中国老龄政策体系框架研究》,《人口学刊》2009 年第 6 期。

［56］袁计祥、申太平:《"文化养老"颐养天年》,《企业文明》2009 年第 7 期。

［57］袁新立:《在全国十八城市老年大学工作研讨会上的讲话》,《老年大学》2012 年第 10 期。

［58］岳瑛:《积极老龄化与我国老年教育》,《老年大学》2012 年第 1 期。

［59］张艳国:《论精神需求》,《天津社会科学》2000 年第 5 期。

［60］赵慧声:《"教育养老"与构建和谐社会主义社会》,《北京宣武红旗业余大学学报》2011 年第 2 期。

［61］赵时桂:《论当代陶行知终身教育理念中老年教育的借鉴价值》,《继续教育研究》2008 年第 2 期。

［62］赵丽梅、洪明:《英国第三年龄大学及其借鉴》,《成人教育》2007 年第 8 期。

［63］赵素梅:《养老机构中精神养老服务内容研究》,《山西高等学校社会科学学报》2015 年第 5 期。

［64］赵艳:《浅议高校"文化养老"》,《科技创业》2015 年第 23 期。

［65］周留建:《论先秦时期敬老养老思想发展》,《江苏经贸职业技术学院学报》2010 年第 4 期。

［66］周绍斌:《老年人的精神需求及其社会政策意义》,《市场与人口分析》2005 年第 6 期。

（三）学位论文

［1］洪增瑾:《城市社区老年人精神养老需求与服务现状的调查研究》,硕士学位论文,南京理工大学,2015 年。

［2］陆进玲:《农村空巢老人精神养老问题研究》,硕士学位论文,

湖南大学，2012年。

[3] 穆军：《我国人口老龄化背景下精神养老体系的构建》，硕士学位论文，东北师范大学，2012年。

[4] 万莉丽：《在社区中开展老年教育模式的研究——以"绿主妇"老年工作室为例》，硕士学位论文，上海师范大学，2013年。

[5] 王雯：《社会工作介入社区老年教育模式的实践与探析——对深圳市坪地社区九九学堂（社工＋义工）模式的再思考》，硕士学位论文，郑州大学，2012年。

[6] 吴燕：《教育养老制度设计及其实现路径研究》，博士学位论文，陕西师范大学，2016年。

[7] 辛晓梅：《和谐养老 千古同心——中国社区文化养老的背景和前景》，硕士学位论文，中央民族大学，2006年。

[8] 许福量：《城市社区空巢老年人精神养老服务系统的设计与研究》，硕士学位论文，浙江大学，2015年。

[9] 杨盼盼：《社会工作视阈下对校园文化养老模式的思考——以齐齐哈尔工程学院百草家园老年公寓为例》，硕士学位论文，吉林大学，2012年。

[10] 张剑伟：《现阶段我国城市社区养老模式研究》，硕士学位论文，燕山大学，2009年。

[11] 张开翼：《新时期农村文化养老体制研究》，硕士学位论文，华东师范大学，2014年。

[12] 张晓璇：《中国城市老年人精神赡养问题研究》，硕士学位论文，河北大学，2010年。

[13] 赵娜：《山西省农村"空巢老人"文化养老的社区支持及路径研究》，硕士学位论文，西北大学，2015年。

[14] 朱榆璇：《基于信息技术的个性化精神养老服务系统的研究》，硕士学位论文，浙江大学，2013年。

［15］曾莉婵:《社区老年教育中的读书会研究》,硕士学位论文,华东师范大学,2013 年。

（四）电子文献

［1］国家统计局:《第六次全国人口普查主要数据发布》,第六次全国人口普查网（http://www. stats. gov. cn/zgrkpc/dlc/yw/t20110428_ 402722384. htm, 2011—04—28）。

［2］国家统计局:《2015 中国统计年鉴》（http://www. stats. gov. cn/tjsj/ndsj/2015/indexch. htm）。

［3］刘英伟:《大力推进文化养老工程建设》（http://www. qstheory. cn/lg20110921）。

［4］张延国:《新形势下的文化养老长效机制建设初探》,2010 年 3 月,山东烟草资讯网（http://www. echinat0bacc0. c0m/l01542/101578/51443. html）。

二 外文资料

［1］Bukov A, et al., "Social Participation in Very Old Age", *The Journals of Gerontology Series B*: *Psychological Sciences and Social Sciences*, Vol. 57, No. 6, 2002.

［2］Ross C. &Willige M, "Education and Subjective Quality of Life", *Journal of Health and Social Behavior*, 1997 (9).

［3］Laslett Peter, *A fresh map of life*: *The emergence of the Third Age*, London: Weidenfeld and Nidiolson, 1989.

［4］Hiemstra R, "The contributions of Howard Yale Mc Clusky to an evolving discipline of educational gerontology", *du Gerontol*, 1981 (6).

附　　录

附录 1　养老状况个人调查问卷

您好！我们正在做一项社会调查，您已经被选为这次调查的对象。此次调查的目的在于了解 S 省老年人养老状况。本次调查收集到的所有资料是严格保密的，除了合格的研究人员以外，任何人都不会接触到这些资料，整理后的资料中将不会出现任何能表明您身份的信息。衷心感谢您的合作与支持！

调查对象的条件：户籍登记在本村、50 岁及以上的人口。

问卷编码：□□□□□□□

（问卷编码位数：1 省　2 地区　3—4 县　5 村　6—7 受访者编码）

被调查者住址：S 省＿＿＿＿＿市＿＿＿＿＿县（区）＿＿＿＿＿乡（镇）＿＿＿＿＿村（自然村）

邮政编码：＿＿＿＿＿＿＿联系电话：＿＿＿＿＿＿＿＿

一、基本信息：

101. 您的性别是：　　　　　　　　　　　　　　　　□

1. 男　　2. 女

102. 您的出生年月　　　　　　　　　　　　□□□□年□□月

103. 您的文化程度是: □

1. 文盲（或识字很少） 2. 小学（或没有毕业） 3. 初中

4. 高中/中专/职高 5. 大专及以上

104. 您现在的婚姻状况是: □

1. 已婚且夫妻俩住在一起 2. 已婚但未和配偶住在一起

3. 丧偶 4. 离婚 5. 从未结过婚

105. 您是哪年结婚的（如是再婚，回答最近一次婚姻时间）

□□□□年□□月

106. 您配偶的出生年月 □□□□年□□月

107. 您现在或曾经从事的主要职业是（如果不止一项工作，则以收入最多者为准） □

1. 务农 2. 养殖专业户 3. 待业或家务 4. 打工

5. 个体户 6. 乡镇干部 7. 村干部 8. 教师或医生

9. 其他（请注明）_____

108. 您现在是否从事有经济收入的劳动（如种地、养殖、手工、打工等） □

1. 是 2. 否

109. 您现在自己住还是和其他人住在一起?

1. 自己一个人住（跳问 111 题）

2. 与其他人一起住 □

110. 您现在和下面哪些人住在一起?（有请在方格内填人数，没有请填"0"）

1. 配偶 □ 2. 母亲 □ 3. 父亲 □

4. 岳母 □ 5. 岳父 □ 6. 兄弟 □

7. 姐妹 □ 8. 其他亲属 □ 9. 其他无亲属关系的人 □

10. 小于 16 岁的子女 □ 11. 16 岁及以上的子女 □

12. 儿媳 □ 13. 女婿 □ 14. 孙子/女 □

111. 您（及您的配偶）现在的生活来源主要靠什么？　□

1. 退休金　　2. 劳动收入　　3. 儿女提供　　4. 亲属提供

5. 国家提供　　6. 集体提供　　7. 个人储蓄

8. 其他（请注明）_____

112. 您现在的生活方式　□

1. 自养　2. 自养与子养结合　3. 完全由儿子赡养

4. 与一子生活，其他儿子分摊生活费

5. 自己生活，儿子分摊生活费　6. 轮吃轮住　7. 轮吃不轮住

8. 一子养老　9. 女儿养老　10. 其他亲戚养老

11. 其他（请注明）_____

113. 您现在的经济情况　□

1. 很困难　2. 比较困难　3. 一般　4. 比较宽松　5. 很宽松

114. 在过去 12 个月中，您本人（及您的配偶）的收入是多少（钱和物）？　□□□□□□元

115. 在过去 12 个月中，您（及您的配偶）从其他方面得到的收入是多少？　□□□□□□元

二、健康状况：

201. 您认为自己现在的身体健康状况如何？　□

1. 很好　　2. 好　　3. 一般　　4. 不好　　5. 很不好

202. 您平常身体不舒服，首先怎么办？　□

1. 由它去　2. 看医生，在医生处买药　3. 看医生，自己买药

4. 自行买药　5. 找认识的人咨询处理

6. 其他（请注明）_____

203. 如果您找医生看病，首先到哪里看？　□

1. 本村个体医生　2. 本村卫生室　3. 村外个体医生

4. 镇卫生院　5. 私立医院　6. 县医院　7. 县以上医院

204. 您选择看病地点时首先考虑以下哪些因素？　□

1. 距离　2. 费用　3. 态度　4. 技术　5. 能否报销

6. 有无熟人　7. 其他

205. 您认为自己通常做下面几项日常活动有困难吗？（1. 没有困难　2. 有点困难　3. 自己根本做不了）

1. 洗澡 □　2. 穿衣 □　3. 卜床或从椅子上站起来 □

4. 在房间里走动 □　5. 上厕所 □　6. 吃饭 □

206. 如果让您自己做下面的几项活动，您是否有困难：（1. 没有困难　2. 有点困难　3. 自己根本做不了）

1. 做饭 □　2. 买东西 □　3. 做家务（打扫卫生、洗衣服、洗碗等）□　4. 步行约 100 米 □

207. 您现在是不是患有下面的某些疾病：（请逐一询问）（0. 没有　1. 有　2. 不知道或答不上来）

1. 高血压 □　　2. 糖尿病 □　　3. 心脏病 □　　4. 中风 □

5. 白内障或青光眼 □　　6. 癌症或恶性肿瘤 □

7. 支气管炎或其他呼吸道疾病 □　　8. 关节炎或风湿病 □

9. 胃病比如胃溃疡 □　　10. 骨质疏松症 □

11. 肝脏、胆囊或膀胱类疾病 □

12. 其他（请注明）＿＿＿＿＿＿

208. 您在过去 1 周里有下面的感觉吗？（1. 没有或几乎没有　2. 有时　3. 经常）

1.（过去 1 周里）我觉得寂寞、绝望、焦虑、忧郁　　　　□

2.（过去 1 周里）我觉得生活有乐趣和意义　　　　　　□

3.（过去 1 周里）我觉得自己和其他人过得一样好　　　□

4.（过去 1 周里）我觉得自己是个有用的人　　　　　　□

209. 您和您的配偶曾经主要采用的具体避孕措施是什么？　□

1. 放置宫内节育器（放环）　2. 男性绝育（男扎）

3. 女性绝育（女扎）　4. 避孕套　5. 口服避孕药

6. 经期或哺乳期进行自然避孕　7. 不避孕

210. 在过去的 2 年中，您是否感觉自己身体生殖系统方面（女性为妇科病）有不舒服的情况？　☐

1. 没有不适　　2. 轻度不适　　3. 重度不适

211. 在过去的 2 年中，您是否去做过生殖健康检查（女性为妇科检查）? 去检查的原因是什么？　☐

1. 没做过　2. 做过，因身体不舒服　　3. 做过，因子女关心

4. 做过，有关部门组织去的　　5. 其他（请注明）＿＿＿＿＿＿

212. 与其他老人相比，您觉得自己目前生活幸福吗？　☐

1. 非常幸福　2. 比较幸福　3. 还可以　4. 不太幸福

5. 说不清楚

三、日常生活

301. 您有多少关系密切，可以得到支持和帮助的朋友？　☐

1.1 个也没有　　2.1—2 个　　3.3—5 个　　4.6 个或 6 个以上

302. 您与邻居：　☐

1. 相互之间从不关心，只是点头之交

2. 遇到困难可能稍微关心

3. 有些邻居都很关心您　　4. 大多数邻居都很关心您

303. 从家庭成员得到的支持和照顾（1. 无　2. 一般　3. 全力支持）

1. 夫妻 ☐　2. 父母 ☐　3. 兄弟姐妹 ☐　4. 其他成员 ☐

5. 儿女 ☐

304. 在过去的 12 个月中，在您遇到急难情况时，曾经得到的经济支持和解决实际问题的帮助的来源有：☐ ?

（1）无任何来源。

（2）下列来源（1. 有　0. 没有）

1. 配偶 ☐　2. 其他家人 ☐　3. 朋友 ☐　4. 亲戚 ☐

5. 邻居 ☐　6. 村委会 ☐

7. 党团工会等官方或半官方组织 ☐

8. 宗教、社会团体等非官方组织 ☐

9. 其他（请注明）_____

305. 在过去的 12 个月中，在您遇到急难情况时，曾经得到的　　　　☐

安慰和关心的来源有：

（1）无任何来源。

（2）下列来源（1. 有　0. 没有）

1. 配偶 ☐　　2. 其他家人 ☐　　3. 朋友 ☐　　4. 亲戚 ☐

5. 邻居 ☐　　6. 村委会 ☐

7. 党团工会等官方或半官方组织 ☐

8. 宗教、社会团体等非官方组织 ☐

9. 其他（请注明）_____

306. 您遇到烦恼时的倾诉方式：　　　　　　　　　　　　　　　☐

1. 从不向任何人诉述

2. 只向关系极为密切的 1—2 个人诉述

3. 如果朋友主动询问您会说出来

4. 主动诉述自己的烦恼，以获得支持和理解

307. 您遇到烦恼时的求助方式：　　　　　　　　　　　　　　　☐

1. 只靠自己，不接受别人帮助　　2. 很少请求别人帮助

3. 有时请求别人帮助

4. 有困难时经常向家人、亲友、组织求援

308. 对于团体（如党团组织、宗教组织、工会、村委会等）

组织活动，您：　　　　　　　　　　　　　　　　　　　　　　☐

1. 从不参加　　2. 偶尔参加　　3. 经常参加

4. 主动参加并积极活动

309. 您现在经常到邻居家串门聊天，或出去和村里的人聊天吗？　□

1. 几乎不出门　2. 有时　3. 经常

310. 您平时休闲时的文化娱乐形式有哪些？（1. 有 0. 没有）

1. 看电视 □　3. 打牌/打麻将 □　4. 串门聊天 □

5. 琴棋书画 □　6. 旅游 □　7. 唱歌跳舞看戏

8. 参加公益活动 □　9. 没什么娱乐，就在家 □

10. 其他（请注明）_____

311. 您平时锻炼身体吗？如慢跑、步行、散步或登山等。　□

1. 经常　　2. 偶尔　　3. 从不（跳问 315 题）

312. 您每次参加体育活动的时间　□

1. 30 分钟以内　2. 31—60 分钟　3. 61—90 分钟

4. 90—120 分钟　5. 120 分钟以上

313. 您参加体育活动的频率　□

1. 每月 1—3 次　2. 每周 1—2 次　3. 每周 3—4 次

4. 每周 5—6 次　5. 每天

314. 您每次参加完体育活动感觉　□

1. 无感觉　2. 全身微微发热　3. 微微出汗　4. 中等出汗

5. 出大汗

315. 总的来讲您对自己的生活满意吗？　□

1. 非常满意　　2. 满意　　3. 一般　　4. 不满意

5. 非常不满意

四、养老现状

401. 您是否去过老年人活动中心或参加老年人组织？　□

1. 是　　2. 否

402. 如果条件允许，您最希望晚年怎样居住？　□

1. 独居　　2. 与配偶同住　　3. 与子女一起住

4. 与孙辈同住　5. 养老院或托老所　6. 完全由政府安排

7. 其他（请注明）

403. 您觉得依靠哪种方式来养老更好？　□

1. 依靠社会养老保险　2. 购买商业性的养老保险

3. 自己多赚钱储蓄　4. 依靠儿子　5. 依靠女儿

6. 儿子女儿无所谓　7. 还没考虑过　8. 政府救济或补助

9. 其他（请注明）＿＿＿＿＿＿

404. 您同意"养儿防老"的说法吗？　□

1. 非常同意　2. 比较同意　3. 无所谓　4. 不太同意

5. 非常不同意

405. 您同意"土地是养老保障"的说法吗？　□

1. 非常同意　2. 比较同意　3. 无所谓　4. 不太同意

5. 非常不同意

五、代际支持

501. 您现在有几个在世的孩子？（包括抱养和前次婚姻的子女）□□　其中儿子□□个　女儿□□个

询问的问题：	第一孩	第二孩	第三孩	第四孩	第五孩
502. 孩子的性别：1. 男　2. 女	□	□	□	□	□
503. 这个孩子的年龄：（周岁）	□□	□□	□□	□□	□□
504. 这个孩子的受教育水平： 1. 从未上过学　2. 小学　3. 初中 4. 高中专　5. 大专及以上	□	□	□	□	□
505. 这个孩子现在（最后）的职业： 1. 农业　　2. 非农业	□	□	□	□	□
506. 这个孩子现在的婚姻状况是： 1. 初婚　2. 再婚　3. 离异　4. 丧偶　5. 未婚	□	□	□	□	□

续表

询问的问题：	第一孩	第二孩	第三孩	第四孩	第五孩
507. 您现在和这个孩子一起住吗？ 1. 是　　2. 否	☐	☐	☐	☐	☐
508. 在过去的 12 个月里，这个孩子给过您（或与您同住的、仍健在的配偶）钱、食品或礼物大概多少元钱？	☐☐☐☐	☐☐☐☐	☐☐☐☐	☐☐☐☐	☐☐☐☐
509. 在过去的 12 个月里，这个孩子在干农活或料理家里生意方面是否给您帮助？ 1. 经常　2. 偶尔　3. 从不	☐	☐	☐	☐	☐
510. 在过去的 12 个月里，这个孩子愿意听您讲自己的心事、想法、意见或困难？ 1. 经常　2. 偶尔　3. 从不	☐	☐	☐	☐	☐
511. 他（她）有几个孩子？（没有填 "0"，跳问下一个孩子）	☐	☐	☐	☐	☐
512. 您和他（她）的孩子一起住吗？（任何一个） 1. 有　　　2. 没有	☐	☐	☐	☐	☐
513. （在过去 12 个月中）您有没有照顾过这些 16 岁以下的孙子女？ 1. 有　　2. 没有	☐	☐	☐	☐	☐

514. 在过去 12 个月中，您（或与您同住的、仍健在的配偶）
（1. 有　0. 没有）

　1. 给过孩子钱、食品或礼物？☐　2. 在做家务或生活方面帮助您的孩子？☐　3. 愿意听孩子讲心事？☐

调查员：＿＿＿＿＿＿＿＿＿

调查日期：＿＿＿＿＿＿＿＿＿

附录2 养老状况集体调查问卷

问卷编码：□ □ □ □ □

（问卷编码位数：1 省 2 地区 3—4 县 5 村）

_____省_____县_____乡（镇）_____村（自然村）基本情况统计表

1. 本村 2012 年总户数（户）：_____

2. 本村 2012 年总人口数（人）：_____

3. 本村 2012 年 60 岁及以上的老年人口数（人）：_____

4. 本村 2012 年外出务工人口数（人）：_____

5. 本村 2012 年耕地总面积（亩）：_____

6. 本村 2012 年村民年人均纯收入（元）：_____

7. 本村主要属于以下哪种地形？　　　　　□

1. 山地　2. 高原　3. 平原　4. 丘陵　5. 盆地　6. 其他（请注明）_____

8. 本村距离最近的镇有多少公里？_____

9. 本村是否有（请在方格内填数字）　　0. 没有　1. 有

□ 1. 医疗站或诊所

□ 2. 妇幼保健站

□ 3. 文化活动室

□ 4. 敬老院

□ 5. 公共体育健身器材

□ 6. 老年人活动中心

10. 本村有没有下列环境问题？（请在方格内填数字）

□ 1. 土地沙化　　　　　0. 没有　1. 有

☐ 2. 土地盐碱化　　　　　　0. 没有　1. 有

☐ 3. 水资源不足　　　　　　0. 没有　1. 有

☐ 4. 水质污染　　　　　　　0. 没有　1. 有

☐ 5. 大气污染　　　　　　　0. 没有　1. 有

☐ 6. 其他（请注明）　　　　0. 没有　1. 有

11. 本村是否有工厂或企业，如有，请最多列出 3 个工厂或企业的名称：

1. _____

2. _____

3. _____

12. 村里是否有老年人健康教育方面的宣传活动？　　　☐

0. 是　　　　　　　　1. 否

13. 本村是否是新型农村社会养老保险试点？　　　☐

0. 是　1. 否（问卷结束）

14. 本村从_____年开始新型农村社会养老保险试点。

调查员：_____

调查日期：_____

后　记

多年来，我们的教育多是以适应社会、掌握知识与技能、学会生存与发展，立德成才为第一要义。它教会了我们如何去生，却忘记了告诉我们如何面对衰老与死亡。在老龄化加剧的中国，越来越多的老年人面临的养老困境可能不再是低层面的衣食生活、医疗照护等物质生活问题，诸如孤独和寂寞，与社会越来越脱节而无所适从等，他们精神层面的困境更应值得我们深思和关注。正如本书中对 S 省农村老年人的养老调研，让我们触动的是，在物质经济保障显然不足的情况下，老人们最大的苦恼仍是寂寞与孤独，他们希望有更丰富的社会交往，希望身心愉悦，而对更好的物质生活却没有我们预想的那么渴求。

2012—2016 年，我在陕西师范大学教育学院攻读博士学位，从博士论文的选题，到博士论文最终完稿，再到以博士论文为基础完成书稿，历经整整 6 年时间。2017 年依据博士论文选题，申报立项 S 省社科基金项目，项目名称为：S 省教育养老的制度设计及其实现路径研究。

触动我关注养老精神困境问题，乃至提出教育养老新理念，最初是有感于对父亲的养老照料与陪伴。父亲 2000 年脑梗后，十几年来，记不清大大小小住了多少次医院。2016 年 6 月博士毕业，学业暂告一段落，决定一心陪伴父亲，可是父亲身体状况却越来越糟，我能为他做的事情也越来越少了。2016 年 10 月，父亲住院后，我愈加意识到，父亲留给我的日子可能真的不多了。1 小时的车程，那段时间，每周末我必抽出一天时间，赶回去看望父亲，父亲那时还能坐轮椅，但是体力已较弱，因此，我只能就近带他出去游玩。天气好的时候，多数时间，找一处山水田园，推着父亲坐在轮椅上晒晒太阳，他已经十分开心。2017 年 11 月，仅过了一年，父亲再次住院，从那时起，到 2018 年 4 月父亲离去，不到半年时间，一天天看着父亲走向衰老，无能为力，悲痛难以言表。我想我能为父亲做什么，或许只有陪伴。那段时间，如何高质量地陪伴父亲，让他安详地走完最后一程，成为我必须面对的生命命题。

我的父亲是 60 年代毕业的大学生，一生酷爱读书，疾病的困扰使其行动常年不便，每日的读书看报占据了他养老大量的时光，也成为他最主要的生活方式，而除此外，多数时间，父亲是孤独的。直到今日，想起父亲，脑海里的画面多是他一个人半躺在床上，沉默不语。

我常想，也许我的父亲就是人口老龄化下中国老年人养老生活的缩影。他们可能不再困顿于物质生活，也有基本的医疗养老保障，而他们的晚年确是如此孤独和寂寞。他们的精神需求没有被更多的人引起重视，他们往往不愁吃穿却难以快乐。而越来越多的"421"家庭，又有多少儿女能长情陪伴在父母左右！

我思考哪里出了问题，思考如何解决如我一样千千万万个中国家庭未来的养老困境。我坚信这个问题很严重，甚至无须调研去证明。但是当我去做调研，发现中国老年人的养老现状甚至比我预想得更糟糕。我想这个问题需要引起社会关注，需要引起学者和政府的重视。于是有了我的博士论文选题和书稿的完成。我希望我的研究能帮助到和我一样处在情感矛盾挣扎中的每个中国家庭；我希望我的研究结论能引起社会的关注，并致力于用全新的理念和视角解决养老的精神困境;通过制度设计的保障,让每位老年人受益,让每个家庭受益。也正因此,尽管作为一项开创性的研究,还有很大的空间去延伸,还有很多问题与细节要解决和完善,但我坚信它是有意义的,坚信我正在做一件正确的事情。

完成这部书稿,必须要提到我的导师陕西师范大学栗洪武教授。我一直坚信,遇到栗老师是我人生最大的幸运。他是我的恩师,他是我心中最完美的人。他的完美来自他的学问和修道,他言语不多,但总能用他的方式影响着你、感化着你,让你也像他一样向着更真、更善、更美的方向去努力。他了解关心他的每个学生,每个弟子也深深爱戴着他。在我生病的时候,他去医院看望我,在我为论文为身体焦虑的时候,他总是安慰我、开导我、鼓励我。从他身上,我学到了知识,更学到了人生的大智慧和大哲理。他最大的魅力来自高尚的人格,这种潜移默化、润物无声的熏陶,为你的人生播下了福种,在未来的某一天定会开花结果。研究选题也得到他很大的支持和鼓励,从选题到书稿的完成他有求必应,耐心指导,每每点评,让我茅塞顿开,豁然开朗。从模模糊糊的想法到今天这沉甸甸的书稿,每一步都离不开他的帮助和指导。即使完成学业,离开陕西师范大学,我们师生之间的深厚感情也无法割舍。正如他所言"师徒如父子",他是我的导师,是我的长辈,更像我的亲人。

让我念念不忘的还有陕西师范大学教育博士专业优秀的博导团队。作为团队的领头人,司晓宏教授对我读书及完成书稿的帮助也是无法用言语表达的。他对教育博士专业倾注的心血,对我们教育博士们寄语的厚望,直到今天,历历在目,让我们不敢有丝毫松懈,全力以赴投入其中。司老师很忙,但只要见面,他定会问候我,关心我的健康、勉励我、宽慰我,心中的感动千言万语无从表达。谢谢陕西师范大学教育学院院长陈鹏教授给我的帮助,直到博士论文答辩结束，还在给我指导，探讨今后的研究如何拓展。谢谢张立昌教授、田建荣教授、胡卫平教授、陈晓端教授、王振宏教授、郝文武教授！特别感谢陕西师范大学校长游旭群教授，您的支持和鼓励让我内心温暖而充满力量！

书稿作为陕西省社科基金"陕西省教育养老的制度设计及其实现路径研究"（2017G016）的研究成果，在研究撰写和出版过程中同时得到了西安财经大学学术著作基金的支持和资助。书稿的完成还要感谢西安财经大学韦艳教授。这部著作中涉及的调查研究均来自她的亲自指导，手把手帮我完成了第一次完整的调研。感谢牺牲假期时间和我一起参与调研的我的同事和学生们，她们是西安财经大学张艳平博士和公共管理学院S省籍的学生们！感谢我的硕士生导师中国人民大学劳动人事学院社会保障系仇雨临教授，感谢西北大学公共管理学院席恒教授，感谢公共管理学院社会保障系许琳教授，感谢你们对我读博的关心以及给予我从研究选题到思路框架等宝贵的点拨和启发！

未来50年的中国，高龄老年人占老年人口总比将不断加大，中国老年人养老精神困境问题也将越来越突出，研究教育养老，希望有更多的学者加入这个团队，一起为之不懈努力！

西安财经大学　吴　燕

2018年5月20日